EDICIÓN

CRISIS EN LA
TEOLOGÍA
CONTEMPORÁNEA

Carlos Jiménez R.

Dedicados A La Excelencia

Editorial Vida es un ministerio misionero internacional cuyo propósito es proporcionar los recursos necesarios para evangelizar con las buenas nuevas de Jesucristo, hacer discípulos y preparar para el ministerio al mayor número de personas en el menor tiempo posible.

ISBN 0-8297-1947-4

Categoría: Teología

© 1985 EDITORIAL VIDA
Deerfield, Florida 33442

Nueva edición, 1994

Cubierta diseñada por Gustavo Camacho

NOTA INTRODUCTORIA

El Instituto de Superación Ministerial (ISUM) comisionó estos apuntes para usarse en una materia de su programa de estudios. Accedí a la invitación de realizar el proyecto al ver la necesidad que tenemos los pastores de saber más sobre el tema, pero nunca con el fin de mostrar erudición al respecto.

El autor ha trabajado consciente de su incapacidad. Si alguna vez pensó que sabía algo del asunto, quedó pasmado al acabar estos escritos y descubrir que todavía le falta mucho por aprender.

Esta es una edición corregida y aumentada, pues lo merece el tema, ya que la información cambia a medida que pasa el tiempo. Las primeras ediciones de este libro fueron tan bien acogidas que se ha trabajado para poner ésta al tenor moderno del tiempo en que vivimos.

Le doy gracias al hermano Melvin Hodges, autor al cual hago frecuentes referencias en este trabajo, por sus escritos relacionados con estos conceptos.

También debo mi profunda gratitud y aprecio a mi maestro en esta materia, que me abrió los ojos para continuar en el campo de la investigación del tema. Me refiero al reverendo M. David Grams, director del ISUM.

Les agradezco a las hermanas Concepción Calvo y Liliana Torres que hayan trabajado con el manuscrito y lo hayan pasado a máquina.

Por último, le doy las gracias a Floyd Woodworth, que pasó muchas horas sentado junto a mí, aconsejándome y dándome ideas con respecto a esta materia. Sin su ayuda, este libro no habría tenido el sabor intelectual que tiene.

Carlos Jiménez R.

ÍNDICE

PRÓLOGO

Los evangélicos de América Latina están enfrentando un reto. Se les ha exigido examinar los fundamentos de su fe y decidir qué hacer con la teología de la liberación. En algunos países de esta región es urgente tomar hoy una decisión sabia. Tradicionalmente, los evangélicos latinoamericanos han fundamentado su fe en las Sagradas Escrituras y se han regocijado en el testimonio del Espíritu en su corazón. Así es como debe ser. Pero en los últimos años la teología de la liberación ha comprometido el pensamiento de algunos católicos romanos y de algunos protestantes. Esa teología se ha caracterizado en que desvía la atención de la persona hacia cambios políticos y sociales. La teología de la liberación exige que el creyente piense en términos de sociedad, en lugar de conversión individual, y que se una a los revolucionarios para derrocar la autoridad existente.

Carlos Jiménez Ramírez ha hecho un gran servicio a los evangélicos al enfocar esos temas en forma tan clara en su libro *Crisis en la teología contemporánea*. Asimismo el autor nos ofrece una valiosa comprensión del desarrollo histórico que ha llevado a la presente crisis. Además de eso, el autor sigue los distintos sistemas de los pensadores radicales y el ataque de los conservadores, así como señala los elementos que han contribuido a un cristianismo radical. Examina además el origen del humanismo, del racionalismo, del idealismo, de la evolución y del marxismo, y nos muestra cómo cada uno de ellos ha contribuido al desarrollo de la teología radical. Aun más, ha hecho un examen exhaustivo de la neoortodoxia y su influencia en el escenario teológico presente. Algunos de los nombres que aparecen en esta obra puede ser que les resulten desconocidos a algunos lectores, no obstante tales personas han sido prominentes en los distintos sistemas de pensamiento que representan. Cada uno de los capítulos de esta obra es especialmente importante e instructivo. El último capítulo nos da un resumen del reciente crecimiento pentecostal y carismático así como de la influencia de esos movimientos en la teología actual.

Se debe encomiar a Carlos Jiménez Ramírez por haber realizado una tarea tan útil y es de esperarse que este libro se lea y estudie con la atención que merece.

Melvin L. Hodges

CAPÍTULO 1

RAZONES QUE MOTIVAN ESTE ESTUDIO

La teología contemporánea ha cobrado un inusitado interés en el día de hoy, y el no estudiarla es no ponerse al corriente en cuanto a sucesos teológicos se refiere. Eso es muy grave, pues su descuido puede resultar en un perjuicio para la Iglesia. A continuación, presentamos las razones del por qué debe hacerse este estudio.

1.1. POR QUÉ NO BASTAN LOS BUENOS PROPÓSITOS

¿Por qué estudiar la teología contemporánea? ¿No es la calidad de vida lo que vale y no la doctrina? ¿No son el amor, la espiritualidad y el fervor evangelístico los que en realidad importan? ¿Qué nos interesa lo que enseñan los teólogos modernos? ¡Manos a la obra de evangelizar al mundo!

Pensar de la manera descrita arriba es desconocer el valor que se tiene al conocer los problemas y fluctuaciones de la teología, sobre todo la contemporánea. Quien se dedica al estudio de esta rama tendrá una buena y fresca información a mano y los cambios no lo tomarán por sorpresa.

La historia nos ha enseñado que quienes descuidaron la doctrina, tuvieron que pagar un alto precio por sus convicciones. Debemos aprender de ella para no caer en los errores que cayeron quienes nos precedieron en este caminar teológico.

1.1.1. Los pietistas

El criterio de los líderes del pietismo alemán de los siglos XVII y XVIII fue formulado de acuerdo con la indiferencia o apatía frente a la teología. Dicho movimiento, tanto entre católicos como protestantes, tuvo gran influencia espiritual e hizo mucho por la extensión del evangelio. Sin embargo, fue vulnerable al racionalismo que surgió a partir de los siglos XVII y XVIII.

La escuela protestante de preparación en la ciudad de Halle, Alemania, fue infiltrada por hombres que enseñaron astutamente doctrinas extrañas, destruyendo poco a poco la fe de los futuros pastores. Por último dejó de existir el movimiento. Eso es una advertencia seria, pues si descuidamos la doctrina puede sucedernos lo mismo. Debe promoverse el estudio de la teología contemporánea para evitar caer en semejantes descuidos.

1.1.2. Las grandes denominaciones

De igual manera, algunas de las grandes denominaciones evangélicas fueron instrumentos poderosos para difundir el evangelio en el siglo XIX pero descuidaron la sana doctrina. Entraron a ellas profesores de orientación liberal en sus seminarios y sembraron la cizaña. Ahora estas iglesias están desprovistas de fervor. Se ven estériles y aun apóstatas.

1.2. LA TEOLOGÍA, LIGADA AL PENSAMIENTO HUMANO

Extraer las enseñanzas de las diversas partes de la Biblia y organizarlas en forma lógica y sistemática es tarea del teólogo. Sin embargo, el pensamiento humano es variable y en algunas ocasiones es afectado por las emociones y por las circunstancias del momento. Por consiguiente, es cambiante y capaz de tergiversar la enseñanza bíblica. Además, ciertos teólogos no titubean en introducir interpretaciones y nociones ajenas a la revelación divina, convirtiéndola en doctrina herética.

Esto subraya lo importante que es buscar a la luz de la Biblia cómo formar conceptos adecuados, rectos y conforme al corazón de Dios para corregir o desvirtuar cualquier concepto errado.

1.3. LA ADVERTENCIA PROFÉTICA

Dios le muestra al profeta (Daniel 2:29-45) las cosas que habrán de suceder, y también los tiempos en que sucederían. Daniel habla de los cinco imperios preponderantes y dominantes, cada uno de ellos en su tiempo. Un reino determinado tiene que ceder su puesto y dominio en la historia a otro más fuerte, hasta que al fin llegue el quinto reino.

1.3.1. Elementos de un reino

No hay duda de que estamos en el tiempo preparatorio para la aparición del quinto reino en el panorama mundial. Quiero transcribir lo que dice la Biblia con respecto a este reino y a su tiempo: "Y lo que viste de los pies y los dedos, en parte de barro cocido de alfarero y en parte de hierro, será un reino dividido; mas habrá en él algo de la fuerza del hierro, así como viste hierro mezclado con barro cocido. Y por ser los dedos de los pies en parte de hierro y en parte de barro cocido, el reino será en parte fuerte, y en parte frágil. Así como viste el hierro mezclado con barro, SE MEZCLARÁN POR MEDIO DE ALIANZAS HUMANAS; pero no se unirán el uno con el otro, como el hierro no se mezcla con el barro."

Notemos que los cuatro reinos anteriores a este último descrito eran monolíticos en su formación, por ser de un mismo metal. Esto quiere decir que eran iguales en pensamiento, doctrina y propósitos. En cambio, contrasta el quinto reino, pues Daniel lo describe como de ALIANZAS HUMANAS. Será un sistema compuesto de elementos irreconciliables que se juntarán para formar algo que mantenga en pie la estatua, y los propósitos de unos y otros.

1.3.2. Alianzas políticas y religiosas

No es raro en nuestro tiempo ver las alianzas políticas de mundos irreconciliables como China, Rusia y Estados Unidos, y también las alianzas que hubo de pensamientos tan dispares como el marxismo y el cristianismo, para formar una sociedad nueva. En el campo teológico no es raro ver cómo se promueven reuniones donde se sientan a una mesa personas de posiciones teológicas antagónicas para confraternizar, y a veces con el pretexto de adorar a Dios. Tal es el caso de las reuniones ecumenistas de judíos, protestantes, católicos, budistas, musulmanes y otros credos. No hay duda de que las alianzas humanas son muy comunes en nuestro tiempo. Además, con el desplome del mundo comunista, se ha derrumbado un muro que existía para que ese último imperio apareciera. Hoy las condiciones son más propicias para que aparezca este reino y así marchar hacia el fin de la historia.

1.3.3. El consejo bíblico

¿Qué dice la Biblia acerca de tales alianzas? En el Antiguo Testamento vemos que los judíos se negaron a establecer una alianza con los samaritanos (Esdras 4:1-3). Aquellos creyentes sabían que "un poco de levadura leuda toda la masa". Pablo prohíbe expresamente que los creyentes se unan en "yugo desigual" con los incrédulos; "porque ¿qué compañerismo tiene la justicia con la injusticia? Y qué comunión la luz con las tinieblas?" (2 Corintios 6:14). Si esta prohibición se aplica de manera personal al creyente, cuánto más se refiere a los grupos de creyentes.

1.4. LA ADVERTENCIA DEL NUEVO TESTAMENTO

Pablo dice: "Mirad que nadie os engañe por medio de filosofías y huecas sutilezas" (Colosenses 2:8). Habla acerca del peligro de ser "llevados por doquiera de todo viento de doctrina, por estratagema de hombres que para engañar emplean con astucia las artimañas del error" (Efesios 4:14).

1.4.1. Contra falsos maestros

Con asombrosa anticipación a su tiempo, Pablo predijo: "Entrarán en medio de vosotros lobos rapaces, que no perdonarán al rebaño" (Hechos 20:29). Él hace eco a una advertencia que hizo Jesús con respecto a los lobos religiosos que se presentarían como creyentes y enseñarían doctrinas de errores y de demonios (Mateo 7:15). El Señor habló de guardarnos de estos falsos profetas y enseñó que por sus frutos serían reconocidos.

1.4.2. Contra falsas doctrinas

Teniendo en cuenta los consejos anteriores de Pablo y del Señor, el creyente no debe descuidar el estudio de la doctrina a la luz de las Sagradas Escrituras. Al terminar el sermón de la montaña, Jesús enseñó que quien oye lo que Él dijo y lo pone en práctica, es comparado a un hombre prudente o sabio que edificó su casa sobre la roca. Eso resalta la importancia de examinar las diferentes doctrinas y rechazar todo lo que tenga un ropaje de falsedad. Cuando Jesús habló de calcular al construir una torre, no hay duda que tenía en mente todo lo que tiene que ver con la Iglesia. La doctrina forma parte de esos elementos de construcción.

1.4.3. Contra malas alianzas

San Pablo, en lo que algunos llaman su testamento a la Iglesia, nos habla de la manifestación de los últimos tiempos en que proliferarían las doctrinas extrañas. Eso pudiera definirse como la ulterior manifestación del misterio de la iniquidad, del cual Pablo nos dice lo siguiente: "Porque ya está en acción el misterio de la iniquidad; sólo que hay quien al presente lo detiene . . ."(2 Tesalonicenses 2:7). Este misterio pudiera categorizarse de la siguiente manera:

1. TIEMPOS POSTREROS Y FINALES
2. TIEMPOS PELIGROSOS
3. HOMBRES PELIGROSOS
4. MÉTODOS PELIGROSOS
5. FINES PELIGROSOS

Esto se halla descrito en 2 Timoteo 3:1-8. En el versículo uno, Pablo nos habla de los sucesos que Daniel describe como productos de una época de ALIANZAS HUMANAS, el tiempo de los pies y dedos mezclados con hierro y barro cocido.

1.4.4. Contra los frutos de los últimos tiempos

Pablo describe esas alianzas como productos de tiempos peligrosos, pues los propósitos que se deben alcanzar harán deponer las convicciones para dar paso y lugar a las conveniencias del momento. Se usará el medio de alianzas de teorías y conceptos irreconciliables a la luz de las Escrituras y del buen juicio. En los versículos 2 a 4, Pablo nos muestra la baja condición de los hombres peligrosos de los últimos tiempos, la que se deja ver en su conducta descrita en forma vívida. Esos hombres llegarán a ser los ejecutores de planes que hagan cumplir las profecías de los tiempos de alianza.

También los versículos 3, 5 y 8 de este mismo pasaje nos hablan de los MÉTODOS PELIGROSOS a los cuales recurrirán los personajes anteriormente descritos para lograr sus propósitos en estos últimos tiempos. Miremos la descripción de esos métodos para que así estemos prevenidos y podamos identificarlos en el momento preciso.

1. Sin afecto natural, implacables . . . crueles: VIOLENCIA, v. 3.
2. Con apariencia de piedad, pero negando la eficacia de ella: HIPOCRESÍA, v. 5
3. En contra de la verdad: CONTIENDA, v. 8
4. De entendimiento corrompido: RACIONALISMO, v. 8
5. Réprobos en cuanto a la fe: HEREJÍA, v. 8

No hay duda de que, con semejantes *antecedentes*, pueden llegar a hacer alianza con cuanto se aparezca en el escenario teológico de la actualidad, con el fin de lograr propósitos desastrosos para la Iglesia.

Por último, Pablo habla de FINES PELIGROSOS. Esto lo encontramos en el contexto de esos mismos versículos, pues los propósitos a conseguir se dejan conocer por la misma personalidad de ellos, como también por sus métodos, su comportamiento y manera de pensar. El deseo y propósito del diablo es confundir y contradecir la verdadera y sana corriente teológica. Para eso se vale de sus instrumentos.

Gracias a Dios que el versículo 9 nos muestra que a pesar de sus esfuerzos y empeños, "no irán más adelante, porque su insensatez será manifiesta a todos . . ." Precisamente para descubrir esa insensatez, tenemos que estudiar seriamente sus enseñanzas.

1.5. EL ESPECTRO DE UNA SUPERIGLESIA ECUMÉNICA

¿Qué queremos indicar con una superiglesia ecuménica? ¿Estará en proceso de formación esta clase de monstruo? ¿Hasta dónde afectará su formación a la verdadera Iglesia? ¿Cuándo será el tiempo en que ésta comience a formarse?

1.5.1. La interpretación futurista del Apocalipsis

Algunos estudiantes evangélicos ven en el futuro la formación de una iglesia que cobijará muchas religiones con un manto teológico, amplio y ambiguo. Esos pensadores opinan que la gran ramera del capítulo 17 de Apocalipsis es una profecía de la formación de esta superiglesia.

1.5.2. Elementos de la iglesia ecuménica

Se sacrificarán principios teológicos con tal de lograr la conveniencia de una apariencia de piedad y unidad para llegar al poder. Las doctrinas deben dejarse de lado para formar un credo amplio que cobije a todos y no cause fricciones ni enfrentamientos.

1.5.3. Persecución, método para lograr la unidad

Para lograr una unidad ficticia de elementos irreconciliables, esta organización perseguirá sin misericordia a los que se nieguen a someterse.

¿Estará en el proceso de formarse semejante monstruo ante nuestros ojos? Tenemos que conocer ahora más que nunca lo que sucede en el campo teológico, para que orientemos a los que pudieran confundirse. Vamos, pues, a lanzarnos a un estudio serio de la teología contemporánea, que está en crisis.

DE LA TEORÍA A LA PRÁCTICA

1. En muchas iglesias protestantes latinoamericanas se enseñan en la actualidad doctrinas muy diferentes a las que se enseñan en las iglesias fundamentales. ¿Cuáles de ellas han llegado a sus oídos?
2. Aparte de las razones que enumera el autor de las notas de este estudio, ¿cuáles otros propósitos se deben tener para estudiar la teología contemporánea?
3. Por qué no nos debe extrañar el hecho de que surjan nuevas teologías en nuestros días?
4. ¿Quiénes de las iglesias que sostienen la idea de que la Biblia es la autoridad máxima para la teología deben familiarizarse con la teología contemporánea? ¿Por qué?

CAPÍTULO 2

EL DESARROLLO DE LA ORTODOXIA HASTA EL SIGLO XVII

Para entender el presente hay que analizar la historia del pasado con el fin de descubrir las fuerzas y los factores que colaboraron para presentar la escena actual. La teología contemporánea es el resultado de lo que el pasado preparó. Por lo tanto, nos conviene comenzar nuestro estudio de ella observando la formación de la teología en los siglos pasados.

Para lograrlo es necesario definir el término "ortodoxia". Esta palabra está compuesta de dos vocablos griegos: *orthos* que significa "recto" o "justo" y *doxa* que quiere decir "opinión". Su significado sería entonces "enseñanza u opinión correcta o justa". En el léxico cristiano, este vocablo se refiere a una fe cristiana acorde con los grandes credos y confesiones de la Iglesia.

La ortodoxia en la teología se formó en un proceso evolutivo. Desde los albores del cristianismo primitivo aparecen los errores enseñados por una minoría que daban oportunidad a la mayoría para expresar y formar una opinión correcta en cuanto a lo que se discutía o se trataba de desvirtuar.

2.1. PRIMEROS CONFLICTOS: EL LEGALISMO Y EL GNOSTICISMO

En un principio la teología de la Iglesia primitiva era sumamente sencilla. Se desarrolló directamente a raíz del contacto que tuvieron con Cristo los primeros creyentes. Su primer mensaje fue proclamar la resurrección del Señor Jesucristo de entre los muertos, con la declaración de que Dios lo había hecho Señor y Salvador. Fue declarado el Mesías (que significa Cristo, o ungido). Su retorno para el establecimiento de su reino se consideraba inminente. La resurrección se señalaba como prueba de que Jesús era el Hijo de Dios. Los creyentes enseñaban que Él era el agente divino por medio del cual se le había otorgado a la humanidad una revelación especial de la naturaleza de Dios.

Como es natural, esa predicación causó conflictos, ya que se estaba formando una teología cristiana en un contexto judío que no aceptaba a Jesucristo como Señor, y mucho menos como el Mesías. Los conflictos y roces desde el principio hasta nuestros tiempos han afinado los conceptos teológicos verdaderos y causado el surgimiento de desviaciones doctrinales.

2.1.1. El legalismo

El primer conflicto doctrinal fue el legalismo. El apóstol Pablo encabezó la batalla contra esta doctrina en la Iglesia primitiva. Su epístola dirigida a los Gálatas, una parte de la segunda epístola a los Corintios y la dirigida a los Romanos, fueron escritas a fin de definir la postura cristiana sobre la salvación por gracia, por la fe, y no por los méritos de las buenas obras y del cumplir de la ley judía. Aquí se comenzó a afinar la teología, proceso que ha continuado durante la trayectoria de vida de la Iglesia.

2.1.2. El gnosticismo

El siguiente problema que amenazó al cristianismo surgió en los siglos segundo y tercero. Se denominó gnosticismo (este término procede de la palabra griega *gnosis* que significa conocimiento). El gnosticismo identificaba la materia con el mal y por lo tanto no creía en el Dios del Antiguo Testamento, puesto que se le presentaba a Él como creador del mundo material. Eso habría implicado que Dios era esencialmente malo. El gnosticismo negaba la verdadera humanidad de Jesús. Enseñaba que Cristo era un ser angélico creado. Puesto que enseñaba que la materia era inherentemente mala, Cristo no podría haber permitido que su pureza fuera empañada por la materia, de manera que negaban que fuera realmente humano.

2.1.3. Refutación de esta doctrina

Juan y Pablo combatieron este error, que de una manera incipiente comenzó a manifestarse en sus días. Esto se puede ver en las siguientes citas bíblicas: 1 Juan 4:1-3; Colosenses 1:15, 17; 2:8, 9, 18.

El cristianismo siguió adelante a pesar de esa herejía y consolidó su posición ortodoxa. El Credo de los Apóstoles, que fue formulado alrededor de esa época como un repudio al gnosticismo, dice así:

Creo en Dios Padre Todopoderoso, creador del cielo y de la tierra, y en Jesucristo su único Hijo, nuestro Señor que fue concebido por el Espíritu Santo, nació de la virgen María, sufrió bajo Poncio Pilato, fue crucificado, muerto, sepultado, descendió a los infiernos; y al tercer día resucitó de entre los muertos; ascendió al cielo, y está sentado a la diestra del Padre, desde donde vendrá a juzgar a los vivos y a los muertos. Creo en el Espíritu Santo, en la Santa Iglesia Católica, en la comunión de los santos, en el perdón de los pecados, en la resurrección de la carne y en la vida eterna. Amén.

2.2. EL CONFLICTO: CRISTOLOGÍA Y LA TRINIDAD

En los siglos segundo y tercero surgieron opiniones divergentes acerca de la relación de Jesús con Dios. El apóstol Juan había enseñado que Jesucristo era el *Logos* eterno, y por tanto, era Dios. Justino Mártir afirmaba que el *Logos* era "el segundo Dios", una doctrina politeísta. ¿Cómo podía la Iglesia resolver el problema de que el Nuevo Testamento enseña la gran dignidad de Jesucristo y al mismo tiempo la unidad de Dios, o sea el monoteísmo? Se presentaron dos soluciones heréticas: el monarquianismo y el arrianismo.

El monarquianismo fue un intento de guardar la unidad ("Monarquía") de la deidad y evitar un triteísmo o creencia en tres dioses. El intento de esa doctrina era establecer la existencia de un solo Dios, único en esencia, existencia y poder. Esta doctrina tomó dos formas: la dinámica ("poder") y la "modalística".

2.2.1. El monarquianismo dinámico

Esta doctrina era sostenida por Teodoto y Pablo de Samosata, quienes enseñaron que Jesús había sido un simple hombre, nacido de la virgen María, pero en su bautismo descendió sobre Él un poder impersonal, el Cristo (o el Espíritu Santo). Puesto que este poder era impersonal, Jesús no era una deidad y así se conservaba la unidad de Dios.

2.2.2. El monarquianismo modalístico

A esta expresión doctrinal se le conoce también como sabelianismo, por Sabelio, su exponente más conocido. Alrededor de fines del siglo primero, Sabelio afirmó que "el Padre, el Hijo y el Espíritu Santo son tres modos o aspectos de Dios. Así como el sol es brillante, caliente y redondo."[1] De esta manera se identifica a Jesucristo con el Padre al igual que hace la secta moderna llamada "Sólo Jesús". Tertuliano, teólogo ortodoxo, observó con ironía que Praexo (un exponente de esta doctrina) "hizo volar al Paracleto y crucificó al Padre". Esto por lo confuso de esta doctrina en cuanto a la relación de la Trinidad.

2.2.3. El arrianismo

En contraste con la doctrina del monarquianismo, Arrio, presbítero en la iglesia de Alejandría, sostenía que Cristo había sido creado por el Padre antes que toda otra criatura; que no era eterno y que, por lo tanto, no podía ser mirado como igual a Dios. Él afirmó: "El Hijo tiene principio . . . Dios es sin principio."

Sin embargo, los arrianistas enseñaban que, al haberle dado Dios tanta gloria y honra, los hombres debían considerarlo como Dios y rendirle culto. Arrio no intentaba de ningún modo aminorar la gloria de Cristo, sino dar énfasis al monoteísmo. Sin embargo, su doctrina niega todo lo que el Nuevo Testamento enseña sobre la divinidad de Cristo. Este pensamiento doctrinal, es seguido al pie de la letra por los modernos "Testigos de Jehová".

Si la Iglesia se hubiera convencido de que la enseñanza de Arrio era correcta, habría quedado con la idea de que hay dos dioses, uno superior al otro. Habría sostenido la doctrina pagana de que debemos adorar a una criatura. Si sus ideas hubieran prevalecido hasta llegar a formar parte del credo del cristianismo ortodoxo, se habría destruido el fundamento de la fe cristiana. No habría un mediador adecuado entre Dios y el hombre, pues Jesús no sería ni Dios ni hombre. Habría significado que Dios mismo era inaccesible, inabordable y apartado del hombre.

2.2.4. Refutación de estos errores doctrinales

Se resolvieron las controversias sobre la naturaleza de Jesucristo, formulando la doctrina de la Trinidad. En el año 325, el Concilio de Nicea, bajo los auspicios de Constantino, formuló la declaración que se conoce como el Credo Niceno.

> Creo en un solo Dios, Padre Todopoderoso creador del cielo y de la tierra y de todo lo visible e invisible.
>
> Y creo en un solo Señor Jesucristo, Hijo unigénito de Dios; engendrado del Padre antes de todos los siglos, Dios de Dios, luz de luz, verdadero Dios de verdadero Dios, engendrado y no hecho, consustancial al Padre, y por quien todas las cosas fueron hechas: el cual, por amor de nosotros y por nuestra salvación, descendió del cielo y, encarnado en la virgen María por el Espíritu Santo, fue hecho hombre; y fue crucificado también por nosotros bajo el poder de Poncio Pilato. Padeció y fue sepultado, y resucitó al tercer día según las Escrituras; y ascendió a los cielos, y está sentado a la diestra del Padre; y vendrá otra vez en gloria a juzgar a los vivos y a los muertos, y su reino no tendrá fin.

Y creo en el Espíritu Santo, Señor y Dador de la vida, que procede del Padre y del Hijo, que con el Padre y el Hijo juntamente es adorado y glorificado, que habló por medio de los profetas. Y creo en una santa iglesia universal y apostólica. Confieso que hay un solo bautismo para la remisión de los pecados; y espero la resurrección de los muertos, y la vida del mundo venidero. Amén.

2.3. EL CONFLICTO: LA NATURALEZA DEL HOMBRE

A fines del siglo IV se estableció en Roma un monje británico llamado Pelagio, quien comenzó a diseminar un pensamiento herético con su doctrina "libertad para escoger". Este pensamiento fue contrarrestado por Agustín, obispo de Hipona, en África.

2.3.1. El pelagianismo

Pelagio insistía en que todo hombre es libre de escoger el bien o el mal a cada momento de su vida. Negó el pecado original heredado de Adán. Sostenía que la caída de Adán no había afectado a nadie, sino sólo a él. El hombre es capaz de cumplir la ley mediante sus esfuerzos propios. Como se puede observar esta es una reflexión temprana de lo que hoy se conoce como el moderno humanismo.

2.3.2. Refutación agustiniana

Agustín, para contrarrestar esta herejía, formuló la teología del pecado original. Enseñó que el hombre no comienza su vida en una zona neutral de la cual puede avanzar hacia el bien o hacia el mal de acuerdo con su propia decisión. Más bien el ser humano hereda una inclinación hacia el mal que ejerce tanta fuerza, que resulta imposible vencerla sin la intervención de la gracia de Dios.

Según Agustín, Adán sí estaba libre para escoger, pero su orgullo fue el punto de partida hacia una rebelión contra Dios. La consecuencia ha sido que todos los descendientes de Adán han nacido con la predisposición hacia el mal. Agustín creía que la naturaleza pecaminosa se trasmite a través de la procreación por parte del padre. "Todo esfuerzo del hombre para restaurarse a su nivel primitivo, es desfigurado y hecho impotente debido a la degradación producida por aquel pecado original."[2] Puesto que ha perdido el hombre su capacidad de elegir a Dios, éste tiene que rescatarlo mediante un nuevo nacimiento, que se logra sólo por la gracia divina. Agustín y sus amigos lograron que la doctrina de Pelagio fuera condenada por la Iglesia y prevaleciera la idea del pecado original.

Siguiendo estas ideas, Agustín llegó a formular la idea de la predestinación. Esta doctrina fue adoptada por Calvino y se convirtió en parte de esa rama de la teología protestante que sigue la orientación de Calvino.

2.4. EL CONFLICTO: SACERDOCIO, JERARQUÍA Y SALVACIÓN

Al llegar el siglo XVI, los reformadores por lo general aceptaron las doctrinas consideradas ortodoxas en ese entonces. No obstante, en algunos puntos se puede decir que la teología cristiana se dividió en dos: la de los católicos y la de los protestantes. La teología católica sostenía que la única iglesia es la Iglesia Católica Apostólica Romana, que fuera de ella no hay salvación, y que ésta se alcanza por las buenas obras. También afirmaba que la jerarquía representaba a Cristo en el mundo. Así llegó al concepto de la autoridad decisiva del papado. El credo protestante, en cambio, enseñó que la autoridad final se halla en la Biblia, que todos los creyentes forman parte del sacerdocio y que la salvación era por pura gracia y por fe. Es claro que con esto se hacía ver que el hombre no tenía que buscar acceso a Dios a través de una jerarquía. Ya que el sacerdocio del creyente es universal y todos tienen libre acceso. Los católicos enseñan que la seguridad de salvación se halla en pertenecer a la iglesia verdadera, hacer buenas obras y recibir los sacramentos. Los protestantes enseñan hasta nuestros días que la salvación es mediante el regalo logrado por Jesucristo en la cruz del Calvario. Para obtenerla sólo se necesita fe y creer en ese sacrificio vicario.

Estas posiciones teológicas se mantienen hasta el día de hoy, y aunque la iglesia católica ha tenido cierta apertura, se siguen manteniendo las doctrinas que causan separación con la iglesia protestante.

2.5. EL CONFLICTO: CALVINISMO Y ARMINIANISMO

La teología protestante se dividió con la enseñanza de Jacobo Arminio. Arminio se oponía abiertamente a las enseñanzas de Calvino, creando el cisma dentro la iglesia protestante.

2.5.1. La doctrina calvinista

Juan Calvino había seguido la pauta de Agustín. El obispo de Hipona había enseñado que el hombre es tan malo, que la única manera de explicar cómo se llegaba a la salvación era que Dios lo decidía así por su gracia. La salvación depende enteramente de la iniciativa de Dios. Las doctrinas de Calvino son:

1. La total depravación del hombre. Significa que la voluntad del hombre está tan debilitada que ya no puede hacer ninguna obra buena, a menos que sea ayudado por la gracia especial que Dios otorga a los elegidos.
2. La elección incondicional. Desde el principio del mundo, Dios ha

predestinado a algunos para la salvación, y eso aparte de mérito humano alguno.

3. La expiación limitada. Cristo no murió por toda la humanidad, sino por los elegidos.
4. La gracia irresistible. Los que son elegidos, también serán salvos.
5. La perseverancia de los santos. Dios da a los creyentes el don de la perseverancia, de modo que aunque pequen, también se arrepentirán. Ningún elegido se perderá. De ahí salió la frase "Una vez salvo, siempre salvo".

2.5.2. La doctrina arminiana

Jacobo Arminio (1560-1610) se oponía a la doctrina calvinista de la predestinación. Estableció su pensamiento teológico en las siguientes doctrinas:

1. Cristo murió por todos los hombres.
2. Los que creen son salvos, y los que rechazan la invitación de Cristo se pierden.
3. Dios no elige a nadie; ni para salvación, ni para perdición.
4. La gracia salvadora de Dios no es irresistible.
5. Los cristianos pueden caer de la gracia y perderse.

Calvino había enseñado que la salvación es resultado de la elección hecha por Dios, y como Dios no cambia de idea, la salvación que Él otorga es totalmente segura.

Arminio lo miraba desde otro punto de vista, insistiendo en que la seguridad de la salvación se encuentra en las promesas de la Biblia y se confirma con el testimonio interno que le da el Espíritu Santo al creyente.

Los errores teológicos que surgieron a medida que pasaba el tiempo fueron muchos, así como también las confrontaciones a ellos. En este capítulo sólo hemos hecho mención de los más trascendentes para la teología, y los más importantes para mostrar de una manera somera cómo tuvo lugar la formación de la teología ortodoxa.

Así se formó un consenso de pensamiento en la ortodoxia cristiana al terminar el siglo XVII. Los teólogos pasaron diecisiete siglos en grandes debates y divisiones, pero por lo general, un porcentaje grande de los cristianos tenían en común un buen número de conceptos teológicos. En el próximo capítulo veremos cómo esta ortodoxia fue sacudida en la era moderna.

DE LA TEORÍA A LA PRÁCTICA

1. ¿De que manera sirvieron las herejías para el bien de la teología durante los primeros diecisiete siglos de la historia del cristianismo?
2. ¿De que manera puede uno probar la ortodoxia de su teología?
3. ¿Defina las más marcadas diferencias entre católicos y protestantes?
4. ¿Cuál es la diferencia entra las doctrinas de Pelagio y Agustín?
5. ¿En que estriba la diferencia entre Calvino y Arminio?

CITAS

1. Kenneth Scott Latourette, *Historia del cristianismo*, Tomo 1, 1958, p. 158.
2. Ibid., p. 228.

CAPÍTULO 3

ATAQUES A LA ORTODOXIA EN LOS SIGLOS XVIII Y XIX

Hoy día se pone sistemáticamente en tela de juicio la fe del cristianismo. Hay una gran falta de respeto hacia todo lo que tiene que ver con la Biblia, con Dios y con su trato con el hombre. ¿Qué y quiénes influyeron en estas tendencias? ¿Por qué tiene el hombre contemporáneo tan poco respeto a la Biblia? ¿De dónde vienen estas ideas tan contrarias a las enseñanzas bíblicas?

La guerra contra la ortodoxia se presentó en varios frentes. En primer lugar, el frente del humanismo; en segundo lugar, el pensamiento filosófico; en tercer lugar, el liberalismo teológico, y por último las teorías de la ciencia y el materialismo. Los ataques de afuera y dentro de la Iglesia contra la ortodoxia amenazaron la existencia misma de la fe histórica del cristianismo. Veamos ahora a los enemigos de la ortodoxia cuyos principios fueron absorbidos por el liberalismo.

3.1. EL HUMANISMO

Los pensadores heterodoxos (no ortodoxos) del siglo XVIII dan evidencias innegables de la influencia del espíritu del Renacimiento que inundó el mundo occidental. El Renacimiento produjo la renovación literaria, artística y científica en Europa en los siglos XV y XVI. En su sentido más general, el humanismo se refiere al interés en los asuntos de este mundo, y en particular a la importancia del hombre en la construcción de su propio destino.

Los grandes humanistas de la época del Renacimiento mostraron una fe optimista en la capacidad del hombre para resolver sus problemas y alcanzar alturas cada vez mayores. Centraban su atención en las culturas antiguas de Grecia y Roma. Empezaban a ver las ideas y los escritos con ojos mucho más críticos. Para ellos, el hombre tenía que buscar su propia salvación; poca necesidad tenía de una revelación de Dios. Así comenzaron a depender de la razón humana más que antes. De esta forma prepararon el camino para el racionalismo.

3.2. EL RACIONALISMO

Después de doscientos años de esta nueva manera de contemplar al mundo y la vida, no nos sorprende el surgimiento de la filosofía del racionalismo, la cual rechaza la revelación y pretende explicarlo todo mediante la razón. Así fue cómo se bautizó al siglo XVIII con el nombre de "Siglo de las luces". En el principio, los racionalistas no se declaraban antirreligiosos, pero no podían aceptar muchas doctrinas de la ortodoxia. Enseñaban que todo debía someterse al juicio de la mente. Abogaban por el establecimiento de una religión que existiera y probara sus postulados sólo dentro de los límites de la razón.

La lista de los pensadores que abrazaban este sistema filosófico es larga. Presentamos sólo algunos de ellos.

3.2.1. René Descartes (1596-1650)

Descartes es el primero de los grandes filósofos racionalistas. Este pensador católico francés afirmó que se debe dudar de todo hasta que sea probado, y que la prueba tiene que ser tan lógica como una demostración matemática. Puesto que el principio de todo conocimiento es la duda, hay que encontrar una base; un punto de partida del cual no se pueda dudar. Esa base la halla Descartes en su propia existencia como ser pensante. Aun al dudar, "pienso, luego existo".[1] Es obvio que tal actitud niega el principio cristiano expresado por Agustín de Hipona: "Cree para que puedas entender."

Además, Descartes desarrolló un sistema de pensamiento en que varios axiomas (verdades evidentes) podían ser conocidos con certeza matemática. Sostenía que hay ciertos conceptos innatos del raciocinio humano, tales como el tiempo y el espacio, los cuales capacitan la mente para organizar los datos que vienen por los sentidos. Creía que la razón por sí sola, podía comprobar la existencia de Dios y del alma.[2]

Fue creador de la metafísica moderna, atacó los principios escolásticos e impuso un nuevo método de raciocinio, y a pesar de ser apenas una teoría, le puso como nombre "el método de la duda metódica".

3.2.2. Francis Bacon (1561-1626)

Este hombre desarrolló el método científico, que consiste en una investigación científica independiente del principio de autoridad y del razonamiento escolástico y deductivo; toda investigación debe partir de la inducción para así descubrir la razón de existir. Bacon creó este método para combatir la tendencia de aceptar cualquier idea científica o filosófica sólo porque una autoridad lo diga. En esta teoría, el científico hace primero una hipótesis basada sobre sus observaciones, y luego la verifica probándola varias veces. Otros siguen probándola y finalmente la idea toma el carácter de ley si siguen resultando afirmativas las pruebas.

3.2.3. Gottfried Wilhelm Leibniz (1646-1716) y Baruch Spinoza (1632-1677)

Estos dos filósofos ampliaron las ideas de Descartes y así fortalecieron la creencia de que el hombre puede alcanzar el conocimiento por medio de la razón y el uso del método científico.

3.2.4. Isaac Newton (1642-1727)

Además de haber descubierto la ley de la gravedad universal y la de la descomposición de la luz, también fue impulsor de la filosofía racionalista de Descartes, Leibniz y Spinoza. Las leyes científicas que él descubrió tendían a producir la confianza de que el hombre, por medios científicos, podía descubrir las leyes de la naturaleza y vivir en armonía con ellas.[3]

El resultado de esas ideas fue el desarrollo del deísmo, la doctrina de que Dios creó el universo, le dio cuerda como un reloj, poniendo en marcha las leyes naturales y luego se fue sin admitir la necesidad de revelarse ni de que se le rindiera culto. Todas estas ideas debilitaron la creencia en la autoridad de la Biblia y en la necesidad de una revelación divina.

3.2.5. David Hume (1711-1776)

Este escéptico escocés puso en tela de juicio la validez de los argumentos clásicos acerca de la existencia de Dios como la causa general de todo. Fue el padre del empirismo, filosofía que coloca la experiencia como la base del conocimiento, sin necesidad de corroborar la experiencia con teorías ni con el razonamiento lógico.

También Hume atacó la creencia en los milagros. Afirmó que la creencia debe ser proporcionada a la evidencia. La experiencia humana atestigua la uniformidad de las leyes naturales mucho más fuertemente que el testimonio humano referente a los milagros. Además, si el cristiano pudiera comprobar que ocurrió algo que no armoniza con las leyes naturales, tendría que probar que fue realizado por el poder divino, lo cual es una tarea difícil.

Este escéptico escocés no estaba dispuesto a considerar las contundentes evidencias de la resurrección de Cristo. Hume tuvo gran influencia en su tiempo y en su generación; sus escritos produjeron mucho escepticismo.

3.3. EL IDEALISMO

Se conoce como idealismo a la doctrina filosófica que niega la realidad individual de las cosas distintas del "yo" y no admite más que las ideas. También puede significar la visión de todas las cosas por su lado bueno y bello, sin consideraciones prácticas. A esta manera de pensar, también se le conoce como romanticismo.

3.3.1. Emmanuel Kant (1724-1804)

El pensamiento del Siglo de las Luces llegó a su clímax con la filosofía de Kant, natural de Königsberg, fuerte centro pietista en la Prusia Oriental. Sus ideas tuvieron gran influencia, tanto en la teología protestante como en la filosofía, y representan el enlace entre el idealismo y el viejo racionalismo. Kant rechazó el concepto de que por la "razón pura" se puede demostrar la existencia de Dios. Atacó cruelmente las pruebas clásicas de causa y efecto, fuera del argumento teleológico, o sea el argumento de designio. Partiendo de la duda, reconstruyó por medio de la razón práctica, la certidumbre de la ley moral y concluyó en favor de la existencia de Dios y de la inmortalidad del alma.

Este filósofo quería conservar la creencia en Dios, pero negó la necesidad y validez de la revelación divina. Para Kant, Jesús fue simplemente un gran maestro de moral. Redujo la religión a una ética teísta y así preparó el camino para el liberalismo.

En sus diferentes obras concibe las siguientes ideas: La teoría del conocimiento idealista y crítico. La ley moral que presupone la libertad, la inmortalidad, la existencia de Dios, aunque la razón no pueda justificar estas nociones primordiales para el ser humano.

3.3.2. Federico Schleiermacher (1768-1834)

Este fue el teólogo alemán más influyente que surgió del movimiento idealista. Muchos historiadores consideran que fue el padre del liberalismo. Quería defender la religión, aunque no estaba de acuerdo con la ortodoxia. Estaba harto de tantas discusiones sobre credos y doctrinas. Aceptó la idea de Kant de que la metafísica, lo abstracto, no tiene lugar en la religión. La religión en sí, no es un cuerpo de doctrina.

Para Schleiermacher, la única base de la religión se halla en lo interior, en los sentimientos, en un sentido de absoluta dependencia. Esta experiencia interior no es sólo del individuo, sino también de la comunidad cristiana. Además es común a todas las religiones. El objeto de éstas es "tender un puente sobre el abismo entre lo universal y lo finito; poner al hombre en armonía con Dios . . . Por lo tanto, no deben dividirse las religiones en verdaderas y falsas, sino de acuerdo con su grado relativo de eficacia."[4]

Según Schleiermacher, Dios es lo absoluto que está en todo; sus críticos lo acusan de ser panteísta. Otro de sus pensamientos es: El pecado consiste en no sentir dependencia; y Cristo es el hombre que dependía totalmente de Dios, en todo pensamiento, palabra y acto. La misión de Cristo fue comunicar a los demás este sentido de dependencia.

Un siglo después, varias de sus ideas volvieron a aparecer en los escritos de Paul Tillich y John Robinson. A pesar de las acusaciones que sobre él pesaban, tanto de parte de los racionalistas como de los ortodoxos, su pensamiento influye fuertemente en la teología contemporánea.

3.3.3. Jorge Guillermo Federico Hegel (1770-1831)

Filósofo alemán, Hegel también tuvo una influencia profunda sobre la teología y el desarrollo de la crítica literaria de la Biblia. Para Hegel, Dios es espíritu; es el absoluto, la única realidad. "El universo es el constante desarrollo del Absoluto . . . por medio de la lucha y el esfuerzo."[5] La historia, la naturaleza y el pensamiento humano son aspectos del Espíritu Absoluto que llega a la conciencia de sí mismo. Dios no es trascendente (por encima del universo) sino inmanente (dentro del universo). Dios se manifiesta en la historia por medio de un proceso de reconciliaciones de contradicciones (dialéctica). Este constante proceso consiste de la tesis (proposición), la antítesis (la oposición), y la síntesis (una conciliación o fusión de la tesis y antítesis). Este proceso evolucionario sigue formando perpetuamente nuevas tesis, antítesis y síntesis.

El principio anterior de tesis, antítesis y síntesis, lo aplicó a la identificación de la naturaleza con el espíritu con un principio único, *la idea*, que se desarrolla por el proceso dialéctico arriba descrito.

Hegel también formuló una especie de teoría de la evolución en el proceso religioso que él consideraba correcto. Creía que las religiones avanzan del animismo al politeísmo y finalmente al monoteísmo; de una religión natural a una religión moral y luego a una fe espiritual. Consideraba como mitos las doctrinas de la encarnación, la expiación y la Trinidad.

3.3.4. Albrecht Ritschl (1822-1889)

Teólogo alemán, que tuvo enorme influencia en la teología y en la interpretación de la historia de la Iglesia primitiva en su parte social. Echó los fundamentos para el evangelio social. Siguió las pisadas de Schleiermacher, rechazando tanto la teología natural como la revelada. Al igual que el padre del liberalismo, Ritschl procuró extraer la esencia del cristianismo de la experiencia cristiana, pero no estaba de acuerdo con el concepto de Schleiermacher de que la religión consiste en sentir la dependencia absoluta. Más bien, según Ritschl, se manifiesta en la moralidad. También Ritschl pensaba que la conciencia religiosa sostenida por Schleiermacher era demasiado individual. Reside no tanto en el individuo como en la comunidad cristiana, o sea la Iglesia.

Ritschl no creía que el fin de la religión debe ser una lista de doctrinas o una aceptación de hechos probados científicamente, sino una jerarquización de valores. Para él, Cristo asignaba valores a todos los componentes de la vida, y eso es lo que le da tanto valor.

Según Ritschl, la misión de Jesús fue fundar el reino de Dios entre los hombres, y así fue el "portador del señorío ético sobre los hombres". No murió por los pecados, sino como la suprema prueba de su vocación. La religión es esencialmente un asunto práctico. El amor de Dios inspira a los hombres a "trabajar para hacer de toda la sociedad el reino de Dios, donde la voluntad de Dios vista en Cristo sería hecha perfectamente".[6]

En cuanto a la teología, el liberalismo iba tomando forma. Le faltaban sólo algunas corrientes de pensamiento más para tomar su forma final.

3.4. EL CRITICISMO BÍBLICO

Se conoce con este nombre a la ciencia que se dedica al estudio concienzudo de la Palabra de Dios; la Biblia. Esta disciplina es diferente al criticismo kantiano que es una filosofía que procura determinar los límites entre los cuales puede ejercerse legítimamente el razonamiento humano.

Pudiéramos identificar el criticismo bíblico con la corriente que juzga las obras literarias o artísticas para emitir un juicio sobre ellas. Es también el examen exhaustivo de un documento para probar su veracidad y destruir mitos y errores. Esta manera de estudiar la Biblia tiene dos ramas: baja y alta crítica.

3.4.1. La baja crítica

Durante mucho tiempo, los eruditos de la Biblia se habían ocupado del estudio de los manuscritos antiguos de la Biblia con el propósito de determinar con toda la exactitud posible el texto original de las Escrituras. Se procuraba descubrir cualquier desavenencia con lo que se cree que decía el *autógrafo*, o sea, el texto original. Como no existe ahora ningún autógrafo, y como en los manuscritos que tenemos se ven pequeñas diferencias en algunas palabras y frases, no cabe duda de que el estudio de los textos trae gran beneficio para todos, al fijar textos dignos de confianza. A esta manera de examinar la Biblia se le llama la crítica baja o textual. Las investigaciones de la crítica textual no han hecho gran daño a la ortodoxia. Más bien, en casi todos los casos han servido para robustecerla, dejándonos textos muy exactos y dignos de confianza.

3.4.2. La alta crítica

El racionalismo del Siglo de las Luces y la filosofía idealista de Hegel fueron las fuentes de inspiración para eruditos que desarrollaron la alta crítica en los siglos XVIII y XIX en las universidades alemanas. Este nuevo enfoque intentó destruir el carácter sobrenatural de la Biblia y convertirla sencillamente en la historia de la evolución de la religión hebrea. Esta manera de pensar y estudiar la Biblia, ha hecho estragos en la fe de muchos cristianos y sigue teniendo una influencia negativa enorme en los estudios bíblicos, tanto protestantes como católicos.

La nueva crítica de los siglos XVIII y XIX, fue más allá de la investigación de los manuscritos antiguos. En las universidades alemanas se aplicaron a la Biblia métodos de investigación y análisis que los historiadores habían desarrollado para reconstruir el pasado. Se preguntaron: ¿Por quiénes fueron escritos los documentos bíblicos? ¿Cuándo? ¿Cuáles son las fuentes originales que emplearon los autores? ¿Son dignas de confianza? ¿Hay causas históricas que pueden explicar los desarrollos registrados en las Escrituras?

¿Hay algo inmoral en seguir tales métodos de estudio para arrojar más luz sobre las enseñanzas de un libro? Lo debemos hacer todos, pero el problema está en hacerlo con ideas y prejuicios que influirían mucho en las conclusiones. Convencidos de que la ciencia había comprobado que no suceden milagros como tales, decían que hacía falta sacar los elementos milagrosos de lo que narra la Biblia. Dejaron a un lado el concepto tradicional de que la Biblia es un libro inspirado. En términos generales llegaron a las cinco conclusiones que se exponen a continuación.

3.4.2.1 La teoría de la evolución religiosa

Aceptaron la teoría ideada por Hegel de que la religión hebrea había ido evolucionando. Según esta noción, Israel en el principio creía en muchos dioses; luego fue desarrollando la creencia en un solo Dios y más tarde llegó a la fase sacerdotal con todos sus ritos y ceremonias.

Los críticos literarios desarrollaron la teoría de que el Pentateuco no fue escrito por Moisés, sino que es una recopilación de documentos redactados probablemente en la época de Esdras o un poco antes. Llegaron a esta conclusión por medio de un análisis cuidadoso del estilo literario, del uso de los diferentes nombres de Dios, de lo que les parecía ser la repetición de relatos, tales como los de la creación y el diluvio, y la variación en los conceptos religiosos. Usaron la teoría de la evolución religiosa como uno de los métodos para distinguir los supuestos documentos y darles fechas.

3.4.2.2 La teoría documentaria J.E.D.P.

Cuando les parecía que cierto documento tenía una teología más abstracta que otro, llegaban a la conclusión de que había sido redactado en una fecha posterior, ya que la religión se complicaba cada vez más.

Según ellos, los documentos más antiguos fueron designados "J" y "E", porque empleaban los nombres divinos Jehová y Elohim, respectivamente. Esos escritos se remontan a los siglos XIX-VIII a.C. Son las tradiciones sobre los orígenes del mundo y del pueblo hebreo. En su mayor parte son una colección de mitos cananeos adaptados por los hebreos.

Luego fue escrito el Deuteronomio, "D", por los sacerdotes quienes emplearon ese fraude para promover un despertamiento religioso en el reinado de Josías (2 Reyes 22:8).

El último documento, "P" (para designarlo *priestly* o sacerdotal), habría tomado cuerpo durante el cautiverio babilónico y sería el que dio el plan general del Pentateuco. Pone interés en la organización del tabernáculo, el culto y los sacrificios.[7]

Esta teoría se llama "hipótesis Graf-Wellhausen", por los apellidos de los dos eruditos alemanes que la desarrollaron a fines del siglo XIX, pero se conoce más popularmente como "la teoría documentaria J.E.D.P.". Este esquema de pensamiento fue aceptado como la base de la alta crítica.

3.4.2.3 Paternidad literaria múltiple en libros del Antiguo Testamento

Los críticos racionalistas atribuyeron el libro de Isaías a dos autores separados entre sí por más de un siglo. Hicieron el intento de mostrar que muchas de las predicciones del futuro que se hallan en los profetas, se escribieron después de los acontecimientos que describen, pues los eruditos no creían en la posibilidad de que hubiera profecía inspirada. Uno de los libros que muchos han señalado es Daniel, el cual dicen que fue escrito en el siglo segundo antes de Cristo, después que se cumplieron las profecías de dicho libro.

3.4.2.4 La personalidad de Jesucristo

Otro problema serio que expuso la alta crítica fue su acusación de que el Jesús que se presenta en los evangelios está envuelto en un paño de mitos. Suponiendo que los elementos milagrosos los habían añadido personas supersticiosas que escribieron después de la muerte de Jesús, soltaron las riendas de su imaginación para pensar cómo sería en realidad aquel humilde maestro. Muchos escritores hacían biografías de esa supuesta persona, de ese "Jesús histórico". Decían que separaban los dichos y hechos auténticos de los mitos; que el Señor nunca enseñó que era el Mesías, ni que volvería al mundo para reinar. Algunos llegaron a sugerir la idea de que Jesús nunca existió; que más bien era un personaje mítico creado por la Iglesia primitiva.

3.4.2.5. Contradicciones en el Nuevo Testamento

También algunos críticos pensaban que ciertas partes del Nuevo Testamento revelan distintos "puntos de vista" e indicaban que habían existido partidos diferentes y a veces antagónicos en la Iglesia. Por ejemplo, consideraban que el Evangelio según San Mateo representa la idea de la comunidad judeocristiana; es decir, que el cristianismo es una continuidad del judaísmo. En cambio, Lucas abogaría por el concepto de Pablo de que Cristo reemplaza y hace innecesaria la obediencia a la ley judía. Así Lucas escribe un evangelio para los gentiles, mientras que Mateo lo hace pensando en la continuidad de la influencia judía en la Iglesia. Los críticos empleaban la dialéctica de Hegel para desarrollar su teoría. La doctrina de Pedro y Mateo es la tesis; la cristología y doctrina de gracia paulina, la antítesis; y se encuentra la síntesis en la iglesia posterior.

No cabe duda de que los adherentes a la alta crítica levantaron tormentas turbulentas en el campamento de los ortodoxos. Sin embargo, con todos sus argumentos y prejuicios no han llegado a presentar pruebas fehacientes para comprobar sus conjeturas.

3.5. LA CIENCIA Y LA TEORÍA DE LA EVOLUCIÓN

No fueron los críticos los únicos que causaron graves problemas a la ortodoxia. Hubo ataques de todas partes y de diferentes puntos de vista, entre ellos, la ciencia y la teoría darviniana, quienes se propusieron demostrar lo absurdo de la religión.

3.5.1. La teoría de la evolución

Un concepto que amenazaba hacer insostenible el cristianismo para la mente bien informada, fue la obra de Carlos Darwin (1809-1882) titulada *Del origen de las especies por medio de la selección natural*. Parecía que la teoría de la evolución dejaría anticuado el relato bíblico de la creación y arrojaría dudas sobre la integridad de toda la Biblia. De acuerdo con eso, no sería necesario creer en Dios. Con esta idea de la evolución progresiva, el hombre era un eslabón más en la cadena de los seres vivientes. Era un miembro del reino animal, aunque claro, estaba mucho más evolucionado que los demás. El concepto de la creación que exponía Darwin no era un acto especial realizado por un Dios inteligente y amoroso, sino una lucha eterna entre las especies, siendo las sobrevivientes las más aptas o las más fuertes.

La idea de la evolución trajo como consecuencia la esperanza de que el hombre poco a poco se podía superar por sus propios esfuerzos. Muchos se suscribían al concepto de que, con cada nueva invención y avance de la tecnología, había un progreso. La consigna era "adelante hacia un porvenir cada vez más glorioso".

3.5.2. La ciencia

Las ciencias naturales comenzaron simultáneamente a lanzar ideas muy diferentes a las de la Edad Media sobre el origen del hombre y de la vida. Desde entonces, la lucha con frecuencia ha sido amarga. La ciencia ha tildado a la religión de "anticientífica". Desafortunadamente, muchas religiones se colocaron en una postura defensiva ciega. Equivocadamente, asociaban con la ortodoxia muchas de las ideas adquiridas a través de su cultura. A veces no aceptaban evidencias de ninguna clase ni querían usar la razón.

Por ejemplo, en los siglos pasados el postulado de Nicolás Copérnico (1473-1553) había causado consternación entre los religiosos. Este científico demostró que los planetas giran alrededor del sol y tienen movimiento propio. Esto dejó a los clérigos pasmados, ya que hacía de esta tierra como un grano de arena en un inmenso universo, en vez de ser el centro de todo, como se predicaba. La conclusión a que llegaron muchos, era que Dios no iba a tomar interés en algo tan insignificante.

Los descubrimientos de la ciencia tuvieron por resultado un ataque contra la fe. La astronomía y la geología desacreditaban la cronología que el erudito arzobispo Ussher había formulado. Éste había puesto la fecha de la creación en el año 4004 a.C. Para algunos lectores de la Biblia, ésta había perdido credibilidad. Muchos científicos cristianos repudiaban la fe o creían que era de poca importancia.[8]

Como resultado, la religión, que había sido una fuerza tan poderosa en la vida del hombre, llegó a perder la confianza de los hombres cultos. La ortodoxia se encontraba en crisis.

3.6. EL LIBERALISMO Y SU PENSAMIENTO TEOLÓGICO

La lucha también se libró dentro de la Iglesia misma. El liberalismo incorporó en su sistema muchas de las ideas de estos enemigos de la fe y se metió en la Iglesia como una especie de "caballo de Troya". La raíz del escepticismo moderno viene directa o indirectamente del liberalismo de los siglos XVIII y XIX. En efecto, el liberalismo de aquella época ha dejado huellas tan profundas en la teología contemporánea, que no se puede entender ésta cabalmente sin conocer aquel estilo de pensamiento.

El liberalismo era un intento de acomodar las doctrinas cristianas a las corrientes de pensamiento de los siglos XVIII y XIX; es decir, al racionalismo, al romanticismo, a la crítica literaria de la Biblia y a las teorías de la ciencia. Se redujo la fe cristiana a aquellos elementos "esenciales" que podían ser defendidos "racionalmente".

Los liberales describían este espíritu como "el espíritu de mentalidad amplia, de tolerancia, de humildad, de devoción a la verdad dondequiera que se halle".[9] Estaban abiertos a corrientes de pensamiento antagónico a la ortodoxia y aun a las ideas de las religiones paganas. Sin embargo, su mentalidad no tenía la amplitud necesaria para aceptar lo sobrenatural del cristianismo bíblico.

Con ese contexto de definición intentaron conservar la religión cristiana, reconstruyendo la teología. A los liberales no les interesaban primordialmente los credos y doctrinas de la ortodoxia. Acomodaron la religión a las corrientes de pensamiento del siglo XIX, aceptando las conclusiones de la alta crítica y la teoría darviniana de la evolución. Llamándose "nuevos teístas", incorporaron a la religión ideas de los filósofos Kant Y Hegel. Siguieron la pauta de los racionalistas, descartando la creencia en los milagros. Reinterpretaron las doctrinas cristianas, aceptando las reconstrucciones teológicas de Schleiermacher y Ritschl.

Aunque los conceptos de los liberales divergían tanto, podemos notar algunas ideas que la mayoría tenía en común.

3.6.1. La Biblia

Los liberales estaban de acuerdo en reconocer que la Biblia es un libro de grandes enseñanzas, pero que no es una revelación infalible de Dios. Contiene supersticiones y mitos. Tiene la inspiración que tiene cualquier literatura elevada. La interpretación de la Biblia se subordina a la opinión religiosa individual de uno mismo. No es tanto lo que es o dice el Evangelio según San Mateo o Lucas, sino lo que uno interpreta en él. La Biblia registra la búsqueda de Dios por el hombre, más bien que una revelación de Dios.

3.6.2. Dios

Algunos liberales creían que Dios es una persona, pero otros lo negaban. Todos estaban de acuerdo en decir que Dios es una fuerza del bien que ama a todos. Dios no es trino. Ellos exponían la idea de la inmanencia de Dios, o sea que Dios satura el universo. Aunque Dios y el mundo no son idénticos, Dios se limita a actuar a través de la naturaleza. Si esta idea se lleva a un extremo, llega a ser panteísmo, o sea, que Dios es todo lo que el mundo es, y el mundo es Dios. En cambio, la doctrina de la trascendencia significa que Dios tiene una existencia independiente del mundo. Dios es "más verdaderamente conocido en Cristo, pero su revelación no es distinta en *especie* de todo otro conocimiento de Dios".[10] Los liberales estaban de acuerdo con Kant y Schleiermacher, en que la revelación viene de adentro y la experiencia religiosa se halla "en la mente y la conciencia, más que en alguna voz especial de afuera".[11]

3.6.3. Los milagros
Para los liberales no hay lugar para los milagros, pues serían intrusiones en el orden natural o violaciones de las leyes naturales creadas por Dios. Les gustaba la teoría de la evolución porque se prestaba para decir que Dios, a través de la naturaleza, va mejorando tanto el reino animal como la humanidad. Toda la naturaleza es una revelación divina.

3.6.4. La persona de Jesucristo
El liberalismo distingue entre el "Jesús histórico" y "el Cristo de los credos". Según los liberales, las especulaciones metafísicas del apóstol Pablo oscurecen y aun pervierten "la majestad y sencillez del evangelio". Debemos volver al Cristo humano de los evangelios sinópticos. Advierte el liberal Harnack: "No debemos tropezar en asuntos tales como milagros, la creencia en demonios, o en el elemento apocalíptico (es decir, la creencia en que está cercano el fin catastrófico del mundo)."[12] Estas son cosas que pertenecen a la época en que fueron escritos los evangelios, pero no presentan la esencia del evangelio.

La verdadera religión no se refiere a Jesucristo, sino que consiste en la fe del Maestro y sus enseñanzas. Él fue el primer cristiano, un hombre que vivía continuamente en la presencia de Dios.

3.6.5. El hombre y el pecado
Según Harnack, el mensaje de Jesucristo fue que Dios es Padre de todos los hombres y el alma humana tiene valor infinito. Dentro de toda persona hay una "chispa divina", idea insinuada por la filosofía de Kant. Aunque el hombre tiene algo de la naturaleza de Dios, debe desarrollarla. Hay que mirar adentro para encontrar a Dios.

El hombre no ha caído, ni tampoco hereda la culpa del pecado original. Sí existe el pecado, pero se atribuye a "impulsos de la naturaleza animal del hombre", una fase inevitable en el proceso evolutivo. No se necesita una expiación por el pecado, pues Dios perdona generosamente. El hombre es capaz de obedecer a Dios sin recibir ayuda sobrenatural.

La vida futura se interpreta como "inmortalidad del espíritu", más que "resurrección del cuerpo". El concepto del infierno es "inmoral". Al ser un Padre bondadoso, Dios no enviaría sus hijos al infierno; los castigos de Dios "tienen siempre un propósito correctivo, nunca vengativo o retributivo".[13]

3.6.6. El reino de Dios y su advenimiento

Los liberales quitaron toda dimensión escatológica del concepto bíblico del "reino de Dios". No se refiere a algo que llegará por la segunda venida de Cristo, sino al "advenimiento del gobierno de Dios a los corazones humanos". Se refiere a la "calidad ética y espiritual de la vida de Jesús".

Además, es algo social más que individual. La teología liberal incorporaba el énfasis de Schleiermacher y Ritschl sobre la naturaleza social o corporativa de la vida cristiana; recalcaba la teología de los valores, del "carácter absolutamente ético del evangelio", elaborada por Ritschl. No se preocupaba tanto de los pecados individuales, como de la injusticia social.

Los liberales tenían gran optimismo respecto al hombre y su futuro. Puesto que el hombre es bueno y capaz de desarrollarse moralmente, él por sí solo podrá solucionar sus problemas. El uso de la teoría de la evolución en la interpretación de la historia, los adelantos políticos e industriales del siglo XIX y los logros por medio del método científico, todo parecía indicar que la lucha contra la naturaleza y las guerras entre naciones pronto terminarían en un triunfo final. Era inminente la época en que los hombres podrían vivir en armonía y libres de necesidad física. Así sería la venida del reino de Dios según esos señores.

Con todo, debemos recordar que la mayoría de los liberales estimaban que en la Biblia se hallan las raíces del pensamiento cristiano, y que Dios sí existe. Para ellos Cristo era un hombre singular y debe ser Señor de la vida del hombre.

El liberalismo continuó con fuerza durante los primeros años del siglo XX. Tendremos más que decir al respecto en el próximo capítulo.

3.7. LA INFLUENCIA MATERIALISTA CONTEMPORÁNEA

La ortodoxia fue atacada también por un materialismo que se hacía compañero del racionalismo. En ese frente hubo tres grandes adversarios de la fe cristiana, cuyas ideas han causado gran daño a la Iglesia en el siglo XX.

3.7.1. Carlos Marx (1818-1883)

Si el hombre se iba a salvar él mismo, entonces era lógico pensar que se crearía una sociedad terrena que traería paz y satisfaría las necesidades de cada ciudadano, a la vez que cada persona contribuiría a esa sociedad todo lo que podía. Marx llegó a ser el representante más conocido de ese movimiento. Tomó la dialéctica de Hegel para desarrollar sus conceptos. La religión para él era un obstáculo en el camino hacia la revolución y la transformación posterior de la sociedad, pues es "el opio del pueblo", es decir, quita la atención de la persona de la necesidad de levantarse para librarse del yugo explotador. La religión anestesia la sensibilidad de los oprimidos, enseñándoles a soportar la injusticia porque su recompensa es futura. Es un medio por el cual los ricos pueden mantener sujetos a los pobres.

La visión marxista de una utopía material captó el corazón de mucha gente hasta después de entrado el año de 1991, y lanzó a millones de seres humanos a una lucha cruenta para realizar su visión en la tierra; empeño que se derrumbó. Ciertos teólogos consideraron que el marxismo fue una forma de religión; y, mientras tuvo poder, llegó a ser tal vez el más formidable competidor del cristianismo.

3.7.2. Federico Nietzsche (1844-1900)

Este filósofo alemán también atacó a la religión, pues la consideraba obsoleta, fuera de tono y lugar. Como algunos pensadores anteriores, creía que el hombre mismo debía construir su propio destino, dejando a un lado al Dios de la revelación y creando su propio Dios de acuerdo con su código ético.

Sentenció para sepultar todo vestigio de Dios: "Dios ha muerto." Al final de sus días, su mente se fue dañando hasta que llegó a la locura. El libro *Así hablaba Zaratustra* muestra una mente desquiciada, que más tarde lo llevó al suicidio. Su doctrina se fundó en el vitalismo metafísico y la voluntad de poderío que llega a su culminación en el superhombre. Sus aforismos tuvieron gran influencia entre los defensores del racismo germánico.

3.7.3. Sigmund Freud (1856-1939)

Médico austriaco llamado "padre de la psiquiatría, el psicoanálisis y de la doctrina del subconsciente"; Freud lanzó palabras fuertes contra la religión. Sus teorías acerca de la religión se basaban en la afirmación positivista de que todo conocimiento viene por medio de la ciencia. Describió la religión como "una neurosis obsesiva universal de la humanidad". La neurosis es un conflicto entre las distintas partes de la mente y trae por consecuencia tensión o ansiedad. Según él, una parte de la mente procura reprimir el temor o culpa de la otra parte, proyectando la figura del padre en una escala infinita. La figura de Dios sustituye a la del padre humano. Como el padre terrenal proporciona protección y ayuda, así el concepto de Dios inventado por la mente consuela y da seguridad a la persona insegura y afligida. Freud creía que la religión impide que una persona progrese, porque crea ilusiones en vez de ayudar a enfrentarse con la realidad.

Las obras de Freud han llegado a tener una difusión universal en el siglo XX, y su teoría de la religión fue acogida por innumerables intelectuales de su era.

3.8. EFECTOS Y REACCIÓN DE LA CONFRONTACIÓN

Tanta era la oposición a la religión, que a cualquier intelectual que creía en una religión se le veía como anacrónico. Casi ninguno aceptaba la ortodoxia. Parecía que la ortodoxia sería derrotada.

A pesar de tantos ataques fuertes de todos lados, la ortodoxia siempre tenía quienes la defendieran con vigor. Los grandes teólogos ortodoxos de los siglos XVIII y XIX son numerosos, entre ellos podemos mencionar a E. W. Hengestenberg, Carl F. Keil, Franz Delitzsch, J. P. Lange, J. B. Lightfoot, Henry Alford, F. Godet, B. F. Westcott, F. J. A. Hort, H. P. Liddon, Alfred Edersheim, Theodore B. Zahn, entre otros. Sus estudios verdaderamente eruditos fueron hechos para defender la fe.

Así llegamos al final del siglo XIX. Hasta aquí, todo lo estudiado ha servido como una introducción histórica a la teología contemporánea. Propiamente hablando, la teología contemporánea comienza con el siglo XX.

DE LA TEORÍA A LA PRÁCTICA

1. ¿En qué maneras ha ejercido influencia el racionalismo en la cultura en que vive usted?
2. ¿Cuáles ideas del humanismo y del racionalismo pueden ser útiles para un creyente evangélico?
3. ¿Cuáles ideas ha oído o ha leído usted en su país que se basan en la alta crítica? ¿Qué debe hacer un pastor para ayudar a los creyentes de su congregación a comprender el origen de tales ideas y cómo refutarlas?
4. ¿Qué influencia del evolucionismo halla usted en la Iglesia?
5. ¿Hasta dónde llega en la actualidad la batalla por una interpretación liberal de la Biblia? ¿Hasta dónde tiene esto influencia en su denominación?
6. ¿Cómo puede usted reconciliar la ciencia con la aceptación de los milagros sobrenaturales?
7. ¿Por qué el hombre natural trata de hacer cambios en la doctrina de la salvación?
8. ¿Cuáles ideas del liberalismo acerca del pecado son bastante lógicas

para la mente humana, si uno no toma en cuenta lo que enseña la Biblia al respecto?

9. ¿Cuáles evidencias puede dar usted de la influencia del humanismo en el pensamiento popular de su país?

10. ¿Qué hace el raciocinio humano cuando procura interpretar la Biblia sin depender del Espíritu Santo?

11. ¿Cómo se puede ayudar a la juventud a ver que la Biblia es aplicable a su vida y pertinente a la situación actual, aun cuando algunos intelectuales la desprecian?

12. ¿Cuáles ideas liberales sobre la doctrina del reino de Dios ha hallado usted en su país, dentro y fuera de la iglesia evangélica?

13. ¿Qué creían los marxistas acerca de la naturaleza pecaminosa del hombre natural? ¿De qué manera echa a perder el sueño del marxismo la doctrina bíblica de la pecaminosidad del hombre?

CITAS

1. Williston Walker, *Historia de la iglesia cristiana*, s.f., p. 484.
2. Earle E. Cairns, *Christianity through the centuries*, 1954, p. 408.
3. Ibid.
4. Ibid., p. 533.
5. Ibid., p. 535.
6. Latourette, *Historia del cristianismo*, tomo 2, 1958, p. 523.
7. Pablo Hoff, *El Pentateuco*, 1978, p. 264-265.
8. Latourette, tomo 2, op. cit., p. 460.
9. J. Dillenberger y C. Welch, *El cristianismo protestante*, s.f., p. 199.
10. Dillenberger y Welch, op. cit., p. 205.
11. Ibid., p. 205-206.
12. Ibid., p. 196-197.
13. Ibid., p. 206.

CAPÍTULO 4

DEFENSA DE LA ORTODOXIA HASTA PRINCIPIOS DEL SIGLO XX

Era de esperarse que no pasaran inadvertidos los intentos de los liberales para acomodar la fe cristiana a las corrientes del pensamiento del siglo XIX. En casi todas las principales denominaciones religiosas surgieron defensores de la fe bíblica que actuaron vigorosamente para contrarrestar al liberalismo que se había introducido en la Iglesia. Los conservadores se dieron cuenta de que los liberales destruirían el cristianismo si se les dejaba que actuaran a su juicio.

4.1. EL FUNDAMENTALISMO

En las últimas décadas del siglo XIX, muchas personas deseosas de conservar la pureza doctrinal comenzaron a actuar para proteger la ortodoxia de los ataques de tantos enemigos. Instituyeron conferencias para el estudio de la Biblia, en las cuales instruían a líderes religiosos y laicos sobre las verdaderas doctrinas bíblicas. Formularon seis doctrinas fundamentales en una de estas conferencias celebrada en Niágara, Estados Unidos de América, en 1885.

1. El nacimiento virginal del Señor
2. La divinidad de Cristo
3. El sacrificio expiatorio en la cruz
4. La resurrección de Cristo de entre los muertos
5. La segunda venida de Jesucristo
6. La autoridad e infalibilidad de la Biblia

4.1.1. Fijación de la posición fundamental

En 1910 se libró una ofensiva literaria contra el liberalismo con la publicación de una serie de doce libros titulada *The Fundamentals* (Los fundamentos). Estos libros fueron escritos por distinguidos eruditos conservadores, y se enviaron tres millones de ejemplares a pastores y seminaristas protestantes en el mundo entero. De esos libros (*The Fundamentals*) surgieron las famosas "Declaraciones de fe" que eran una base irreductible para establecer fe y conducta en la Iglesia. Pronto, los liberales tildaron de "fundamentalistas" a los que defendían la fe, creían las doctrinas bíblicas y sustentaban que todo creyente debía aceptar la Biblia como fuente de fe y conducta.

El fundamentalismo siempre se ha preocupado por la salvación del alma. Dice que esa cuestión tiene importancia, porque el hombre marcha rumbo al castigo eterno en su estado de pecador. Predica que la muerte de Cristo no salva al hombre hasta que él personalmente acepte a Jesús como el Hijo de Dios y Salvador. Después de ese encuentro con Dios, el creyente recibirá fuerzas sobrenaturales para vencer el pecado y la tendencia hacia él.

4.1.2. El mínimo irreductible de la fe

Teniendo en cuenta los ataques y la ambigüedad de la doctrina cristiana, se dedicaron a producir documentos llamados "Declaraciones de Fe" que contienen la expresión de lo que era para ellos un mínimo irreductible de la fe. En general, sostienen los fundamentalistas las siguientes doctrinas:

1. La infalibilidad de las Sagradas Escrituras
2. La Trinidad
3. El nacimiento virginal del Señor Jesucristo
4. La divinidad del Señor Jesucristo y su vida impecable
5. La muerte expiatoria del Señor Jesucristo
6. La resurrección corporal del Señor Jesucristo y su ascensión
7. La caída del hombre y el pecado original
8. La salvación por la fe en Cristo
9. La segunda venida premilenaria de Cristo
10. La vida eterna por medio de Cristo
11. El eterno castigo de los impíos

En las anteriores posiciones se basaba la defensa de la sana doctrina por parte de los fundamentalistas que no aceptaban menos de lo que se había escrito y fijado como pautas doctrinales para la Iglesia.

4.1.3. Unión para defender la ortodoxia

Teólogos de diferentes procedencias doctrinales protestantes, aun calvinistas y arminianos, se unieron en una amalgama para protestar por la incursión hecha por los liberales en la ortodoxia. De muchas denominaciones se levantaron defensores para lanzar un contraataque. Como se pudiera imaginar, se produjo mucho ruido y a veces hubo disensión entre unos y otros, pero en general se llamó la atención del cristianismo sobre la necesidad de poner cuidado al sistema de doctrinas de la fe.

4.1.4. La confrontación y sus efectos

El debate ha incluido muchos temas, pero siempre ha girado alrededor de un punto principal: La infalible autoridad de las Sagradas Escrituras. El gran argumento ha sido que si uno comienza a dudar de lo que enseña la Biblia, no hay donde pueda detenerse su desviación de la ortodoxia. Preguntan los fundamentalistas: ¿De qué partes de la Biblia se va a dudar? ¿A base de qué se interpretará? Si negamos la divinidad de Jesús, ¿no llegaremos a dudar también de la salvación? Si eliminamos los pasajes que narran los milagros, ¿no tendremos el derecho de eliminar otros pasajes que no nos gustan? Por consiguiente, ha sido fuerte la insistencia en la autoridad de las Sagradas Escrituras.

Los liberales calificaron a los defensores de la ortodoxia como "amargados" y "de mente estrecha". Consideraron que los fundamentalistas eran "oscurantistas". Sin embargo, los escritores fundamentalistas no eran ni ignorantes ni hostiles a la erudición verdadera, como los habían calificado los adversarios. Los liberales dijeron con arrogancia que sólo había que escoger entre tres posibilidades: el romanismo, el fundamentalismo o el liberalismo. Se presentaron a sí mismos como conciliadores y pacíficos.[1]

La lucha contra el liberalismo arreció en las grandes denominaciones norteamericanas. La controversia entre fundamentalistas y liberales condujo a cismas en varias denominaciones. El lema de muchos fundamentalistas fue "Salid de en medio de ellos".

Aunque los fundamentalistas eran conservadores, se distinguían de éstos por tener ciertas características; eran separatistas, rompiendo toda comunión con los no conservadores; en su mayoría eran dispensacionalistas, aceptando la doctrina de John Darby, que divide la historia del hombre en siete dispensaciones. En general, los fundamentalistas interpretan literalmente toda la Biblia, de tapa a tapa. Por eso podemos decir que el fundamentalismo constituye un grupo dentro del conservadurismo, pero la palabra "fundamentalista" no es sinónima de "conservador".

4.2. MEDIOS PARA DEFENDER LA ORTODOXIA

La defensa de la fe cristiana no se limitó a las declaraciones acerca de las doctrinas fundamentales del cristianismo, sino que incluyó otras obras de erudición conservadora, descubrimientos arqueológicos y el establecimiento de instituciones educacionales de doctrina ortodoxa.

4.2.1. La baja crítica bíblica

Los conservadores han dado gran importancia a la necesidad de recuperar el texto original de las Escrituras. Les interesa mucho averiguar la confiabilidad de los diferentes manuscritos para llegar al verdadero texto. En su insistencia por la infalibilidad de las Escrituras, han tenido cuidado de afirmar que esta doctrina sólo se aplica a los autógrafos, es decir, a los manuscritos originales de la Biblia. Admiten el hecho de que, con el laborioso proceso repetido miles de veces al hacer copias de los manuscritos, se infiltraron algunos errores cometidos por los copistas. No ha sido así la actitud de los fundamentalistas hacia la alta crítica.

Algunos liberales aceptan el hecho de que tales errores no son tantos, ni de tanta importancia, como para cambiar doctrina alguna del cristianismo, pero los eruditos que emplean los métodos de la alta crítica no tienen como punto de partida la autoridad de las Escrituras. Ellos, además, han tenido una predisposición de rechazar lo milagroso y lo sobrenatural en la Biblia. Al ver, por ejemplo, que muchos años antes de nacer Ciro, Isaías predijo que aquél sería un instrumento en las manos de Dios, los partidarios de la alta crítica decidieron que el pasaje se tendría que haber escrito después de la época de Ciro, proponiendo como resultado la teoría de que el libro tuvo más de un autor.

La baja crítica, o sea el estudio de manuscritos, cada vez ha dado más evidencias a favor de la credibilidad de la Biblia.

El descubrimiento de nuevos manuscritos del Nuevo Testamento, como el *Codex Sinaiticus* ayudó a los expertos a reconstruir el texto. La exploración del lenguaje y el fondo histórico del Nuevo Testamento arrojó luz sobre el mensaje bíblico y ayudó a descubrir la deformación liberal del evangelio. Se estudió la literatura cristiana del período posterior al siglo primero, y se demostró que el Nuevo Testamento fue escrito en el siglo primero después de Cristo, y no en el segundo, como había afirmado el crítico Baur.

El descubrimiento de los rollos del mar Muerto es muy importante, ya que nos da un texto hebreo de la mayor parte del Antiguo Testamento, que tiene unos mil años más que cualquiera de los que antes se conocían. Los rollos arrojan mucha luz sobre la historia del Antiguo Testamento y ayudan a los expertos a establecer su forma original.

4.2.2. La arqueología y la erudición

Los descubrimientos arqueológicos han demolido muchas de las conclusiones de la crítica literaria. Por ejemplo, el crítico Wellhausen afirmó que el Génesis constituye una colección de mitos trasmitidos a través de los siglos por la tradición oral. Reflejan ideas de un período muy posterior a la época de Moisés. Negó que los hebreos pudieran escribir en aquel entonces. Sin embargo, en 1904 el arqueólogo Flinders

Petrie descubrió inscripciones escritas por esclavos semitas en las minas de turquesa de Serabat el-Khadim, en la península de Sinaí. Las inscripciones se remontan al período de Moisés y son de un idioma relacionado al hebreo. Ahora nadie duda que Moisés podía escribir.

En una multitud de casos, las investigaciones arqueológicas han comprobado la exactitud de muchas referencias geográficas, históricas y de otro tipo que se encuentran en la Biblia y que los detractores de la Biblia habían tildado de erróneas. Las excavaciones en Mari, Nuzí y Ugarit (Ras Shamra), antiguas ciudades del Medio Oriente, muestran que las condiciones descritas en el Génesis eran la situación verdadera del período de los patriarcas, incluso las costumbres, el hecho de que Canaán estaba escasamente poblado y que de veras existía el camino real. En Mari, antigua ciudad situada sobre el río Éufrates, se han encontrado tabletas de arcilla que contienen una forma de los nombres de Abraham, Benjamín, Jacob, Gad, Dan, Leví e Ismael. Antiguas tabletas que se remontan al 1400 a.C. confirman la existencia e influencia en Palestina de pueblos como los elamitas, que se mencionan en Génesis 14.

Los eruditos conservadores señalan lo absurdo de las conclusiones de la alta crítica: "Nos exigen que aceptemos como reales un número de documentos, autores y recopiladores, sin el más mínimo indicio de evidencia externa."[2] Debido a su predisposición a rechazar lo milagroso, dicha crítica propone la hipótesis de dos autores para Isaías, pero no ofrece manuscrito alguno que compruebe que haya sido así.

Una de las pruebas de que el libro de Isaías puede ser de un solo autor, es la frase "el Santo de Israel", que aparece veintiséis veces en el libro, aun en los capítulos que se ponen en tela de juicio, mientras que aparece en todo el resto del Antiguo Testamento apenas seis veces. Otra prueba es que en los manuscritos encontrados en el mar Muerto no hay espacio divisorio entre los capítulos 39 y 40. El capítulo 40 comienza en el mismo renglón donde termina el 39. Además, una persona con el paso de los años puede cambiar de estilo. Por lo tanto, la idea de los de la alta crítica de que hay un estilo diferente en la segunda parte del libro de Isaías, lo que prueba que fue escrita por otro, carece de fundamento.

4.2.3. Los conservadores y sus escritos

Muchos artículos y libros escritos por famosos eruditos ortodoxos sirvieron para fortalecer la fe de pastores y estudiantes que habían recibido la influencia de las enseñanzas negativas del liberalismo. J. Gresham Machen escribió libros populares, tales como *Christianity and Liberalism* (Cristianismo y liberalismo) y el libro de impecable erudición *The Virgin Birth of Christ* (El nacimiento virginal de Cristo). Otros escrito-

res eruditos fueron B. B. Warfield, H. C. G. Moule y James Orr.
Eruditos en el estudio del Antiguo Testamento, tales como Oswald T.
Allis y Edward J. Young, han demostrado las debilidades de la teoría
documentaria de la alta crítica. Para muchos creyentes, la Biblia anotada
de Scofield ha servido como un baluarte contra el modernismo.

4.2.4. Fundación de instituciones educativas

Los conservadores se dieron cuenta de que debían establecer instituciones educativas para propagar y preservar la sana doctrina. En 1882,
A. B. Simpson fundó el Instituto Bíblico de Nyack; D. L. Moody
estableció el Instituto Bíblico Moody en 1886. Luego se fundaron
centenares de institutos bíblicos y seminarios; también docenas de
universidades cristianas de doctrina conservadora.

4.2.5. Posición conservadora ante lo sobrenatural

Señalan los conservadores que la actitud de los liberales hacia la
posibilidad de los milagros revela un prejuicio negativo en contra de lo
sobrenatural. Tal actitud es anticientífica, porque la verdadera ciencia
insiste en que hay que comenzar con una mente abierta para aceptar lo
que se descubra.

El conservador comienza con la idea de que lo milagroso es posible.
Llega a tener, por lo tanto, una mente más científica que el liberal. Los
liberales, en vez de aceptar lo que presenta la narración bíblica de los
milagros, se ven en la obligación de buscar explicaciones, a veces hasta
ridículas, para explicar lo ocurrido, en vez de aceptar el hecho de un
milagro. Revelan con tales teorías un dogmatismo muy cerrado e inflexi-
ble, aunque de eso mismo acusan a los ortodoxos.

4.2.6. Posición conservadora ante la ciencia

La crítica de que es irracional la posición conservadora, es infundada,
puesto que ha dado mucha importancia a la necesidad de tener una fe
racional. Los conservadores han presentado estudios apologéticos de alto
calibre. Han expuesto sus argumentos en una forma inteligible y cohe-
rente, sin esconderse tras un muro de sentimentalismo o de una fe
misteriosa y subjetiva.

Muchos teólogos conservadores reconocen que el Génesis no está
escrito en un lenguaje científico. Si fuera así, el relato de la creación
habría sido ininteligible para la gente de la época bíblica. Les parece que
Dios le revelaría al hombre la verdad acerca de la causa y el propósito
de la creación y le permitiría en años futuros descubrir el proceso por
el cual se llevó a cabo.

La mayoría de los conservadores no esperan una armonía completa
entre la ciencia y la religión, puesto que tendría que haber un perfecto

conocimiento en ambos campos. Sin embargo, creen que la convergencia paulatina que se verifica con conocimientos adicionales revela que ya no hay ningún problema insuperable.

4.3. CONCLUSIÓN

El liberalismo clásico comenzó a decaer ante el conservadurismo y la desilusión referente a la bondad inherente del hombre, ante la contundente evidencia de la bestialidad humana demostrada en las guerras. En su búsqueda del Jesús histórico, no pudieron los teólogos liberales ponerse de acuerdo sobre cómo sería tal persona. Muchos se iban dando cuenta de que era más fácil aceptar a Cristo como se describe en el Nuevo Testamento, que creer en conjeturas raras basadas en la imaginación.

Uno de los más conocidos liberales, Harry Emerson Fosdick, confesó que el modernismo adolecía de cuatro debilidades:

Primera: Una preocupación excesiva por el intelecto, a expensas de una atención a los problemas espirituales del hombre.

Segunda: Un sentimentalismo peligroso. Decían que Dios es amor y por lo tanto no se le tiene que temer. Había dejado a un lado el juicio de Dios.

Tercera: Un concepto rebajado de Dios. Se habían acomodado a una sociedad que gira alrededor del hombre y del yo. Nadie quería una sociedad teocéntrica. Habían llegado a la actitud de pensar que se le hacía un favor a Dios al creer en Él.

Cuarta: Un acomodamiento con el mundo. Habían perdido la capacidad de defender los principios de la moral bíblica.

Sin embargo, de ninguna manera ha muerto el espíritu de esta escuela de teología. Siguen influyendo su racionalismo, su humanismo y su acomodación al pensamiento corriente. Hoy es tan ampliamente sustentada la alta crítica como siempre. La neoortodoxia y ciertas corrientes en la iglesia católica aceptan las últimas conclusiones de la alta crítica, despojando así a la Biblia de su autoridad.

Schleiermacher, que pensaba conservar el cristianismo, acomodándolo a las corrientes de pensamiento del siglo XIX, hizo un favor bien amargo a la Iglesia de Jesucristo.

DE LA TEORÍA A LA PRÁCTICA

1. ¿Qué le habría pasado a la ortodoxia si los fundamentalistas no hubieran hecho nada para defenderla?
2. ¿Qué importancia tiene la enseñanza de la sana doctrina a la juventud?

3. ¿Qué ha hecho usted para que sean interesantes las clases de doctrina que ha dado?
4. ¿Qué material para sermones se puede sacar del fracaso del liberalismo?
5. ¿Qué diferencia hay entre fundamentalista y conservador?
6. ¿Por qué son de importancia las instituciones educativas religiosas?
7. ¿En qué manera la arqueología ha ayudado a la ortodoxia?
8. ¿Cuál es la diferencia entre la baja y la alta crítica?
9. ¿Por qué razón el Génesis no está escrito en un lenguaje científico?
10. ¿Por qué decayó el liberalismo clásico?

CITAS

1. *Twentieth Century Encyclopedia Religious Knowledge*, tomo 1, (Leffert A. Loetscher, redactor), 1955, p. 663.
2. Pablo Hoff, *El Pentateuco*, 1978, p. 266.

CAPÍTULO 5

LA NEOORTODOXIA

Hacia fines del siglo XIX, parecía que el liberalismo estuviera a punto de triunfar sobre la ortodoxia, pero esta escuela de teología comenzó a declinar rápidamente en el siglo XX. Ya en la cuarta década del siglo, se hizo evidente una desintegración de ese movimiento.

¿A qué se debía esa decadencia? Consideremos algunos de los factores que la precipitaron.

5.1. LA DECADENCIA DEL LIBERALISMO CLÁSICO

La doctrina del liberalismo fue edificada sobre la arena movediza de las teorías cambiantes de la crítica literaria, la teoría de la evolución y las ideas de los filósofos. Ya se han demolido muchas de esas teorías mediante los estudios científicos del texto bíblico, la arqueología y los descubrimientos lingüísticos y literarios. Ya no es posible colocar, como el liberalismo hacía, el Evangelio según San Juan en el siglo segundo y atribuirlo a los discípulos del apóstol. Ya no es posible decir que Pablo deformó la sencillez del evangelio original de Jesús introduciendo interpretaciones teológicas "ajenas" al mismo.

Los conceptos liberales del Jesús "histórico" y el reino de Dios, y la idea del gradual perfeccionamiento de la sociedad, sufrieron golpes devastadores. La erudición conservadora ha destruido muchas de las premisas de la lógica liberal y un buen número de pastores han vuelto a la ortodoxia.

El liberalismo había aceptado muchas de las conclusiones de los racionalistas, humanistas y escépticos. Como consecuencia lógica, no tenía defensas contra el agresivo naturalismo que invadía la Iglesia. Los liberales habían destruido la confianza en la autoridad de la Biblia, sin proporcionar nada para reemplazarla. La base de la fe quedaba al criterio humano, el cual es variable y poco digno de confianza. También al despojar a la Biblia de su autoridad, los liberales se dejaban a sí mismos sin defensas contra el que rechace toda la Biblia. Habían cortado la rama sobre la cual se apoyaban los cristianos, incluso ellos mismos.

Su concepto de Dios es casi invención humana y tiene poca validez. Presentan a Dios encerrado en su propio universo, incapaz de actuar aparte de sus propias leyes. Colocan al hombre en el lugar de Dios. Tergiversan el mensaje central del cristianismo: la salvación por medio de Cristo. H. Reinhold Niebuhr, teólogo neoortodoxo, describe así la caricatura liberal del evangelio: "Un Dios sin ira llevaba a hombres sin pecado a un reino sin juicio mediante la ministración de un Cristo sin cruz." Ante esos imperativos — la agresividad de los fundamentalistas y conservadores y la declinación del liberalismo —, se hacía necesaria en la mente de algunos la reinterpretación de la ortodoxia. Nació en consecuencia la neoortodoxia.

5.2. EL SURGIMIENTO DE LA NEOORTODOXIA

El libro *Carta de Roma*, escrito por Karl Barth y publicado en 1919, cayó como una bomba sobre el mundo teológico, a tal grado que hoy día se cuenta la era de la teología contemporánea a partir del año 1919. La verdad es que no sólo hizo impacto en el mundo de la teología de aquel entonces la publicación de su primer libro, sino que siguió jugando un papel de gran importancia en los debates hasta mediados del siglo XX. Sus preceptos se siguen estudiando en la actualidad con toda seriedad, tanto entre los partidarios de la nueva doctrina, como entre los que la repudian. Así apareció lo que se llama la neoortodoxia.

La esencia del movimiento de la neoortodoxia ha sido un retorno a la ortodoxia, según el parecer de algunos, pero es una ortodoxia diferente. Es una postura mantenida generalmente por teólogos que se habían suscrito a la teología liberal. Ciertos aspectos del pensamiento liberal permanecen en el nuevo movimiento. Uno de ellos es el antagonismo con los fundamentalistas. La nueva ortodoxia ha repudiado tan vigorosamente al fundamentalismo, como lo hizo el liberalismo.

La neoortodoxia, sin embargo, manifiesta una reacción extrema contra ciertos conceptos liberales, tales como el uso de la razón y la teología natural; o sea, la teología que nace con el estudio de lo que está al alcance, pero sin recurrir a la revelación divina. Otra reacción fue la aceptación de lo sobrenatural. Tanto énfasis le dan esos teólogos a la intervención *divina*, que a veces al movimiento se le llama "neosobrenaturalismo". Una buena manera de familiarizarse con la neoortodoxia es estudiar a sus proponentes principales y sus postulados.

5.3. FORJADORES DE LA NEOORTODOXIA

Muchos fueron los propagadores de esa forma del pensamiento teológico. Estudiaremos a los más importantes o influyentes. Tenemos que comenzar con quien impulsó en primera instancia esa manera de pensar; me refiero a Barth.

5.3.1. Karl Barth (1886-1968)

¿Quién fue ese personaje? ¿Por qué tiene tanta importancia su nombre? ¿De qué manera afectó la teología en su tiempo? ¿Afecta hasta el día de hoy su manera de pensar? Como consideramos que ese es el padre de la neoortodoxia, comenzaremos a examinar al hombre, su manera de pensar y sus conclusiones teológicas.

5.3.1.1. Datos biográficos

Nació en Basilea, Suiza. Estudió en varias universidades alemanas y fue influido profundamente por los grandes teólogos liberales Harnack y Hermann. Lo animaba en aquel entonces la esperanza de que el reino de Dios se alcanzaría pronto mediante la formación de una sociedad socialista, pero la Primera Guerra Mundial sacudió profundamente su optimismo. Al observar cómo las naciones llamadas civilizadas se lanzaban a una orgía de destrucción, llegó a la conclusión de que los problemas del hombre eran demasiado desesperantes para solucionarse con un simple cambio en las estructuras económicas.

Quizá su cambio se debió a que ese predicador suizo se preocupaba cada vez que preparaba su sermón para el próximo domingo y se preguntaba: ¿Qué podía decir? Quería ayudar a su congregación, que atravesaba por tanto sufrimiento durante la guerra, pero no encontraba en el liberalismo nada que pudiera ayudarlos. Se daba cuenta de que perdía el tiempo si predicaba simplemente sus propias opiniones o una filosofía elaborada por otro hombre. Llegó a ver que la Biblia es más que una colección de antiguos documentos que se pueden examinar críticamente; que más bien es un testigo de Dios. Se vio en la obligación de aceptar lo que no había aprendido con el liberalismo: que lo único que valía la pena predicar era la Palabra de Dios. Se convenció de que había que predicar de manera que la Palabra de Dios se defendiera a sí misma ante la congregación. El predicador podía preparar el camino, pero sólo Dios podía hablar al oyente por medio de su Palabra.

Los horrores que rodeaban a Barth lo llevaron a comprender que de veras el hombre está separado de Dios. El pecado impide que el hombre se acerque a Dios. Por lo tanto, Dios tiene que tomar la iniciativa y venir al hombre.

La publicación de su libro *Carta de Roma* tuvo varios resultados. Primero: Como consecuencia de escribir el anterior libro y producir una revolución en el campo teológico, tuvo que escribir muchos artículos en revistas teológicas, además de su enorme y extensa obra doctrinal *Dogmática de la Iglesia.*

Segundo: Se puso en contacto con otros pensadores del mismo sentir, tales como Gogarten, Brunner, Merz y Bultmann. Junto con ellos, formó el movimiento conocido como teología dialéctica o teología de crisis.

Dejó muchas de sus ideas extravagantes y existenciales para exponer en serio la Palabra de Dios. Tiempo después, Brunner y Bultmann rompieron con Barth, pues el fundador de la neoortodoxia repudió muchos de los errores dialécticos cometidos en los primeros años después de publicar su famoso comentario sobre Romanos.

Adolfo Hitler intentó controlar a la iglesia en Alemania, a lo que se opuso Barth. El teólogo suizo fue expulsado de Alemania y volvió a Basilea, donde siguió su actividad literaria y enseñó en la Universidad. Sus ideas han influido profundamente en la Iglesia, incluso entre los católicos romanos. Hans Kung, teólogo católico alemán, ha sido su mejor discípulo y ha introducido la doctrina de la justificación por la fe y otras doctrinas protestantes en el seminario católico de Marburgo. Sin embargo, sólo un pequeño porcentaje de los protestantes actuales se adhiere a su doctrina.

5.3.1.2. Causas para romper con los liberales

En los escritos de Barth, encontramos la causa por la cual éste abandonó las filas del liberalismo clásico; en ellos se acusa al liberalismo de dos errores.

Primero: Que en vez de comenzar con Dios para construir su teología, comienzan con el hombre. Emplean la razón, la teología natural. Confían en la experiencia mística para preparar un camino a Dios, pero terminan con un resultado triste: se encuentran con un pálido reflejo del hombre mismo, sin llegar a Dios. Según Barth, el evangelio liberal se reduce a una antropología.

Segundo: Acusa a los liberales de optimistas. Se olvidan, dice él, que son hombres mortales hablando a otros mortales. Han permitido que su fe gire alrededor del hombre, en vez de humillarse y darse cuenta de que el hombre carece de recursos para ayudarse. Pide Barth a los cristianos que reconozcan su insuficiencia y esperen que Dios les hable.

5.3.1.3. Algunas doctrinas de Barth

Con el transcurso del tiempo, Barth comenzó a predicar doctrinas totalmente inaceptables para el liberalismo: la trascendencia de Dios y su iniciativa en la salvación, la pecaminosidad del hombre, la redención, la centralidad de Jesucristo, la justificación por la fe y la nueva vida que da el Espíritu.

Barth dijo que este siglo es una época de crisis. Aseguró que el cristianismo puede salvarse únicamente cuando se haya desasociado de la sociedad moribunda en que estamos. Creía que la crisis de nuestros días es un síntoma de la crisis eterna que surge cuando el hombre es confrontado con Dios. El encuentro de Dios con el hombre siempre produce una crisis que lo obliga a tomar una decisión: la de aceptar o rechazar el camino de Dios. El aceptar a Dios requiere de una humildad que el hombre moderno rara vez alcanza.

El teólogo suizo se consideró a sí mismo como heredero de los reformadores. Forjó su teología empleando paradojas del existencialismo de Sören Kierkegaard y usando nuevos términos, los cuales a menudo encierran nuevos conceptos. Hemos notado ya que su doctrina comprende a la vez la continuación de ciertos elementos liberales y el desarrollo de nuevas posiciones contra las tendencias liberales. Teniendo esto en mente, revisaremos algunas de sus conceptos doctrinales.

5.3.1.3.1. La trascendencia de Dios

Barth regresa a la ortodoxia, señalando que Dios es trascendente; es decir, que tiene existencia aparte del universo, en contraste con la doctrina liberal de la inmanencia de Dios. Por supuesto, Barth enseña también que Dios está en el universo, que obra en el mundo, que en Él vivimos, nos movemos y tenemos nuestro ser. Emplea la expresión de que es el "Totalmente Otro", término que significa que Dios es completamente diferente a los hombres. Por eso, no podemos comprenderlo, ni explicarlo con nada en este mundo. Barth rechaza la posibilidad de explicar la relación de Dios con el hombre mediante formas lógicas. Ataca estas ideas liberales, que tanto se parecen al panteísmo: Dios es "el espíritu de la humanidad, la fuerza del bien", el Dios que obra sólo mediante las leyes naturales. No queremos decir, sin embargo, que el suizo niega toda posibilidad de emplear analogías o comparaciones para comprender la naturaleza de Dios.

5.3.1.3.2. Revelación y conocimiento de Dios

Según Barth, la revelación es "una perpendicular que viene de arriba", tomando Dios la iniciativa. Puesto que el encuentro de Dios con el hombre es un contacto con el "Totalmente Otro", es algo indescriptible. Nosotros y los escritores de la Biblia no podemos más que describir lo que sentimos después de esta experiencia.

Barth pone de relieve la verdad de que Dios es un ser que se revela en las circunstancias que Él mismo determina. Se manifiesta al hombre en situaciones concretas, que son un encuentro entre dos seres. Esta idea llevaba a Barth a desconfiar aún más de la razón como medio para llegar a Dios, ya que Dios se revela como Él quiere, bajo su propia voluntad y no como el hombre razone. Dios se manifiesta al hombre donde éste se encuentre.

Es pérdida de tiempo, a la manera de pensar de Barth, defender el cristianismo por medio de un sistema de argumentos a base de la razón. Creía que el hacerlo dejaba la impresión de que el hombre creía que su criterio es superior a la revelación. Más vale que la Palabra de Dios se defienda a sí misma.

Ver la revelación como proposicional (como conceptos doctrinales), comenta Barth, es "materializarse y despersonalizar la revelación".[1] ¿Qué debilidad se encuentra en esta noción? Los conservadores señalan que el Nuevo Testamento presenta un plan de salvación, el cual es proposicional. Uno tiene que aceptar por fe estos conceptos o proposiciones para ser salvo. Además, se expresa la doctrina formulando proposiciones. Bernard Ramm observa: "Ni Barth ni Brunner han hecho explícito y claro cómo una revelación no conceptual o no proposicional puede dar crecimiento a la teología cristiana."[2]

5.3.1.3.3. La Palabra de Dios

Barth habla acerca de tres formas de la Palabra de Dios: Cristo, las Escrituras y la proclamación del evangelio. Técnicamente hablando, Cristo es la Palabra de Dios, y las Escrituras llegan a ser sólo su vehículo, ya que sus autores son testigos comisionados, tal como fueron testigos los discípulos. La Biblia, según Barth, es la Palabra de Dios en la medida en que Dios habla a través de ella. Por lo tanto, las Escrituras son simplemente una revelación indirecta, porque sirven como testigo o indicador de la revelación. Las Escrituras emplean el lenguaje de tiempo y espacio, y Dios está por encima de ellos, de modo que el lenguaje de ellas es metafórico y analógico.

Aunque Barth trata las Escrituras como inspiradas y autorizadas, dice que sus escritores eran falibles; que la Biblia contiene errores. El suizo acepta las conclusiones de la alta crítica. Así socava la autoridad de las Escrituras.

Interpreta Barth la creación y la caída de Adán y Eva como "sagas", o leyendas con un significado espiritual, y no como hechos históricos. Sin embargo, rechaza el programa total de desmitificación de Bultmann, el teólogo alemán que considera como mitos los elementos milagrosos de la Biblia. Según Barth, la segunda venida de Cristo no es un acontecimiento literal, sino el día en que cada hombre comprenda que Cristo ganó la victoria sobre el pecado.

5.3.1.3.4. Evaluación de su pensamiento

Al parecer, Barth predicó un mensaje bíblico.

> No son los pensamientos correctos sobre Dios lo que forma el contenido de la Biblia, sino los pensamientos correctos de Dios acerca de los hombres. La Biblia no nos dice cómo debemos hablar con Dios, sino lo que Él nos dice a nosotros ... Hemos hallado en la Biblia un nuevo mundo: Dios, la soberanía de Dios, la gloria de Dios, el inabarcable amor de Dios.[3]

El padre de la neoortodoxia creía en la Trinidad y en la encarnación, expiación y resurrección corporal de Cristo. Enseñaba que el hombre es pecador y necesita la salvación, la cual sólo Dios le proporciona por pura gracia. Hacía hincapié en la obra del Espíritu Santo en la iluminación de las Escrituras, y su obra en el encuentro con la Palabra. Sin embargo, su concepto de la soberanía de Dios es tan amplio, que se parece al universalismo; es decir, la idea de que todos los hombres serán salvos.

En cuanto a la revelación, no la interpreta como la declaración de Dios al hombre, sino como una confrontación o diálogo que llega a ser revelación de turno para quien tiene ese encuentro y no una medida o patrón general. Según él, la Biblia no es la revelación absoluta, sino relativa y de acuerdo con la manera como la concibe quien la recibe. Una revelación así, es levantar otra vez los postulados existencialistas, pero reinterpretados y tomando como contexto sólo la Biblia, sin tener en cuenta otras fuentes de revelación.

5.3.2. Sören Kierkegaard (1813-1855)

Karl Barth y otros proponentes de la neoortodoxia tomaron muchas de las ideas del sistema existencialista de Kierkegaard, doctrina filosófica que propone el análisis y la descripción de la existencia concreta, considerada como el acto de una libertad que se afirma a sí misma, el derecho de crear la personalidad del individuo. Tan grande ha sido la influencia kierkegaardiana, que se puede decir que este filósofo danés es el abuelo de la neoortodoxia y de la filosofía existencial de hombres seculares como Heidegger y Sartre.

5.3.2.1. Datos biográficos

Las ideas del gran pensador danés se relacionan estrechamente con tres causas, que lo llevaron a formar su sistema existencialista.

Primera: Su atormentada vida. Unamuno lo describió como "aquel sublime solitario de Copenhague", "aquel maestro de la desesperación", "aquel luchador con el misterio".[4] Su gran pasión fue conocer la verdad. La verdad no era objetiva, sino personal. Dice el danés: "Lo que necesito es ponerme en claro conmigo mismo. La cuestión para mí no es conocer; más bien se trata de comprender mi destino, que yo vea lo que la divinidad quiere realmente de mí; se trata de encontrar una verdad y para mí la verdad es la idea por la cual quiero vivir y morir."

Segunda: Su desilusión con la iglesia en Dinamarca, pues se pensaba que recibir el bautismo, la confirmación y la doctrina, era suficiente para ser salvo. A menudo faltaban los frutos de una vida transformada.

Tercera: La hipocresía de la cristiandad y de la sociedad, a los cuales criticó cáusticamente, el comportamiento humano y, en particular, la filosofía casi panteísta de Hegel, la cual dominaba el pensamiento europeo en aquel entonces.

Pudiera decirse que esas fueron las causas para que él echara los fundamentos del existencialismo.

5.3.2.2. El pensamiento de Kierkegaard

El término "existencialismo" proviene del contraste que Kierkegaard hizo entre la "existencia" y la "mera vida". La existencia no se alcanza por medio de una fe intelectual y simplemente pasiva, sino por medio de una decisión interior, una entrega, algo que nos cuesta. Con su ironía, el danés demostró la vacuidad de la fe ortodoxa que no exige una decisión apasionada.

Se destacan algunas ideas de ese filósofo.

5.3.2.2.1. Decisión, entrega y salto

En cuanto a decisión y entrega, el padre del existencialismo desconfiaba absolutamente de los sistemas filosóficos como medios para conocer a Dios y el significado de la vida. Atacó la serena confianza de Hegel en la razón humana, "su tranquila objetividad separada de la lucha y su optimismo".[5] La filosofía de éste hace al hombre un simple espectador del drama de la vida y no un participante; reduce el evangelio a simples ideas. El verdadero cristianismo exige una decisión, una entrega que lo haga abandonar el papel de espectador.

La fe es un salto en que la persona sacrifica su inteligencia; es un riesgo. Por ejemplo, no se encuentra la solución de la inmortalidad en los argumentos o pruebas objetivas, sino en dejarlos a un lado y aventurarse en un salto, aceptando lo que parece absurdo. La autonomía del hombre se expresa en la decisión apasionada. Se puede tomar una decisión que lleve a Dios o una que conduzca al pecado.

5.3.2.2.2. Antítesis, dialéctica y paradoja

Al gran pensador danés le gustaban la antítesis y la dialéctica. Hace "una gran distinción entre el tiempo y la eternidad, entre lo finito y lo infinito, lo permanente y lo trascendente. El hombre pertenece a lo primero y Dios a lo segundo."[6]

El evangelio es una paradoja, algo que parece contradecirse a sí mismo. Entre un Dios santo y el hombre pecaminoso bajo condenación, se abre un ancho abismo, el cual no se puede cruzar por medio de la razón. El Hijo de Dios soluciona el problema encarnándose como ser humano, entrando así el Eterno al tiempo. Aquí hay una paradoja: "Que Dios y el hombre son términos opuestos y sin embargo, han llegado a ser uno." Puesto que la encarnación es "a la vez una afrenta a la razón humana y un objeto de la fe salvadora",[7] es necesario que se dé el salto. Para estas conclusiones usa la dialéctica que es el arte de razonar metódica y ordenadamente.

5.3.2.2.3. Sufrimiento

A Kierkegaard le fascina explorar el misterio de las experiencias humanas, tales como lo finito del hombre, su angustia y su muerte. Piensa que el seguidor de Cristo tiene que sufrir sin el alivio que proporciona la compañía humana.

Los existencialistas modernos también ponen atención a las formas extremas de la experiencia humana, tales como la muerte, la dificultad en mantener relaciones armoniosas con los demás y la ansiedad inevitable que sufre cada persona.

5.3.2.2.4. Individualismo y subjetividad

Este filósofo existencialista pensaba que el individuo está por encima de la raza, porque Dios lo ha creado a su imagen. Para Kierkegaard, "un grupo de hombres le parecía una abdicación de la personalidad . . . Sumergirse en lo social es lo mismo que buscar lo fácil, lo que exime de pensar y obrar particularmente . . ."[8]

Se suscribe a la idea de que la experiencia de cada persona es única y diferente a la de los demás. Es una rebelión contra las teorías filosóficas que procuran llegar a la verdad objetiva, a lo absoluto. Ha habido existencialistas que han creído en Dios y otros que eran ateos. Pero lo que tienen en común es una preocupación por lo que experimenta el individuo. Cada persona se halla en la obligación continua de tomar decisiones. Se encuentra, sin embargo, con el problema de que su conocimiento y tiempo están limitados. En otras palabras, el ser humano tiene la libertad de escoger, pero sufre las consecuencias de su decisión.

Kierkegaard exalta la subjetividad, donde la pasión reemplaza la objetividad. Presenta a Sócrates como modelo "cuyo secreto consistía en existir y guiar a las almas, no para que pensaran esto o aquello, sino para que fueran ellas mismas, individuos diferentes de lo común".[9]

5.3.2.3. Evaluación de su pensamiento

El concepto de que uno alcanza a Dios mediante una decisión, una entrega, ha sido siempre una valiosa doctrina para los conservadores. Las Escrituras distinguen entre la fe sencillamente intelectual y la que es vital y auténtica, la que salva. No cabe duda alguna de que el cristianismo de Europa en la época de Kierkegaard necesitaba un énfasis más existencial. Sin embargo, los escritores inspirados llaman a los hombres a tener fe, no porque ésta sea absurda e irracional, sino por las amplias pruebas sobre las cuales la puede basar el creyente. Dos de ellas son los milagros de Cristo y su resurrección. También el creyente tiene amplia evidencia de que la Biblia es un libro inspirado.

Para Kierkegaard, cuanto menor sea la evidencia, tanto mayor será la fe. La fe y la razón se oponen mutuamente. Lo que vale no es lo que uno conozca, sino cómo reacciona. Si bien es cierto que la reacción es importante, no se puede olvidar que la fe en la mayoría de las ocasiones es racional: "La fe viene por el oír . . ." y esto expresa que primero se tiene que oír, filtrarlo por la razón y actuar. A lo primero, expuesto por Kierkegaard, le falta el equilibrio del cristianismo ortodoxo. Su salto de fe es un salto de desesperación, en vez del salto de la fe que cuenta con apoyo de lo conocido de la Palabra de Dios. En el existencialismo, lo irracional triunfa sobre lo racional; la voluntad sobre el intelecto, acción que muchas veces pareciera ser correcta, pero sin olvidar que se actúa en fe, sobre el conocimiento de un Dios racional y real, expuesto en su Palabra.

Se exagera también el individualismo, algo que conduce al personalismo y destruye toda posibilidad de formular la verdad objetiva. Para Kierkegaard la verdad variaría según cada persona y a menudo se contradiría a sí misma. El brillante teólogo contemporáneo Colin Brown observa que ningún escritor bíblico presenta la antítesis absoluta entre lo objetivo y lo subjetivo como lo hizo el filósofo danés.[10]

El pensamiento del padre del existencialismo estableció una pauta para interpretar alegóricamente ciertos relatos bíblicos. Por ejemplo, niega la interpretación literal de la caída de Adán; más bien es un mito que nos enseña cómo la caída de Adán se repite en la vida de cada ser humano. Los existencialistas modernos no han vacilado en llevar esta tendencia a extremos que despojan al evangelio de su verdad esencial.

5.3.3. Emil Brunner (1889-1966)

El segundo representante de la neoortodoxia que consideraremos en este estudio es Brunner, quien llegó a ser el miembro más conocido de esa nueva escuela, después de Barth. Harvie M. Conn, lo denomina como "el fuego purificador que eliminó el optimismo espacioso de los liberales".

5.3.3.1. Datos biográficos

Al igual que Barth, nació en Suiza. Durante su juventud fue conocido como el discípulo principal de Barth. Fue profesor de teología en la Universidad de Zurich. En el año 1953, Brunner conmovió e inspiró al mundo cristiano al abandonar la seguridad y prestigio que le proporcionaba su profesorado en Zurich para trasladarse al Japón, donde enseñó en una escuela cristiana hasta su muerte.

5.3.3.2. Algunas doctrinas de Brunner

El discípulo no estaba de acuerdo con el maestro en muchas doctrinas, lo que usó como argumento para replantear el esquema doctrinario de la neoortodoxia y fijó su posición en muchas de las cuestiones, en desacuerdo con Barth.

5.3.3.2.1. La imagen de Dios en el hombre

Barth creía que el hombre ya no tenía nada de la imagen de Dios por el problema del pecado, pero Brunner dice que no se ha perdido por completo tal imagen.

5.3.3.2.2. La teología natural

No quiere tampoco rechazar por completo el valor de la teología natural, aunque no llega al extremo de los liberales, los cuales procuran comenzar con ella. Rechaza la idea de que la teología natural pueda llegar a abarcar la teología revelada, pero sí acepta que se puede encontrar parte de la verdad en otros lugares: en la filosofía y en otras religiones.

5.3.3.2.3. La filosofía

En contraposición a Barth, que no quería tener nada que ver con la filosofía porque decía que los filósofos ignoran por completo quién y cómo es Dios, Brunner procuraba buscar algún punto en que los demás estuvieran de acuerdo, para partir de allí a buscar la totalidad de la verdad en la revelación de Dios por medio de la Biblia. Dice que al fin y al cabo la Biblia tiene la primacía y que por ella se juzgan las enseñanzas de los filósofos.

5.3.3.2.4. Las Escrituras

Brunner está de acuerdo con Barth en cuanto a la necesidad de rechazar la infalibilidad de la Biblia. Cree que la Biblia necesita de corrección. El hombre tiene la obligación de analizar las Escrituras y decidir qué partes no son lo que deben ser. Las Escrituras son la "norma de doctrina" porque son el testigo principal de la revelación de Dios en

Cristo. Sin embargo, Brunner dice que las Escrituras no nos dan información digna de confianza acerca del porvenir, sino que presentan doctrinas que mutuamente se contradicen, como el juicio final del mundo y la salvación universal.[11]

5.3.3.2.5. La resurrección

Este teólogo niega la resurrección corporal de los muertos, ya que Dios no está interesado en resucitar cadáveres. La idea de la resurrección en las Escrituras, representa la nueva vida en Cristo.

5.3.3.2.6. El nacimiento virginal de Jesucristo

Está en contra de esta idea, pues viola leyes naturales, que se hicieron para cumplirlas y no para violarlas, además está en contra de todo proceso genético no entendible. Lo considera un mito para explicar el nacimiento de Jesucristo.

5.3.3.2.7. El pecado

El discípulo de Barth cree también en el pecado, pero para él siempre se trata de un acto o actitud separada y no dependiente del pecado original, hereditario. Para este pensador, el peor pecado no es ningún vicio, sino la soberbia y el orgullo. Debemos tener presente siempre que es la gran misericordia de Dios la que nos permite alcanzar su perdón y justicia.

5.3.3.2.8. El encuentro "yo-tú"

Un tema predilecto para este teólogo era un concepto que tomó del filósofo judío Martín Buber (1878-1965), que se describe con los pronombres "yo-tú". La idea es que las relaciones entre los seres humanos en este mundo se mantienen por lo general muy impersonales. Las personas que vemos son simples objetos. Incluso se les asigna un número para identificación, pero se manifiesta poco interés en su persona. En esta relación de "yo-tú", el uno no le revela al otro alguna información de sí, sino que se revela a sí mismo. En reciprocidad, el otro da algo de sí mismo también, resultando una verdadera comunión. Así deben ser las relaciones entre Dios y el hombre.

5.3.3.2.9. Declaraciones de fe

Brunner critica a los católicos y a los fundamentalistas. Cree que ponen demasiado énfasis en su credo, en su declaración de artículos de fe. Según él, hablan acerca de Dios pero no llegan a conocerlo personalmente. Dice que tenemos que dejar de ser espectadores para ser participantes en una relación íntima con Dios. Hay que esperar que Dios se nos dé a nosotros.

5.3.3.2.10. La libertad cristiana de la ley

Este discípulo de Barth explica lo que entiende por la libertad cristiana de la ley. No es un libertinaje, ni una actitud que piensa que se tiene el deber de ser bondadoso, sino un cambio de corazón que hace que se sienta el deseo de hacer el bien. Se crea una nueva relación entre el hombre y su prójimo. Como el cristiano ama, lo manifiesta abundantemente en sus hechos.

5.3.3.3. Evaluación de sus pensamientos

Brunner, al igual que Barth, no cree en la infalibilidad de las Escrituras. Predican que hay que tener una verdadera fe en Dios, pero persisten en creer que con esa misma fe uno tiene el derecho de juzgar las Escrituras y decidir cuáles contienen errores. Esto también es racionalizar. Les dan autoridad a las Escrituras, pero no llegan al punto de concederles la autoridad final. Cuando dicen que los fundamentalistas han hecho de la Biblia un papa de papel, hacen ver que no están dispuestos a someterse a todo lo que enseña la Biblia. Dicen que la Biblia tiene importancia, porque da testimonio de Jesucristo, pero están lejos del concepto de los conservadores. Dicen que la Biblia tanto esconde como revela.

A la insistencia de los conservadores y fundamentalistas en que la Biblia es la autoridad final y que es la verdadera Palabra de Dios, Brunner le llama a esta práctica "bibliolatría", dejando el encuentro entre Dios y el hombre sin pauta, sin norma, sin autoridad.

Alguien ha observado que la pérdida de la revelación bíblica ha resultado a lo largo en la pérdida del Dios que se revela a sí mismo a través de la Biblia. La idea de que la fe no se basa en una verdad proposicional, sino en una persona, no sólo hace imposible el creer en las Escrituras como creían Jesús y Pablo; esto también es un paso hacia el abandono del cristianismo.[12] No podemos olvidar que así lo entendieron los apóstoles y padres de la Iglesia; un cristianismo ortodoxo.

5.3.4. Reinhold Niebuhr (1892-1971)

Algunos consideran a Niebuhr como el teólogo norteamericano más importante de su tiempo. Se vincula con Barth y Brunner en su enfoque existencial, pero difiere marcadamente en algunos puntos cruciales. Para Niebuhr la fe debe ser racional. En la década de los años cuarenta, los teólogos norteamericanos de la neoortodoxia se inclinaban a seguir a Niebuhr más que a Barth o Brunner.

5.3.4.1. Datos biográficos

La experiencia que tuvo Niebuhr como pastor luterano en Detroit, Estados Unidos de América, desde 1915 a 1928, fue uno de los factores más importantes en la formación del interés y pensamiento de este teólogo. Comenzó su ministerio como un liberal optimista. Durante el período en que trabajó como pastor había una lucha encarnizada entre trabajadores y empresas. Niebuhr participó apasionadamente en ella, apoyando la causa laboral.

Al ver la injusticia social, este pastor luterano se desilusionó con la noción de que el hombre es bueno y puede perfeccionar a la sociedad. Llegó a la conclusión de que el hombre, por su pecado, contamina todo esfuerzo por mejorar a la sociedad, y que por lo tanto nunca podrá alcanzar ese cometido. Niebuhr se burló de la utopía de los liberales, pero nunca dejó de trabajar para combatir la injusticia social. Recalcó la importancia de la lucha social como parte del evangelio. Puso en tela de juicio tanto el sistema capitalista como el comunista. Le preocupaba el perturbador problema del pobre estado moral, tanto de la sociedad como del hombre mismo. Se destacó por su análisis crítico de la situación humana.

En el año 1928, Niebuhr aceptó una cátedra en el Seminario Teológico Unión de Nueva York. Escribió muchos libros y participó en movimientos socialistas y pacifistas. Logró llevar a Paul Tillich a los Estados Unidos para que enseñara en el mencionado seminario, algo que afectó profundamente el clima teológico de ese país.

5.3.4.2. El pensamiento de Niebuhr

Este proponente estadounidense de la neoortodoxia adoptó la paradoja y la metodología de la dialéctica para desarrollar sus conceptos. Empleó las enseñanzas bíblicas, pero a veces las reinterpretó radicalmente, alejándose casi por completo de la doctrina ortodoxa. Deseaba acomodar las doctrinas bíblicas a la mente moderna, a fin de que fueran pertinentes para el hombre contemporáneo.

5.3.4.2.1. El hombre

En contraste con Barth, quien comenzó su sistema con la doctrina de Dios, Niebuhr consideró la doctrina del hombre como el fundamento de su sistema. Investiga lo que es el hombre, analizando la experiencia humana. Esto le enseñó que el hombre es dualista y que se caracteriza por sus contradicciones.

5.3.4.2.2. El pecado

La doctrina del pecado tiene gran importancia para este pensador neoortodoxo, pero insiste más en los males sociales que en los pecados individuales. El mal, sin embargo, se encuentra en la naturaleza humana y no se limita a la sociedad. Los conflictos sociales tienen sus raíces en los conflictos que hay dentro del individuo. El pecado original no es algo que comenzó en el Edén, sino es una propensión perversa que se introduce en todo acto humano. El pecado es inevitable, pero a la vez, el hombre es responsable porque tiene libre albedrío. La esencia del primer pecado es el orgullo.

5.3.4.2.3. La encarnación

Para Niebuhr, la doctrina ortodoxa de la encarnación "está cargada de absurdos metafísicos y simples contradicciones".

Jesús es divino sólo en el sentido moral y religioso.

5.3.4.2.4. La muerte de Cristo

La cruz representa principalmente el amor sacrificial, revela lo que el hombre y su historia deben ser. Pero la cruz también revela los dos aspectos de Dios en su relación con la historia: ira y misericordia. Se ve en los padecimientos de Cristo que Dios se opone al mal, pero a la vez es misericordioso, pues el sufrimiento de Cristo también representa que Dios carga con las consecuencias de nuestro pecado.

5.3.4.2.5. La gracia

Al igual que la cruz, la gracia tiene dos aspectos: el vencimiento del pecado en el corazón humano y el misericordioso poder divino sobre el pecado que nunca es vencido en el hombre.

5.3.4.2.6. La escatología

Al llegar a la escatología, este teólogo repudia la interpretación literal; recurre al método simbólico. Su explicación de la resurrección es enigmática. Prefiere hablar de la resurrección del cuerpo como un símbolo del triunfo de Dios en cada etapa de la historia, aunque enseña también la supervivencia de la personalidad humana.

De igual manera, la *parousía* (segunda venida) es un símbolo escatológico; no es un suceso literal. Representa el triunfo de Cristo y nos hace recordar que la felicidad del hombre es una realidad en cada etapa de la humanidad.

5.3.4.2.7. Dios

Niebuhr hace hincapié en la trascendencia de Dios pero niega que se pueda definir a la deidad empleando conceptos históricos y humanos. El hombre "contempla lo eterno" (Dios) "pero no puede darle un nombre. Cuando le pone un nombre, le da un nombre que presenta nuevamente sus propias perspectivas finitas."[13] Dios se revela en la historia, pero siempre en forma de "símbolo" o "mito". El "mito" puede ser producto de la mente primitiva y la imaginación, tal como el relato de la caída del hombre, pero contiene una revelación profunda del significado de la vida y la "verdad última".[14] No obstante su uso del término "símbolo" o "mito", Niebuhr sostenía que Dios es una realidad y que la revelación divina es más que imaginación y ficción.

5.3.4.3. Evaluación de la doctrina de Niebuhr

Este teólogo se alejó bastante de las enseñanzas de Barth, quien sostuvo que se aprende acerca de Dios, no interpretando la experiencia humana, sino volviendo a la revelación divina. En contraste, Niebuhr comenzó su teología analizando psicológicamente al hombre y su experiencia y luego desarrolló su doctrina acerca de Dios. Categorizó las ideas bíblicas de Barth como "teología de las catacumbas". Para Barth, Dios fue el "Totalmente Otro"; para Niebuhr es "el indefinible". Barth no quiso interpretar literalmente el relato de la caída del hombre y la segunda venida; Niebuhr tomó en sentido figurado la encarnación y divinidad de Cristo y toda la escatología neotestamentaria. Su intento por hacer pertinente el evangelio lo que hizo fue convertirlo en "otro evangelio".

5.4. EL FRACASO DE LA NEOORTODOXIA

La neoortodoxia reemplazó a la corriente liberal en el protestantismo norteamericano después de la Segunda Guerra Mundial. Un historiador de la Iglesia observa: "La neoortodoxia ha sido la respuesta del protestantismo europeo a la situación caótica y desalentadora del continente; y en las horas de peligro y crisis ha provisto a la iglesia cristiana de una fuerte base doctrinal."[15] Todos están de acuerdo en reconocer que la escuela de teología bartiana restituyó al protestantismo muchas de las doctrinas ortodoxas, tales como la depravación del hombre, las limitaciones de la razón humana, la iniciativa divina en la revelación y el concepto de la gracia de Dios.

A pesar del éxito inicial del movimiento neoortodoxo, su teología perdió paulatinamente todos sus elementos ortodoxos y casi desapareció antes que falleciera su fundador. Su metodología existencial continúa en la teología neoliberal de Paul Tillich y Rudolf Bultmann, pero su doctrina tiene poca trascendencia en la actualidad.

Barth exalta la autoridad de las Escrituras en sus escritos, pero a la vez la debilita aceptando la alta crítica y afirmando que la Biblia es falible. Niega que las Escrituras sean una revelación objetiva de Dios y explica que son Palabra de Dios sólo cuando Dios habla por medio de ellas en la experiencia religiosa. Así destruye el fundamento sólido sobre el cual se edifica la teología cristiana.

Es un paso positivo restaurar el concepto ortodoxo de que es necesario tomar una decisión para ser cristiano. Sin embargo, Barth ha exagerado el elemento subjetivo del encuentro con Dios sin dejar lugar para las proposiciones del evangelio. El Nuevo Testamento nos enseña que Dios salva, pero que también el evangelio es "poder de Dios para salvación a todo aquel que cree" (Romanos 1:16). Otra semilla nociva en el sistema bartiano es la reducción de ciertas doctrinas bíblicas a símbolos; por ejemplo, la existencia de demonios, la caída del primer hombre y la segunda venida de Cristo. Así se trazó la pauta que explotaron sus sucesores hasta el punto de convertir en símbolos casi todas las doctrinas esenciales de la ortodoxia.

Como una línea diagonal tiende a alejarse más y más de la línea recta a medida que se extiende, así con el transcurso del tiempo la doctrina de la neoortodoxia se alejaba más y más de la posición ortodoxa.

Barth sometió las Escrituras a su juicio, rechazando lo que no le parecía aceptable, y sus seguidores siguieron en sus huellas. Barth rechazó una *parousía* literal, Brunner el nacimiento virginal de Cristo y Niebuhr la encarnación y divinidad del Señor. Así se iban deformando los elementos de la teología ortodoxa dentro de este movimiento. Por último, Paul Tillich volvió al viejo idealismo de Hegel. Fue tan completa la desintegración de los elementos ortodoxos en el sistema bartiano, que permitió triunfar al liberalismo en una nueva forma, la del existencialismo. La transigencia de Barth sembró la semilla de la destrucción en su teología. La ruina fue total.

DE LA TEORÍA A LA PRÁCTICA

1. Nombre dos enseñanzas de Barth en que usted esté de acuerdo.
2. En su opinión, ¿cuál es el mayor problema en las enseñanzas de Barth?
3. ¿Dónde ha visto usted influencias de Barth en alguna iglesia de su país?
4. ¿Por qué debe el pastor de una iglesia evangélica y conservadora estar familiarizado con la neoortodoxia?
5. ¿Cuáles ideas neoortodoxas apelan mucho a la mente humana?
6. ¿Qué se debe hacer para proteger a la juventud de las iglesias conservadoras en contra de los errores de la neoortodoxia?
7. ¿Qué influencia tiene Niebuhr en la teología latinoamericana?

CITAS

1. Bernard Ramm, *Diccionario de la teología contemporánea*, 1978, p. 126.
2. Ibid, p. 126-127.

3. Karl Barth, *The Word of God and the Word of man*, s.f., p. 43, 45, citado en Dillenberger y Welch, op. cit., p. 239.
4. Miguel de Unamuno, *Desahogo lírico*, tomo 2, p. 779.
5. Latourette, *Historia del cristianismo*, tomo 2, op. cit., p. 540.
6. "Kierkegaard" en *Enciclopedia ilustrada de historia de la Iglesia* (redactores: Samuel Vila y Darío A. Santa María), 1979, p. 408.
7. Latourette, p. 640.
8. Luis Farre, *Unamuno, William James y Kierkegaard y otros ensayos*, 1967, p. 61.
9. Ibid, p. 58.
10. Ibid.
11. Paul G. Schrotenboer, "Emil Brunner" en Creative minds in contemporary theology, (redactor: Philip Edcumbre Huges), 1966, p. 103.
12. Paul G. Schrotenboer, *A new apologetics: an analysis and appraisal of tile eristic theology of Emil Brunner*, 1955, p. 214.
13. Reinhold Niebuhr, *Más allá de la tragedia*, 1937, p. 61, citado en *Creative minds in contemporary theology.*, op. cit., p. 399.
14. Theodore Minnema, "Reinhold Niebuhr" en *Creative minds in contemporary theology*, op. cit., p. 399.
15. Thomas J. Liggett en Walker, op. cit., p. 597.

CAPÍTULO 6

LA DEFENSA FRENTE A LOS NEOORTODOXOS

Es evidente y para nadie es un secreto que los neoortodoxos tomaron ideas del liberalismo, del existencialismo, del neouniversalismo, del relativismo y de la alta crítica para formar sus conceptos teológicos. En contraposición a esto, los conservadores han salido a la palestra para defender lo que consideran la sana y recta ortodoxia. Veamos tres aspectos en los que se han enfrentado los teólogos de estas dos escuelas.

6.1. LA PALABRA DE DIOS

¿Qué se entiende con la frase "la Palabra de Dios"? Este es el primer tema donde se ha producido conflicto, pues la definición con respecto a lo que es la Palabra de Dios, causa un enfrentamiento y se fijan posiciones que se contraponen entre sí.

6.1.1. La posición neoortodoxa

Los neoortodoxos se basan en tres postulados:

6.1.1.1. Lo que es la Biblia

La Biblia no es "La Palabra" sino que "contiene palabra de Dios". Aunque pareciera ser igual este concepto al que se suscriben los conservadores, se nota una gran diferencia con un pequeño examen. Al quitar el artículo determinado "la", la idea se sitúa en un plano de pluralidad. De tal manera que la Biblia no es la "única palabra de Dios", sino que apenas es uno de los medios para recibir "palabra de Dios".

Esto también tiene como consecuencia que la Biblia pierde su carácter de revelación total para convertirse en revelación de turno, esporádica e imperfecta.

6.1.1.2. La infalibilidad y autoridad de la Biblia

Para los neoortodoxos la Biblia no es la autoridad decisiva, ni infalible. Barth acusa a los conservadores de haber hecho de la Biblia un papa de papel. Bultmann la bautiza como una colección de mitos y mentiras. Hay muchos que creen que está plagada de errores. Hay quienes se ofenden y dicen que es muy dogmática.

Al colocar la Biblia en tal plano, estos teólogos le quitan su autoridad. ¿Quién puede apoyarse en mitos? El hombre necesita una autoridad sin la cual no se puede establecer orden en la vida. Los neoortodoxos ofrecen como autoridad la alta crítica. Apoyan a los críticos para cambiar lo erróneo de la Biblia, para que diga lo que quería decir. Según ellos, la Biblia que ahora tenemos contiene tergiversaciones.

6.1.1.3. Manera de interpretar la Biblia

El modo de interpretar la Biblia es subjetivo. Según los neoortodoxos, la interpretación de las Escrituras debe hacerse de una manera existencial. Únicamente llega a ser "Palabra de Dios" a través de la experiencia. Según la época y cultura en que se encuentra la persona que la interpreta, llegará a ser comprensible y se convertirá en palabra de Dios.

6.1.2. La posición conservadora

Los conservadores, en cambio, fijan su posición en cuanto a la "Palabra de Dios" a través de los siguientes cuatro postulados:

6.1.2.1. Única revelación

La Biblia es "la Palabra de Dios". Es la única revelación escrita. Fuera de ella no hay otra. Los conservadores aceptan la naturaleza como una "revelación natural" de Dios, pero ponen énfasis en el hecho de que las normas y los planes de Dios para el hombre se hallan en la Biblia.

6.1.2.2. Regla de fe y conducta

La Biblia es la regla de fe y conducta. No quiere decir esto que la Palabra de Dios predetermina la conducta, sino que establece un código ético para indicar al individuo lo bueno y lo malo. Lo hace para el bien del mismo individuo, quien se somete voluntariamente a ella. La experiencia no reúne las condiciones para dictar las reglas de conducta, ya que es subjetiva, lo cual crearía patrones de conducta encontrados entre sí. La Biblia, en cambio, no se altera con diferentes experiencias.

6.1.2.3. La Biblia es infalible

Los autógrafos no tienen (o no tenían) errores. Se reconoce que hay pequeños problemas de traducción, de transcripción o de semántica, pero el fondo textual no pierde su significado a pesar de las variantes de las copias que actualmente tenemos.

6.1.2.4. La verdad absoluta

La Biblia es verdad absoluta; no puede ser relativa. Ella misma pregona que es inmutable, que no cambia. Se aplica lo mismo a los reyes que a los súbditos.

6.1.2.5. Puntos de apoyo que prueban los postulados

Para probar estos postulados, los conservadores ofrecen tres clases de evidencia: interna, externa y cumplimiento de sus predicciones. A ellas se remiten para comprobar la veracidad de la Biblia, su autoridad, el pensamiento de que ella es la Palabra de Dios, que es el único código ético que establece reglas de fe y conducta para el cristiano.

6.1.2.5.1. Pruebas internas

Las pruebas internas son aquellas en que algún texto reclama para sí o para la Biblia una inspiración divina. Dos ejemplos se dan a continuación:

"Toda la Escritura es inspirada por Dios, y útil para enseñar, para redargüir, para corregir, para instruir en justicia, a fin de que el hombre de Dios sea perfecto, enteramente preparado para toda buena obra" (2 Timoteo 3:16,17).

"Entendiendo primero esto, que ninguna profecía de las Escrituras es de interpretación privada, porque nunca la profecía fue traída por voluntad humana, sino que los santos hombres de Dios hablaron siendo inspirados por el Espíritu Santo" (2 Pedro 1:20,21).

6.1.2.5.2. Pruebas externas

Para ayudar a los que no aceptan el testimonio de la Biblia misma como prueba, los conservadores ofrecen también pruebas externas. Una de ellas es la fe que produce una lectura sincera de la Biblia. El mensaje de las Escrituras es tan especial, que puede despertar fe en el que no la tiene, esperanza en el desesperanzado, y luz en un mundo de tinieblas. Esto equivale a decir que el creyente, aunque no tenga nada en este mundo, espera el futuro con optimismo precisamente por el mensaje escatológico que la Biblia ofrece.

Se recurre también a la experiencia para probar que la Biblia es la revelación de Dios. Esta apelación no se hace como los propugnadores de la moral de situación o los existencialistas que recurren sólo a la experiencia, para buscar su verdad; sino que el hombre tiene una experiencia nueva después de poner en práctica las enseñanzas bíblicas. Esto está lejos de la idea de que la experiencia dicta cómo se ha de interpretar la Biblia. Más bien es señalar los frutos de la experiencia después de aplicar la Biblia a la vida. El que acepta la Palabra de Dios como regla de fe y conducta, verá que se efectúa una transformación en su vida.

6.1.2.5.3. Pruebas de cumplimiento de sus predicciones

Una prueba impresionante es el hecho incontrovertible del cumplimiento de muchos de sus pronósticos. Allí están para que todos comprendan lo que la Biblia es en sí: Palabra de Dios. Son tantos los cumplimientos en diferentes tiempos y bajo variadas circunstancias, que llegan a presentar una apologética eficaz.

6.2. LA IGLESIA

¿Qué se entiende con el vocablo "iglesia"? Este es el segundo tema en el cual hay conflicto. El concepto de lo que es la Iglesia, presenta una divergencia muy delicada.

6.2.1. Posición neoortodoxa.

Los neoortodoxos enseñan que la formación de la Iglesia es un proceso de evolución progresiva. Comenzó con un hombre: Abraham. Siguió con una familia: la de Israel. Después llegó a incluir una nación: el pueblo judío. Luego siguió la iglesia neotestamentaria. Ahora la Iglesia está compuesta por todo ser humano, no importa cómo viva o que etiqueta religiosa lleve. Ellos dicen que todos somos hermanos e hijos de Dios. Como se puede observar esta es una de las promulgaciones de Hegel y de la alta crítica.

Para el elemento neoortodoxo y liberal, la Iglesia no es una organización rígida con leyes inflexibles, sino una entidad que da paso a la "iglesia latente", la cual existe en todo el mundo.

Lo anterior puede mirarse como un principio evolutivo, afirman los neoortodoxos y los neoliberales. Ellos predican la hermandad completa de la humanidad. Dicen que si Dios ama al mundo, el mundo completo tendrá que ser salvo, doctrina que se conoce como "neouniversalismo". De acuerdo con este concepto, nadie se perderá en el castigo eterno.

6.2.2. Posición conservadora

Para los conservadores, la Iglesia es una institución con líneas debidamente demarcadas, con parámetros establecidos por Dios y con leyes inflexibles que no provienen de las circunstancias, sino de la boca de Dios.

Los componentes de la Iglesia deben llenar el requisito de ser limpios en la sangre de Jesucristo. Como conjunto, la Iglesia tiene una misión que cumplir en la tierra: la Gran Comisión dada por el Señor Jesucristo. La prioridad de la Iglesia es evangelizar, concepto completamente contrario a la enseñanza neoortodoxa, porque si todos somos hermanos y miembros de la "iglesia latente", ¿para qué evangelizar?

Los resultados del derrumbamiento de este mundo nos muestran claramente que el ser humano de hoy necesita urgentemente a Jesucristo como Salvador y Señor de su vida. Las palabras de Pablo en Romanos

10:13-15 vienen muy al caso: "Porque todo aquel que invocare el nombre del Señor será salvo. ¿Cómo, pues, invocarán a aquel en el cual no han creído? ¿Y cómo creerán en aquel de quien no han oído? ¿Y cómo oirán sin haber quien les predique? ¿Y cómo predicarán si no fueren enviados?"

Como este tema, la misión de la Iglesia, es de mucha importancia, lo dejaremos para tratarlo en un próximo capítulo.

6.3. LA ESCATOLOGÍA

Una pregunta importante surge cuando se trata de los acontecimientos del futuro. ¿Cuál es el punto de vista escatológico de ambas partes? En este campo se sostienen discusiones conflictivas.

6.3.1. Posición neoortodoxa

En cuanto a escatología los neoortodoxos tienen variantes diversas, pero sobresalen tres posiciones que trataremos a continuación.

6.3.1.1. La escatología simbólica

Tillich y Niebuhr afirman que todo lo referente a los últimos tiempos es simbólico. Se ha construido a base de elementos mitológicos; para poder entenderlos se deben desmitificar.

6.3.1.2. La escatología teológica

Esta escuela enseña que en cada generación hubo un sufrimiento que bien podía ser su apocalipsis. El último libro de la Biblia es un símbolo del sufrimiento de cada generación.

6.3.1.3. La escatología realizada

Enseñanza que promueve la idea de que ya todo se efectuó con la venida de Jesús. El mundo debe marchar hacia mejores cosas y hacia la perfección. No hay ninguna lista de sucesos futuros que hayan de suceder. Estamos ya en el reino de Dios. Es en esta escuela donde se han matriculado, con algunas variantes, los propulsores del movimiento "el reino presente" o "el reino ahora".

6.3.2. Posición conservadora

Los conservadores, frente a la interpretación neoortodoxa de la escatología, reafirmaron su posición escatológica y la denominaron *escatología de la esperanza*.

Aunque en cuanto al cumplimiento de ciertos sucesos se tienen divergencias, la gran mayoría acepta en líneas generales los siguientes sucesos en forma literal:

1. El arrebatamiento de la Iglesia y la resurrección de los muertos en Cristo
2. Las bodas del Cordero

3. La aparición del anticristo
4. La tribulación
5. La batalla del Armagedón
6. La segunda venida del Señor Jesucristo
7. El milenio
8. La guerra de Gog y Magog
9. El juicio final
10. La eternidad

Para el conservador esto no es sólo una serie de símbolos mitológicos, sino que son promesas definidas de parte de Dios y ellas forman parte de la estructura de su vida cristiana y representan varios agentes por los cuales vive y se mueve en este mundo de impiedad.

6.3.2.1. Agente purificador

La escatología de la esperanza para el conservador es un agente que le hace esperar con anhelo a su Señor y por eso purificarse para recibirle. Cree literalmente lo que dice la siguiente Escritura y la aplica a su vida personal: "Pero sabemos que cuando él se manifieste seremos semejantes a él, porque le veremos tal como él es. Y todo aquel que tiene esta esperanza en él, se purifica a sí mismo" (1 Juan 3:2,3).

6.3.2.2. Agente preservador

El conservador cree que la fórmula escatológica que acepta, le ayuda a santificarse y preservarse de la corrupción del mundo. La siguiente Escritura le ayuda a eso: "Enseñándonos que, renunciando a la impiedad y a los deseos mundanos, vivamos en este siglo, sobria, justa y piadosamente, aguardando la esperanza bienaventurada y la manifestación gloriosa de nuestro gran Dios y Salvador Jesucristo" (Tito 2:13).

6.3.2.3. Agente de esperanza

Por ella el conservador también sabe que tiene su morada eterna en los cielos. Así lo dice la Biblia: "A causa de la esperanza que os está guardada en los cielos, de la cual ya habéis oído por la palabra verdadera del evangelio" (Colosenses 1:5).

6.3.2.4. Agente de seguridad de resurrección

Para el conservador, la resurrección de los muertos es un signo de la esperanza de ver a los suyos que partieron, y también de su propia resurrección. "Tampoco queremos, hermanos, que ignoréis acerca de los que duermen, para que no os entristezcáis como los que no tienen esperanza. Porque si creemos que Jesús murió y resucitó así también traerá Dios con Jesús a los que durmieron con él" (1 Tesalonicenses 4:13,14).

6.3.2.5. Agente y razón de existir

El pensamiento del conservador acerca de la escatología de la esperanza es hasta ahora una pauta para su razón de existir. Por ella vive y por ella quiere mantenerse con vida en este mundo. Esta esperanza, no de un futuro incierto, sino uno lleno de sucesos gloriosos, lo mantiene a la expectativa y con deseos de vivir hasta que Él venga por su pueblo.

6.4. CONCLUSIÓN

Mientras no se compruebe lo contrario a través de una interpretación hermenéutica correcta, las definiciones escatológicas traídas a consideración por los neoortodoxos, atentan contra una parte del sistema de la vida espiritual de los conservadores.

Algunos escritores dejan la impresión de que los neoortodoxos son los gigantes en el campo teológico, mientras que los ortodoxos y los conservadores se hallan en apuros. Presentan a teólogos de aquellos con magníficos pensamientos. Insinúan que han tomado de los liberales el loable atrevimiento de considerar la teología en formas innovadoras. Ponen, en cambio, a los conservadores en una luz tenue y en pálido reflejo de teólogos.

Sin embargo, el que quiera ver la verdad se dará cuenta de que los conservadores no duermen, ni están a punto de expirar. De ninguna manera cerrarán los ojos mientras nuevas herejías, con tanto parecido a las antiguas, quieran acabar con la sana doctrina. No van a permitir que el error sea el representante oficial del cristianismo.

Los conservadores han producido brillantes teólogos en el siglo XX. Han realizado un sinfín de investigaciones. Rechazan con denuedo los intentos de minimizar el impacto del evangelio de Cristo.

Varias reuniones internacionales a gran escala se han celebrado con el fin de estudiar la posición teológica conservadora. Se han fundado seminarios conservadores que han alcanzado gran prestigio. Se sigue contendiendo ardientemente por la fe que ha sido una vez dada a los santos.

DE LA TEORÍA A LA PRÁCTICA

1. ¿Hasta qué punto debemos los conservadores pelear por la doctrina?
2. ¿Qué importancia tiene la teología en la vida de la Iglesia?
3. ¿Qué importancia da la iglesia suya a la doctrina?
4. ¿Cuantos grandes teólogos ha producido América Latina?
5. ¿Qué hace falta para producir grandes teólogos?
6. ¿Qué importancia le da usted a la formación de teólogos iberoamericanos?

CAPÍTULO 7

NUEVOS BROTES TEOLÓGICOS A MEDIADOS DEL SIGLO XX

En las décadas posteriores a la Segunda Guerra Mundial, se aumentó el escepticismo de los no-conservadores religiosos en cuanto al valor histórico de la Biblia y el concepto ortodoxo de Dios. La teología bartiana fue eclipsada en Europa por el pensamiento de Bultmann y Tillich que representan al nuevo liberalismo teológico. Hubo también un incremento del radicalismo en Inglaterra y los Estados Unidos. Este fue, en parte, un movimiento de protesta contra los cristianos que procuraban poner en ejecución un programa para fortalecer a la Iglesia y extender el evangelio. Aparecieron teologías muy de moda tales como "ateísmo cristiano" y "cristianismo secular". Se culminó con el repudio completo de la fe neotestamentaria, la cual fue sustituida por la antropología existencial y la acción social.

En un deseo de armonizar la ciencia con el pensamiento cristiano, surgió también un movimiento denominado "neoevangelicalismo". Sus partidarios repudian lo anticuado de los fundamentalistas y conservadores, aunque también atacan a los nuevos brotes teológicos que estamos estudiando en este capítulo. A estos tres brotes del pensamiento teológico dedicamos este capítulo para conocer sus ataques y su metodología.

7.1. EL NEOLIBERALISMO

Algunos teólogos conservadores clasifican como neoortodoxos a Rudolf Bultmann y Paul Tillich, porque estos emplean el existencialismo como herramienta para forjar su teología. En este sentido son herederos de Barth y Brunner. Sin embargo, su teología no deja rastro alguno de los conceptos ortodoxos de estos dos fundadores de la teología de crisis, pero sí manifiesta una estrecha relación con muchas de las ideas y actitudes del liberalismo clásico. Para conocer esta posición teológica es necesario conocer a estos dos exponentes de este pensamiento.

7.1.1. Rudolf Bultmann (1884-1976)

A este hombre se le debe el haber hecho popular el método de interpretar la Biblia que se llama "crítica de las formas". Este presupuesto consiste en que no se puede confiar en la Biblia, ya que su mensaje no es auténtico. Objetivamente la Biblia llega a ser un producto de extrañas y antiguas influencias históricas y religiosas, por lo cual su evaluación debe hacerse como se le hace a cualquier obra literaria antigua.

7.1.1.1. Datos biográficos

No se puede exagerar la influencia de este pensador alemán sobre los estudios neotestamentarios, especialmente en Europa durante el período que comprende los años 1925 a 1975. Se le compara con F. C. Baur, famoso crítico liberal del siglo XIX.

Bultmann estudió y enseñó en varias universidades alemanas antes de llegar a ser profesor de estudios neotestamentarios en Marburgo, en el año 1921. Ocupó esta cátedra hasta que se retiró en 1951. Es uno de los pioneros en el desarrollo de la crítica de las formas. Hizo famoso el término "desmitificación" cuando introdujo la idea en un ensayo de 1941 titulado "El Nuevo Testamento y la mitología". Su sistema de teología presenta una reinterpretación total del evangelio en términos de una filosofía inspirada por el existencialismo de Kierkegaard y Heidegger.

Bernard Ramm señala la semejanza entre Bultmann y los liberales clásicos, en las siguientes afirmaciones:

1. La continuación de la metodología histórico-crítica, muy en el espíritu de los viejos liberales.
2. Una teología esencialmente antropocéntrica
3. La prioridad de la filosofía sobre la exégesis, puesto que el existencialismo forma la comprensión previa para la interpretación del Nuevo Testamento.[1]

7.1.1.2. Su pensamiento

Su teología predominante se puede dividir en dos maneras de pensar; la segunda dependiente de la primera.

7.1.1.2.1. La crítica de las formas

Los críticos de las formas para sus conclusiones, aceptaron la crítica documentaria del siglo XIX, pero fueron más allá de ella. Trataron de identificar los estratos de tradición en los cuatro evangelios. Bultmann y sus seguidores consideraban que era acertada la teoría de Wellhausen de que los evangelios representan la fe o la interpretación de los hechos de la comunidad cristiana, más bien que el registro histórico de lo que realmente sucedía; es decir, que expresan lo que creía la Iglesia acerca de Jesucristo, más que lo que Él era y lo que hizo.

Según este profesor alemán, hay cuatro estratos en los evangelios, que representan los siguientes períodos.

Primero: La época del ministerio de Jesús, que abarca las palabras y hechos del Maestro.

Segundo: El período inmediatamente posterior a la crucifixión, que incluye ideas de la comunidad cristiana de Palestina.

Tercero: La época en que la Iglesia se extendía a los gentiles.

Cuarto: El período de los evangelistas que escribieron los primeros cuatro libros del Nuevo Testamento.

Tan poco queda del período de Jesús, dice Bultmann, que "hablando estrictamente, no sabemos nada de la personalidad de Jesús". Sólo quedan tres episodios auténticos registrados en los evangelios, algunas enseñanzas éticas de Jesús y el hecho de su muerte. El resto del contenido de esos libros refleja la fe de la iglesia en Palestina y principalmente la predicación de las iglesias gentiles, influidas por ideas griegas.

Este modo de pensar presupone que los evangelios son productos de la recopilación de ideas narradas en forma oral, o que fueron inventadas o tergiversadas por los que escribieron los evangelios. Las menciones: "al día siguiente" "en una barca" "estando de viajes" y otras similares, son apenas recursos literarios para hacer la narración más veraz y más creíble, en vez de sucesos literales. La crítica formal busca, según ellos, extraer de dentro de esta serie de relatos lo que genuinamente es el evangelio. La crítica de formas no presenta prueba alguna para sostener su teoría. Se basa enteramente en el prejuicio racionalista de que no hay milagros, ni espíritus buenos ni malos. Las doctrinas de la encarnación y la redención son absurdas según ellos, que interrumpen la buena y real comprensión de las Escrituras.

7.1.1.2.2. La desmitificación

Como consecuencia de lo anterior, la narración bíblica en cuanto a los evangelios y el Nuevo Testamento no es confiable, ni digna de crédito, pues está llena de mitos. Según Bultmann, se expresa el mensaje del Nuevo Testamento con mitos cuyas fuentes fueron la literatura apocalíptica de los judíos y los mitos gnósticos acerca de la redención.

Los escritores del Nuevo Testamento entendían que el universo tiene tres niveles: el cielo arriba, la tierra y el infierno debajo de la tierra. Él afirma que ésta es la cosmología bíblica. La naturaleza y la vida humana reciben la influencia de los seres invisibles: Satanás, demonios, ángeles y Dios. Hay una lucha entre esas fuerzas espirituales. El evangelio del Nuevo Testamento, dice Bultmann, es un mito que describe cómo un ser celestial fue enviado a la tierra para salvar a la humanidad. Éste tenía dominio sobre la naturaleza, atestiguó su origen celestial obrando milagros, triunfó sobre los demonios en su muerte y resurrección y ascendió al cielo. La Iglesia primitiva esperaba que regresara de un momento a otro. Bultmann consideraba que la creencia de que el mundo fue invadido por un ser celestial y otros "mitos" neotestamentarios como los anteriores, son inaceptables a la mente moderna.

Él sostenía que el *kérygma* — transliteración de la palabra griega que significa "el contenido de lo que se predica" — era el evangelio en esencia, pero perdía su verdadero significado por estar envuelto en mitos. El teólogo, por lo tanto, debe despojar el *kérygma* de su envoltura mítica. A eso le llamaba "desmitificación". Ese proceso no significa negar la mitología, dice Bultmann, sino interpretar existencialmente y en términos que el hombre actual pueda entender.[2]

Al reinterpretar los mitos, el cristiano puede conocer al Cristo "según el espíritu y no según la carne", el Jesucristo histórico. Los sucesos de "la historia sagrada" se convierten en símbolos de la experiencia existencial. La caída de Adán no tiene nada que ver con el huerto del Edén; es un cuadro de la autoafirmación del hombre. La expiación en la cruz no se refiere a un suceso histórico, sino al acto de Dios por el cual el hombre llega a ser capaz de entregarse y tener fe, amor y, en fin, una vida auténtica.

La fe de la comunidad cristiana ideó la resurrección. Bultmann afirma que Dios no resucita cadáveres. La resurrección es la otra cara de la cruz. "La cruz representaba muerte con Cristo a la vida antigua y no auténtica, y la resurrección significa resucitar con Cristo a la nueva vida auténtica."[3] En efecto, la resurrección es el corazón del *kérygma* y se produce cada vez más en la vida de la Iglesia.

La fe, afirma él, consiste en estar abierto a Cristo. Pareciera que enseña que la salvación ocurre cuando el hombre se encuentra a sí mismo y se entiende.

7.1.1.3. Evaluación de Bultmann

Una teología que pretende purificar el Nuevo Testamento de supuestos mitos, o por lo menos, proporcionar una interpretación existencial de sus sucesos sobrenaturales, se encuentra con dificultades al llegar a las implicaciones de su enfoque. ¿Cómo se originó la idea de la resurrección? Bultmann la atribuye al gnosticismo y las ideas apocalípticas de los judíos. Pero, ¿dónde se encuentra la noción de un salvador muerto y resucitado en la literatura apocalíptica judía? Al contrario, los judíos esperaban un gran libertador que vencería a los romanos y establecería su capital en Jerusalén. El concepto de un Mesías crucificado estaba tan lejos de sus pensamientos, que constituía un "tropezadero" para no aceptar el evangelio (1 Corintios 1:22). No podía proceder del gnosticismo la idea de la resurrección, porque esta doctrina no apareció hasta que fue establecido el cristianismo, casi una generación después de la muerte y resurrección de Jesús. Más bien, el gnosticismo tomó ideas cristianas y no viceversa.

San Pablo, en su primera carta a los Corintios, basó sus argumentos sobre la resurrección corporal de los creyentes en la resurrección literal de Jesucristo, como parte indispensable del evangelio. Como una prueba contundente, Pablo escribió esta epístola apenas treinta años después de la resurrección y menciona que vivían "aún" muchos testigos (1 Corintios 15:6). ¿Acaso se pueden desarrollar los mitos acerca de una persona mientras viven los testigos? ¿Acaso un engañador inventaría enseñanzas tan sublimes como las de Jesucristo? ¿Acaso habría usurpadores dispuestos a morir a fin de anunciar un mito?

Bultmann, así como niega toda intervención sobrenatural en los hechos narrados en la Biblia, a la vez se imagina que los mitos convertidos en simbolismos pueden servir como base de la religión moderna. Los conservadores preguntan: ¿Cuáles nociones son absurdas? ¿Las de la Biblia o las del señor Bultmann? Hay quienes colocan al pensador alemán en la categoría de los que a Dios "no le glorificaron como a Dios . . . sino que se envanecieron en sus razonamientos, y su necio corazón fue entenebrecido" (Romanos 1:21).

7.1.2. Paul Tillich (1886-1965)

Otro pensador neoliberal que emplea el existencialismo para forjar su doctrina es Paul Tillich, llamado "el teólogo de teólogos".

7.1.2.1. Datos biográficos

Este pensador neoliberal, fue hijo de un pastor luterano de Alemania. Al cumplir veinticinco años, recibió su doctorado en filosofía y sirvió de capellán durante la Primera Guerra Mundial. Luego enseñó sucesivamente en varias universidades de Alemania. Su oposición al régimen nazi fue motivo para que lo despidieran de su cátedra en 1933. Tuvo inmensa influencia sobre los pensadores de Europa, Norteamérica y Japón en el período de 1930 a 1960. Conn comenta: "Es probable que sólo Rudolf Bultmann haya ejercido una influencia comparable en la teología actual."[4]

Fue invitado por Reinhold Niebuhr a enseñar en el Seminario Teológico Unión de Nueva York, donde fue profesor de teología y filosofía hasta 1955. Terminó sus años enseñando en la Universidad de Harvard.

En la teología ocupa un lugar extraño. Se lo considera en Europa con frecuencia como teólogo liberal y activo opositor a Barth y a Brunner. Tillich se une a los liberales al insistir en que la religión debe estar sometida al escrutinio de la razón. Por otra parte, se pone de lado de la ortodoxia y la neoortodoxia al insistir en que el criterio final de toda revelación es la figura del Señor Jesús como el Cristo que hallamos en la Biblia.

7.1.2.2. Su pensamiento teológico

Este teólogo clasifica en tres categorías todo pensamiento: heteronomía, autonomía y teonomía. También hay otros aspectos que son tratados más adelante.

7.1.2.2.1. La heteronomía

La heteronomía es la ley que gobierna desde afuera. Puede tomar la forma del totalitarismo. Es impuesta por otro. Como eso no agrada al hombre, tarde o temprano éste se rebela, dando paso a la autonomía.

7.1.2.2.2. La autonomía

En la autonomía, la persona se conduce a base del razonamiento de su propia mente. Formula sus propias leyes. El problema es que la autonomía no satisface las necesidades más profundas del hombre. La persona que vive de esta manera llega a perder vitalidad; no tiene rumbo. Como consecuencia hay que buscar otra ley que provenga de Dios y es la que él denomina teonomía.

7.1.2.2.3. La teonomía

Por teonomía, Tillich entiende la ley superior que se encuentra en Dios mismo. Es la ley más íntima y profunda del propio hombre. Esta ley es la que hace que el hombre encuentre satisfacción y profundidad de vida en Dios. Este estado se alcanza después de recorrer los dos anteriores y a eso es lo que se le llama "principio de correlación".

7.1.2.2.4. La filosofía

Fue profundamente influido por el filósofo existencialista Martín Heidegger. Técnicamente hablando, el sistema de Tillich no es teología, sino una síntesis de filosofía y teología. Tillich casi no emplea textos bíblicos y hace muy poca referencia a otros teólogos, tanto clásicos como contemporáneos. Sus obras parecen ser más filosóficas que teológicas.

7.1.2.2.5. La crítica de las formas
Este filósofo-teólogo acepta la crítica más radical de la Biblia, pero afirma que la Biblia es la fuente fundamental de la teología sistemática, porque "es el documento acerca de los sucesos sobre los cuales se funda la iglesia cristiana."[5] Al igual que Bultmann, él interpreta simbólicamente las doctrinas bíblicas, o las reemplaza con una contrapartida existencial.

7.1.2.2.6. El evangelio
Según Tillich, es necesario despojar el evangelio de los elementos no esenciales y expresarlo en términos que el hombre moderno comprenda. En la interpretación del evangelio debe aplicarse el principio de correlación expuesto arriba, para que haya una relación adecuada entre el pensamiento, los problemas del hombre y las respuestas que da la fe religiosa.

7.1.2.2.7. Dios y la teología del ser
En cuanto a esto, este pensador no habla de las palabras y obras de Dios sino en términos del "ser" mismo. El dios de Tillich no es un ser ni una persona, sino el "terreno común de todo ser". Parece ser una fuerza impersonal que llena todo e incluso se une al hombre. No se comunica con el hombre, ni es posible que éste se comunique con Dios. El concepto de Dios ideado por este pensador parece asemejarse al concepto hegeliano del Absoluto, pero se describe en términos existenciales. "Dios, para Tillich, no es ni una cosa ni un ser. Dios está más allá del ser y de las cosas. Dios es el ser mismo, el poder del ser, el fundamento del ser. Incluso si consideráramos a Dios como el ser más elevado, lo reduciríamos más al nivel de al criatura . . . Porque, prosigue, el ser mismo trasciende la existencia. Dios es la respuesta simbólica del hombre a la búsqueda de valor para superar la angustia de la situación límite del hombre entre el ser y el no ser."[6]

7.1.2.2.8. La religión, vehículo al "interés último"
La religión no es cuestión de ciertas creencias o prácticas. Más bien se trata del "interés último", o "total", una preocupación que tiene prioridad ante todas las demás preocupaciones de la vida. Se apodera del hombre y lo lleva por encima de sí mismo. Es la entrega total de uno mismo, el mundo de uno. Así, el amar a Dios con todo nuestro ser ilustra un "interés último" porque exige del hombre la totalidad de su amor. Como religión, el cristianismo no es definitivo ni universal. Más bien testifica a favor de lo que es definitivo y universal.

7.1.2.2.9. El pecado

Para este teólogo existencialista, la esencia del pecado es "el enajenamiento del fundamento del ser".[7] En este estado, el hombre pertenece a lo que es extraño para él. Es este alejamiento el que produce las tensiones en el hombre moderno.

7.1.2.2.10. Jesucristo

Jesús, como el Cristo, es el portador del "nuevo ser". Por medio de Él, vence el hombre el enajenamiento y se relaciona bien con el terreno de su ser. Pero el Jesucristo de Tillich no es el Jesús de los cuatro evangelios. No fue literalmente resucitado de entre los muertos, sino restituido "a la dignidad del Cristo en los pensamientos de los discípulos".[8] Así que la fe cristiana, según este pensador, no descansa sobre hechos históricos, sino sobre símbolos por los cuales podemos participar en el "nuevo ser".

7.1.2.3. Evaluación de Tillich

El sistema de este pensador se aleja por completo de la ortodoxia cristiana y tergiversa totalmente el mensaje del Nuevo Testamento. Reduce a Cristo a un simple símbolo y sustituye la doctrina de un Dios viviente y personal con una forma de panteísmo. Como filosofía, tiene debilidades obvias, pero como teología, carece de todo valor. No ha dejado al hombre norma alguna por la cual se pueda juzgar, o pueda medir su experiencia y sus conocimientos. Reconoce la necesidad de salvar al hombre pecador, pero no aclara cómo se llega a la salvación y eso porque rechaza la idea de que la Biblia sea pauta a seguir, o punto de apoyo para forjar una buena conducta cristiana. Tristemente, ese hombre, en su afán de utilizar la filosofía, ha llegado al extremo de reemplazar la Palabra de Dios por la palabra del hombre.

En su principio de correlación, aunque a simple vista pareciera tener razón, muestra todo lo contrario, pues afirma que la filosofía puede ser la fuente de análisis de la situación, pero que sólo el uso de la "razón salvada" puede entender con claridad la respuesta de Dios a una situación concreta. Esto está en contra de la Palabra de Dios. El apóstol Pablo nos insta a tener la mente de Cristo (1 Corintios 2:16), y no usar nuestro razonamiento filosófico, pues sólo así tendremos luz para nuestro raciocinio entenebrecido por el pecado y por los prejuicios que podamos tener.

La destrucción del postulado bíblico de la relación entre Creador y criatura, desaparece en el sistema de Tillich. Rebaja a Dios de su soberanía y majestad y, por consiguiente, lo declara igual al hombre. Como es lógico, un Dios así nadie lo quiere tener, pues no es merecedor de respeto ni de honra. Harvie M. Conn compara esa posición con la del geómetra que quiere concebir un círculo cuadrado.[9]

En cuanto a la salvación, el sistema de Tillich se pierde en sofismas que sitúan todo lo que es la salvación en "meditación" y "símbolos" de la muerte y resurrección de Cristo. Si eso es así, entonces los budistas, confucianistas y otras religiones pueden hallar en sus sistemas un poder que los salve sin recurrir a Jesucristo.

7.2. EL NUEVO RADICALISMO

A partir del período de Tillich, la teología moderna toma una forma cada vez más radical. Por último, llega al extremo de anunciar de una manera blasfema: "Dios está muerto y Jesucristo es su Hijo." Se enseña un "cristianismo sin religión". Por falta de espacio, consideraremos sólo algunos de los muchos teólogos modernistas que exponen semejante doctrina.

7.2.1. Dietrich Bonhoeffer (1906-1945)

Este hombre era el que propugnaba "un cristianismo sin religión" y "por una vida conectada a Dios, como si éste no existiera". Era básicamente un pensamiento que propulsaba la idea de que no existían esferas en la vida que no pertenecían a Cristo. El Señor no podía ser encerrado en los parámetros egoístas de una sociedad llamada iglesia.

7.2.1.1. Datos biográficos

Alemán de origen, trabajó como pastor luterano en congregaciones de Inglaterra y Alemania. También dirigió un seminario que se resistía a los nazis, el cual fue clausurado. En 1939 tuvo la oportunidad de trasladarse a los Estados Unidos para escaparse de la guerra inminente, pero estaba convencido de que debía quedarse con los cristianos en Alemania y encarar las futuras dificultades. Participó en el movimiento antinazi y conspiró para asesinar al dictador Adolfo Hitler. Fue encarcelado en 1943 y ejecutado dos años después. Aunque sólo tenía treinta y nueve años cuando murió, había escrito muchos libros, cartas, ensayos y notas, que fueron publicados después de su muerte por un amigo íntimo.

7.2.1.2. Su pensamiento teológico

Las ideas de Bonhoeffer han ejercido mucha influencia sobre diversos movimientos: el ecumenismo, la teología de la muerte de Dios, la teología de liberación, el pacifismo y la resistencia a regímenes opresores. También han estimulado interés en los temas del discipulado cristiano, el heroísmo y el martirio. Por eso vale la pena estudiarlo.

7.2.1.2.1. El hombre moderno y su relación con Dios

Al igual que Kant, Bonhoeffer creía que el mundo moderno había llegado a ser adulto, es decir, que los hombres no habían dejado de creer en Dios, sino que no le prestaban mucha atención; no habían llegado a la madurez, pero sí eran como el joven que rechaza toda autoridad paterna y la sustituye por la suya. Ya es tiempo de que la Iglesia reconozca que el hombre moderno vive como si no existiera Dios.

7.2.1.2.2. La religión y la evangelización

En sus cartas escritas en la cárcel, Bonhoeffer critica cáusticamente aquella "religión" que considera a Dios como una muleta psicológica en momentos de problemas; alguien que sirve para salvar al hombre de sus dificultades o como una explicación de fenómenos inexplicables. Según él, los evangelistas tratan con demasiada frecuencia de hacer sentir inseguros a los hombres para que se acerquen a Dios. Para él, esa táctica es un intento de volverlos a la adolescencia. El prisionero del régimen nazi nos exhorta a tener una fe madura en el "Dios de debilidad y padecimiento", el cual participa en los sufrimientos de este mundo. Dios nos enseña que debemos vivir sin su ayuda, y podemos hacerlo. No podemos depender de Dios, hemos llegado a ser adultos.

7.2.1.2.3. Cristianismo sin religión ni iglesia

Bonhoeffer habla acerca de un "cristianismo sin religión", una vida delante de Dios como si Dios no existiera. Dice este pensador:

> Ser cristiano no significa ser religioso de una manera particular, cultivar alguna forma de ascetismo como pecador, penitente o santo, sino ser hombre. Ningún acto hace al cristiano lo que es, sino participar en el padecimiento de Dios en el mundo.[10]

Conn explica lo que significa para Bonhoeffer el cristianismo sin religión: "Su afán no iba dirigido contra la oración, el culto o la iglesia. Era básicamente un ataque contra la idea de que haya esferas en la vida que no pertenezcan a Cristo. 'No se puede encerrar a Cristo en la sociedad sagrada de la iglesia'."[11] Este pensador define la iglesia de la siguiente manera: "Cristo existe en la comunidad."

No hay evidencias contundentes de que Bonhoeffer quisiera abolir la iglesia como organización cuando presentó su idea de un cristianismo sin religión. Más bien probablemente quiso señalar la verdad bíblica de que la fe es más que un asunto intelectual; es una vida práctica y activa. Cierto teólogos radicales, sin embargo, han empleado sus apreciaciones para apoyar la idea de un cristianismo secular.

7.2.1.2.4. La vida cristiana

La vida cristiana, según ese pensador mártir, no consiste en retirarse del mundo, sino en participar en él. Jesucristo nos dio el ejemplo. El cristiano "debe lanzarse en la vida de un mundo sin Dios, no tratando de disimular su impiedad con la apariencia de religión, ni procurando transformarse. Debe llevar una vida como la del mundo y así participar en el padecimiento de Dios".[12] Bonhoeffer puso por obra su doctrina al oponerse a los nazis hasta conspirar contra la vida de Hitler. Su papel de activista ha inspirado a los exponentes de la teología secular.

7.2.1.2.5. La gracia

Bonhoeffer también atacó el concepto de muchos cristianos de que la justificación por la fe los libera de toda obligación. Lo denomina "gracia barata". "La gracia costosa vale mucho, pues nos llama a seguir; es 'gracia' porque nos llama a seguir a Jesucristo. Es costosa porque le cuesta al hombre su vida, y es gracia porque le da al hombre la única vida verdadera . . . es costosa porque le costó a Dios la vida de su Hijo."[13]

7.2.2. John Robinson

Este pensador inglés es uno de los propulsores de lo que se conoce como la Nueva Moralidad o la moral de situación. También es exponente y propagador de la escuela de la "muerte de Dios".

7.2.2.1. Datos biográficos

En 1963, Robinson, obispo anglicano de Woolrich, Inglaterra, publicó un libro intitulado *Honest to God* (Sincero para con Dios). Se han vendido más de un millón de ejemplares. En el libro se presentan ideas radicales típicas del siglo XX. Parece que de su obra surgen más preguntas que respuestas, y el libro apoya el viejo liberalismo redefinido por los existencialistas. Sin embargo, despertó mucho interés en los lectores de Europa, las Américas y la India. Así fortaleció el escepticismo que ya existía.

7.2.2.2. Su pensamiento teológico

Estas son algunas de sus apreciaciones teológicas, que en algunos casos, son ideas que se toman prestadas de otros pensadores y teólogos.

7.2.2.2.1. La desmitificación

La desmitificación de Bultmann con la cual está muy de acuerdo, pues para construir una nueva moral acorde a los tiempos modernos, el evangelio debe perder el paño de mitos en el cual viene envuelto.

7.2.2.2.2. Dios, el terreno común del ser
La noción de Tillich de que Dios es el terreno común de todo ser, es defendida, reforzada y difundida por este teólogo.

7.2.2.2.3. Cristianismo sin religión
Aceptó y propagó la idea de Bonhoeffer acerca de un cristianismo sin religión. Aboga por una nueva reforma en que el cristianismo carezca de religión y sea de este mundo.

7.2.2.2.4. Dios y Jesucristo
En cuanto a Dios y a Jesucristo, Robinson caricaturizó el concepto bíblico de la trascendencia de Dios empleando sarcásticamente el término "El Dios de arriba". En fin, atacó el teísmo, la dignidad de Jesucristo, quien era para él sólo un hombre perfecto.

7.2.2.2.5. La moral de situación
Que la ética no tenga otra autoridad que la motivación del amor — la moral de situación — y el hombre encuentre su significado último en las relaciones personales, más que en el concepto anticuado de Dios. Según Robinson, la pregunta: "¿Cómo puedo encontrar a un Dios benigno?" debe sustituirse por la pregunta: "¿Cómo puedo hallar a un prójimo benigno?"[14] Robinson no ideó una nueva teología, sino que presentó en una forma comprensible e interesante una síntesis de las ideas radicales de "algunos sabios del siglo XX".

7.2.2.2.6. Otras doctrinas
La oración y otras doctrinas ortodoxas, fueron su centro de ataque, ya que las tildó de anacronismos carentes de significado para el hombre moderno.

7.2.3. La escuela de la "muerte de Dios"
En la década de los años sesenta, algunos teólogos norteamericanos, entre ellos John Robinson, trabajando separadamente forjaron una doctrina de ateísmo militante. Thomas J. J. Altizer y William Hamilton publicaron una colección de sus ensayos intitulada *La teología radical y la muerte de Dios*. Paul Van Buren afirmó que la *palabra* "Dios" está muerta, no tiene significado ni lugar en el mundo moderno. Según Robinson, la Iglesia nunca debió ser una sociedad de hombres religiosos apartados del mundo, sino inmersos en este, para presentar una "nueva imagen de Dios". Para eso se necesita una reinterpretación radical en forma secular de la doctrina cristiana, y usó para afirmarlo la frase ya acuñada "Dios está muerto".

En otro libro, Altizer afirma que la teología de la muerte de Dios fue sencillamente una novedad pasajera. Casi desapareció antes que sus exponentes radicales hubieran terminado sus discursos finales. Parece haber sido más un consenso de opinión de los escépticos, que un intento de la gran mayoría de los cristianos. La Iglesia seguía creyendo en Dios y siempre creciendo en número. Se prestó poca atención al puñado de radicales, los cuales, al parecer, trataron de obtener fama proclamando nociones sensacionalistas.

7.2.4. Harvey Cox y la teología de la secularización

No es difícil percatarse de que estamos en una época de seculariza-ción. La sociedad se aleja cada vez más de la actitud religiosa; pasa por alto a Dios como algo extraño para el hombre moderno. Los teólogos modernos mencionados en este capítulo acomodaron la teología al escepticismo del mundo secular; algunos de ellos aun se adelantaron en su ateísmo al hombre corriente. Entre ellos, este que estudiaremos, Harvey Cox.

7.2.4.1. Datos biográficos

Harvey Cox es uno de los pensadores más de *vanguardia*. Se publicó su libro *The Secular City* (La ciudad secular) en 1965. Se graduó de la Escuela de Teología de la Universidad Harvard, Cox fue activista político; participó como manifestante en la lucha por los derechos de los negros en el sur de los Estados Unidos y fue encarcelado por su violencia.[15]

7.2.4.2. Su pensamiento teológico

En su afán de secularizar la teología, este hombre expone las siguien-tes ideas de su pensamiento teológico.

7.2.4.2.1. La secularización

Cox define la "secularización" como la liberación del hombre de la tutela religiosa y metafísica — las abstracciones de cosas espirituales, tales como el cielo, Dios y la vida eterna — el volver su atención desde otros mundos hacia este mundo.

7.2.4.2.2. Dios

Cox describe a Dios como el proceso revolucionario en el mundo. La acción revolucionaria de Dios tiene como propósito "la liberación del hombre para que tenga libertad y responsabilidad". Busca redefinir al Dios de la Biblia como el Dios de este mundo, no un Dios en alguna esfera religiosa aislada.

7.2.4.2.3. La Biblia

Cox emplea la Biblia para desarrollar su tema, pero aboga para librar a la sociedad del control de la Iglesia. Según este teólogo radical, la Biblia contiene las semillas de la secularización: el relato de la creación y el código de Moisés son golpes contra la creencia en los dioses; son "propaganda atea", que condena la idolatría. La fe en Dios es idolatría, según él.

7.2.4.2.4. La liberación

Cox ve el éxodo como un ejemplo, pues se libera política y socialmente al pueblo de Israel por medio de un acontecimiento histórico y no sobrenatural. Se efectúa por una insurrección contra un monarca divinizado, y así representa la separación entre la política y la religión; o sea, el triunfo de lo secular sobre lo religioso.

7.2.5. Evaluación de la teología radical

Se caracteriza la teología radical por su falta de capacidad para decidir si el hombre es un ser religioso que necesita a un Dios sobrenatural o es simplemente un producto de la naturaleza que ha llegado a ser adulto y necesita ser liberado del sentido de dependencia. Los teólogos radicales aceptan el segundo postulado, niegan lo sobrenatural y proclaman sin rastro de vergüenza que son ateos.

Puesto que lo sobrenatural es una piedra de tropiezo para muchos escépticos dentro de la Iglesia, estos "teólogos" tratan de purgar lo sobrenatural de la religión y así hacérsela más aceptable. Sin embargo, han descartado la religión misma junto con lo sobrenatural. Todo lo que queda es una antropología deficiente y una doctrina de justicia social y mejoramiento de la sociedad. No es sorprendente que el radicalismo desemboque en una doctrina de revolución, como en el caso de Cox. Veremos el fruto maduro de tales ideas en el capítulo sobre la teología de la liberación.

Los resultados del escepticismo en las denominaciones clásicas cumplen en parte la predicción de Juan Mackay, profesor por largo tiempo en la universidad de San Marcos, Lima, Perú y luego presidente del prestigioso seminario presbiteriano Princeton, en Estados Unidos. En 1969, él observó lo siguiente: "A menos que nuestras iglesias protestantes, redescubran dimensiones de pensamiento y vida que se pierden o son despreciadas, el futuro del cristianismo pertenecerá a un catolicismo reformado y a un pentecostalismo maduro."[16]

7.3. EL NEOEVANGELICALISMO

Bajo este nombre se conoce el movimiento que intenta "relacionar" esta nueva etapa de la teología evangélica con el fundamentalismo, enfatizando al mismo tiempo su descontento con algo del pasado. Además procura probar que la ciencia no es incompatible con la fe cristiana.

7.3.1. Historia y propósitos

Alrededor del año 1948 se originó en los Estados Unidos un nuevo movimiento llamado "neoevangelicalismo". Entre sus fundadores había distinguidos líderes conservadores, tales como Carl F. H. Henry, fundador y redactor de la respetable revista *Christianity Today* (Cristianismo hoy), y Harold Okenga, presidente en aquel entonces del Seminario Fuller. Según los que iniciaron el movimiento, querían perpetuar la ortodoxia, pero con una doctrina purificada de los elementos debilitadores que habían entrado poco a poco en el fundamentalismo clásico, tales como los siguientes:

1. Un espíritu reaccionario negativo.
2. La negligencia ante la necesidad de erudición.
3. El antidenominacionalismo con referencia a organizaciones religiosas no conservadores y pentecostales.
4. La identificación con el dispensacionalismo.
5. El rechazo absoluto de las teorías de la ciencia.

7.3.2. Puntos de vista

Son cuatro los puntos de vistas que consideraremos en esta sección, pues representan en términos generales el pensamiento teológico de este movimiento.

7.3.2.1. Actividad literaria y procientífica

El neoevangelicalismo ha estimulado la actividad literaria de parte de eruditos ortodoxos, lo cual ha tenido por consecuencia la producción de muchos artículos en revistas y un buen número de libros profundos sobre doctrina, apologética y la relación entre la fe cristiana y la cultura. Eso ha logrado disipar notablemente la imagen de oscurantismo e ignorancia que tenía la ortodoxia en los Estados Unidos en las dos décadas anteriores al surgimiento del neoevangelicalismo. Entre los escritores de este movimiento están F. F. Bruce, Leon Morris, Philip Edgcumbe Hughes, Bernard Ramm y Edward Carnell.

En su deseo de profundizar el mensaje dentro de un marco intelectual y cultural hace un "llamamiento a la formulación de un mensaje cristiano que no trate de resolver todos los problemas sociales afirmando simplemente que la respuesta es únicamente la salvación; una búsqueda de principios cristianos que se apliquen a la economía, a la sociología, y a las ciencias naturales; una actitud más constructiva hacia la ciencia y la filosofía; el estímulo a la defensa académica del cristianismo".[17]

7.3.2.2. La infalibilidad de las Escrituras

A pesar de haber fortalecido la fe evangélica en el anterior aspecto, se acusa a algunos de los neoevangélicos de haber debilitado la autoridad de las Escrituras, negando su infalibilidad. Esos teólogos afirman que Dios inspiró a los escritores bíblicos para escribir las verdades divinamente reveladas, pero la inspiración se limita a asuntos espirituales. Los escritores, dicen algunos neoevangélicos, partiendo de su propia situación cultural e intelectual, eran capaces de errar en otros asuntos. Es decir, la infalibilidad de la Biblia se limita al ámbito de la fe, la práctica y la autoridad de sus enseñanzas. Algunos conservadores aplauden esta teoría como la solución a las dificultades y problemas que se encuentran en el texto bíblico. Por otra parte, la obra literaria más amplia y profunda que defiende la infalibilidad verbal de la Biblia, *God, Authority and Revelation* (Dios, autoridad y revelación) fue escrita por Carl F. H. Henry, el más distinguido vocero del movimiento neoevangélico. Entre muchos de ellos hay bastantes divergencias, sobre todo en cuanto a la infalibilidad de las Sagradas Escrituras.

7.3.2.3. La escatología

También algunos de ellos han pedido una actitud más tolerante en cuanto al pensamiento escatológico. Para lograr quizá un consenso de acercamiento con elementos no conservadores, ellos piden "una actitud más tolerante hacia ideas diferentes de la escatología y un apartarse del llamado dispensacionalismo; una condena de las 'tendencias fisíparas' del neofundamentalismo, y la correcta actitud de los cristianos que procuran de 'extender una mano hacia los que tratan de alcanzar para Cristo' ".[18]

7.3.2.4. Evolucionismo

Otro punto en el que se les califica bajo diferentes aspectos es lo que se llama "creacionismo progresivo" y que pudiéramos resumir de la siguiente manera: "Durante los millones de años de historia geológica, Dios ha ido creando, con sus mandatos soberanos, formas cada vez más elevadas de vida. Ese proceso comienza con el concepto en la mente de Dios, la idea, la forma, el plan, el propósito creador . . . A eso sigue el acto soberano y hacedor de la creación por parte de Dios en el ámbito de la vacuidad o del vacío y la nada . . . Después de eso viene el proceso, o creación derivada. Dios que ha creado con una orden soberana fuera de la naturaleza, ahora pasa la tarea creadora al Espíritu que está dentro de la naturaleza. El Espíritu, la entelequia divina, conoce el plan divino y por medio de un proceso que actúa a partir del ámbito de la vacuidad realiza la forma divina deseada para la naturaleza."[19] Después de estos conceptos, conjeturan: Si bien es cierto que la ortodoxia no cree en la evolución, ésta tiene pruebas suficientes para hacernos reflexionar; el veredicto de la paleontología no se puede desechar mediante el ridículo pensamiento piadoso. Algunos sugieren una raza preadámica semejante al hombre actual, pero anterior en el tiempo e inferior en dotes.

7.3.3. Evaluación del pensamiento neoevangélico

A pesar de que los neoevangélicos se denominan conservadores, muchos los miran como una resurrección de la neoortodoxia o una posición intermedia entre neoortodoxos y conservadores. Sin embargo, se debe reconocer el interés de los neoevangélicos por la ciencia y por tratar de demostrar que el cristianismo no es oscurantista ni medroso ante la ciencia, pero también es necesario reconocer los aspectos donde las pisadas de los neoevangélicos son peligrosas.

No trataremos en esta sección el tema sobre la infalibilidad de las Sagradas Escrituras, ni tampoco el escatológico, porque ya se han debatido y se ha presentado la posición conservadora en otros capítulos.

En cuanto al resurgimiento de este principio de evolución intitulado "creacionismo progresivo", para algunos conservadores y fundamentalistas esto parece no muy diferente a la evolución teísta.

Se califica a los neoevangélicos como personas muy deseosas de vincular el pensamiento cristiano con las formas más elevadas — según ellos — del pensamiento no cristiano, que parte del presupuesto de que Dios no creó al mundo y al hombre, sino que existen por una casualidad.

Si eso es así, dicen los conservadores, los principios lógicos de razonamiento por los cuales se supone que el hombre construye la argumentación en pro de la existencia de Dios, son productos de hechos fortuitos que se escapan por sí solos, y no la articulación y ejecución de una mente rectora y creadora. Con esto se deja de creer en la *causalidad* y se reemplaza por la *casualidad*. Eso echa por tierra todo conjunto de ideas que sostenga la coherencia sistemática del universo. Uno de esos conjuntos que pierden su significado con este concepto es la teología sistemática.

DE LA TEORÍA A LA PRÁCTICA

1. ¿Cuál es el punto de vista de la escuela de la "muerte de Dios"?
2. ¿En qué se parecen los neoortodoxos a los neoevangélicos?
3. ¿Por qué no es aceptable el evolucionismo que se conoce como creación progresiva?
4. ¿Qué promueve la teología de la secularización?
5. ¿Por qué no son propaganda atea el relato de la creación y el código de Moisés?
6. ¿Cuáles son las proposiciones principales del movimiento llamado neoliberalismo?

7. ¿Qué significa "gracia barata" y "gracia costosa"?
8. ¿Por qué no es aceptable la posición en cuanto a la infalibilidad de las Escrituras, propuesta por los neoevangélicos?
9. ¿Por qué se atenta contra la razón de la Iglesia al tratar de destruir lo sobrenatural narrado por la Biblia?
10. ¿Qué quieren decir cuando mencionan un "cristianismo sin religión"?

CITAS

1. Ramm, op. cit., p. 97-98.
2. Harvie M. Conn, *Teología contemporánea en el mundo*. Subcomisión de Literatura Cristiana de la Iglesia Reformada, Grand Rapids, Michigan, s.f. p. 39.
3. Ramm, op. cit., p. 122.
4. Conn, op. cit., p. 96.
5. Paul Tillich, *Systematic Theology I*, p. 31, citado en C. J. Curtis, *Contemporary Protestant Theology II*, 1970, p. 155.
6. Conn, op. cit., p. 97.
7. Paul Tillich, *Systematic Theology I*, p. 31 citado en C. J. Curtis, Contemporary Protestan Theology II, 1978, p. 155
8. Paul Tillich, *Systematic Theology II*, p. 182, citado en Brown op. cit., p. 197.
9. Conn, op. cit., p. 99.
10. Dietrich Bonhoeffer, *Letters and Papers from Prison*, p. 121, citado en Brown, op. cit., p. 206.
11. Conn, op. cit., p. 51.
12. Dietrich Bonhoeffer, op. cit., p. 123, citado en Brown, op. cit., p. 205-206.
13. Brown, op. cit., p. 206.
14. John Robinson, *Honest to God*, 1963, citado en Conn, op. cit., p. 51.
15. Curtis, op. cit., pp. 166, 167.
16. John Mackay, "Ecumenism: threat to Christian unity?" Revista *Christianity Today*, 12 de septiembre, 1969.
17. Harvie M. Conn. *Teología contemporánea en el mundo*, Subcomisión de literatura de la iglesia Reformada, Gran Rapids, Michigan, s.f., p. 142.
18. Ibid. pp. 142-143.
19. Ibid. p. 135.

CAPÍTULO 8

LA MORAL DE SITUACIÓN

Nos preguntamos: ¿Habrán ejercido una gran influencia sobre nuestra sociedad el liberalismo y la neoortodoxia, o será que la sociedad ha corrompido la teología? Posiblemente se pudiera debatir esta cuestión por mucho tiempo. Lo que no admite debate es el hecho de que la idea acerca del bien y el mal ha dado un vuelco en la mente del hombre moderno. ¿Cuál es el país donde no se pueda observar cómo la gente va dejando sus antiguos conceptos sobre la moralidad y la ética? El mundo occidental ya no pone en alto la ética tradicional del cristianismo. No hay duda que en parte lo anterior se debe a la teología conocida como "moral de situación".

8.1. HISTORIA Y BASES DE LA MORAL DE SITUACIÓN

Reflejando este cambio en el concepto de lo bueno y de lo malo, ha surgido una nueva teología que se denomina "moral de situación". Tiene precursores en las ideas de teólogos neoortodoxos tales como Barth, Bultmann y Tillich, pero realmente se cristalizó con la publicación en el año 1963 del libro *Sincero para con Dios*, por John A. T. Robinson, obispo anglicano. Otro libro aún más leído y discutido es *Situation Ethics* (Ética de situación), publicado en 1966, que fue escrito por el profesor Joseph Fletcher.

Este movimiento se suscribe a cuatro suposiciones fundamentales:

1. El pragmatismo
2. El relativismo
3. El positivismo
4. El personalismo

Estas cuatro premisas pueden definirse de la siguiente manera:

8.1.1. El pragmatismo

Es el método filosófico divulgado por William James, según el cual el único criterio para juzgar la verdad de cualquier doctrina se ha de fundar en sus efectos prácticos y por sus resultados.

8.1.2. El relativismo

Teoría filosófica fundada en la relatividad de los conocimientos. Es el método de juzgar la importancia de las cosas según su relación con otras. No se le asigna un valor absoluto a nada de las cosas. En el caso de la moral de situación, se le da un valor de permanencia al amor pero lo demás varía según las circunstancias.

8.1.3. El positivismo

Teoría filosófica de Augusto Comte que defiende que el espíritu humano debe renunciar a conocer el ser mismo de las cosas y contentarse con verdades sacadas de la observación y de la experiencia. Este método juzga las cosas de acuerdo con la experiencia. No acepta el valor de la razón ni tampoco el de la revelación.

8.1.4. El personalismo

Para llegar a una conclusión sobre lo bueno y lo malo de un hecho de una persona, los seguidores de este sistema no comienzan por un principio o ley preestablecida. Su punto de partida es la persona y la situación en que está o estaba. Esta manera de pensar se preocupa más bien por la persona que por las cosas.

8.2. CONJUNTO DE POSTULADOS

Este movimiento ha tenido múltiples confrontaciones con la ética tradicional por su conjunto de postulados o creencias. Se ha mostrado reaccionario, y no ha aceptado las guías tradicionales en el mundo occidental ni tampoco en el oriental. Su influencia se ha llegado a sentir de tantas maneras, que posiblemente se note una que otra de sus ideas entre creyentes de algunas iglesias conservadoras.

Los exponentes de esta nueva teología, dicen no regirse por normas establecidas, pero no es cierto. Más bien deben decir que no se rigen por las normas establecidas en el pasado, sino por las cuatro normas que ellos han adoptado como lo verdadero y lo correcto. Creen que son más humanistas y comprensivos porque dan precedencia a la persona y la juzgan de acuerdo con sus circunstancias. Robinson dice que nada puede llamarse malo por sí mismo. Sin embargo, insiste en que la falta de amor es un mal intrínseco. Acusa a la ortodoxia de legalista e impersonal.

En su libro, Robinson dice: "En sí, no hay cosa alguna que siempre podamos calificar como 'mala'. Por ejemplo, no podemos partir de la posición de que 'las relaciones sexuales antes del matrimonio' o 'el divorcio' sean malos o pecaminosos en sí mismos. Pueden serlo en un noventa y nueve o en un ciento por ciento de los casos, pero, intrínse-camente, no lo son, puesto que el único mal intrínseco es la falta de amor."[1] En términos generales esta teología se rige por los siete postulados que se mencionan a continuación.

8.2.1. El fin justifica los medios

En esta ética se insiste en que el fin justifica los medios. No queda anulado un buen fin por el hecho de que se haya logrado por un medio malo.

Tenemos que ser sinceros y objetivos en nuestro análisis de este movimiento. Debemos reconocer que en algunos puntos puestos en relieve por la moral de situación podemos ver un parecido al cristianismo bíblico. Es cierto que cada ser humano tiene su propio encuentro personal con el Señor y que la situación en que se produce este encuentro no es la misma en cada caso.

La Biblia está de acuerdo también con que a cada persona hay que darle importancia y dignidad. Enseña que todos somos diferentes y que nuestras circunstancias no son iguales.

Sin embargo, a la vez que la diferencia en las situaciones no constituye la autoridad final, la verdad sobre la cual cada uno tiene que edificar su vida no se basa en las circunstancias, sino que procede de la verdad encontrada en Cristo; por lo tanto, el fin no justifica los medios.

8.2.2. El legalismo

La moral de situación lucha contra el legalismo, o contra la falta de amor. Protesta en contra de la impersonalidad con que la sociedad actual trata a sus miembros. Nosotros, como creyentes en Cristo, también apoyamos esa actitud. Con Pablo, luchamos en contra del legalismo (Gálatas 4:8-10; Colosenses 2:20-23).

Insistimos igualmente en la importancia del amor, pues entendemos perfectamente lo que Juan enseña en 1 Juan 4:17,21. Junto al Señor Jesucristo, lamentamos la mente farisaica que pensaba que la persona estaba hecha para obedecer ciegamente las normas, y no las normas supeditadas a las personas, pues éstas últimas son más importantes que cualquier ley (Marcos 2:27,28).

A pesar del parecido con la moral de situación en este aspecto, dejamos en claro que el cristianismo tiene una ley escrita a la cual obedece. La convicción que cada uno debe sentir en su corazón y en su mente no es la que ha de dictar una situación, sino la que dicta Dios (Hebreos 10:15,16). La Palabra de Dios dice: "Los cielos y la tierra pasarán [la situación y la posición], mas mi Palabra no pasará [la verdad]."

El seguidor de Cristo que está dispuesto a someter su vida moral al gobierno del Cristo soberano tendría dificultades radicales con los argumentos de la nueva moralidad, o sea, la moral de situación, pues estos argumentos lo llevarían a dejar de lado la Palabra de Dios, regla de fe y conducta para todo creyente verdadero.

Como dice Harvie M. Conn: "Al desligar la decisión moral de la autoridad de los mandamientos divinos y de un principio moral objetivo, la nueva moralidad amenaza constantemente en convertir el *agape* en *eros*."[2] Eso quiere decir que muchas veces lo que parece ser amor desinteresado llega a ser más bien un intento de satisfacer los deseos del propio yo.

8.2.3. Rechazo a normas y reglas preestablecidas

La moral de situación trata de borrar los principios que pueden guiar a una persona turbada. Tratar de acabar con normas y reglas preestablecidas, por el sólo hecho de no aceptarlas, puede ser muy perjudicial. En muchas ocasiones nos vienen encima tentaciones con tanta fuerza y rapidez, que no sabemos qué hacer. Para tales momentos tenemos necesidad urgente de alguna norma, alguna regla por la cual guiarnos. A los pilotos de aviones se les enseña lo que deben hacer en casos de emergencia, no por la experiencia que ellos tengan, sino por preceptos dictados por sus superiores. Estos pilotos tienen que pasar por repetidos simulacros, siguiendo el procedimiento prescrito para cuando se presente algún problema en la realidad. Se espera que actúen automáticamente por sus reflejos y por hábitos ya establecidos, debido a que no dispondrán de tiempo suficiente para estudiar el caso, razonar y decidir cuál es el mejor procedimiento.

8.2.4. Criterio subjetivo

Una gran dificultad se encuentra en la imposibilidad de poner en práctica un sistema en que cada miembro de la sociedad elija lo que quiere hacer de acuerdo con su propio criterio subjetivo. Para evitar un estado de anarquía, hay que imponer ciertas responsabilidades sobre cada persona, aunque se pueda pensar que alguna regla no refleja el amor *agape*.

8.2.5. Biblia, Dios y mitos

Siguen las dificultades con estas pretensiones, pues la decisión de fundar sus ideas sobre ideas mezcladas con mitos es inaceptable. Robinson, incluso, presenta argumentos tomados del Nuevo Testamento que según él son susceptibles de revisión. Considera que la Biblia contiene elementos mitológicos y sin embargo apoya sobre ella sus ideas. No acepta que Dios sea un ser personal, trascendente. Cree que más bien Dios es el fundamento de la vida, del mundo. Vemos, pues, que basa su sistema en una serie de elementos mitológicos con un nebuloso fondo llamado Dios. No acepta que ese Dios sea quien decide cuál es la diferencia entre el bien y el mal. La base para este sistema carece de firmeza. Queda demasiado inestable para poder pararse sobre ella.

A pesar del hecho de que los pregoneros de la nueva moralidad dicen que hay que rehacer todo, siguen hablando de la Biblia. Ante esta actitud, vale la pena preguntar: ¿Por qué no escriben su propio libro sagrado, su propia regla de fe? Hacen ver que, a pesar de todos los problemas que ellos creen encontrar en la Biblia, ésta sigue con tanta autoridad y fuerza, que no la pueden abandonar para poner otro fundamento.

8.2.6. La capacidad de juzgar correctamente

Otro problema con la moral de situación es que pasa por alto la realidad de que el hombre no regenerado tiene afectada su capacidad de juzgar correctamente. Con la caída, el hombre perdió su capacidad de juzgar sus acciones de una manera cristiana y espiritual. Los partidarios de este sistema piden al hombre que haga algo para lo cual carece del equipo necesario y de la capacidad para hacerlo. La persona que está bajo la influencia de drogas, muchas veces razona de una forma equivocada. El que acaba de recibir un golpe en el cráneo, probablemente no va a poder realizar un análisis de lo que está bien y lo que está mal. Su incapacidad estriba en problemas ajenos a su voluntad, pero aun así, lo tiene restringido.

Es más, algunas personas no han adquirido una madurez suficiente para tomar en cuenta todos los diferentes aspectos de una situación determinada. Es como pedirle a un niño pequeño que decida si sus padres andan bien o mal. El niño no tiene la madurez para hacerlo. Le falta información; le falta experiencia. Lo mismo le pasa a un adulto que acaba de llegar a una ciudad por primera vez en su vida, si se le pregunta dónde está la plaza del mercado.

Los partidarios de la moral de situación dicen que Cristo fue un hombre ejemplar. No mencionan, sin embargo, que Él dejó mandamientos a sus discípulos. Dijo que si lo amaban, guardarían los principios que Él había presentado. No mencionó que podría hacer cada cual lo que estimara mejor, de acuerdo con las circunstancias.

8.2.7. La verdad

Un serio problema con la moral de situación es el concepto de lo que es la verdad. Sus adeptos dicen que nada es verdad absoluta en el mundo. Llegan a afirmar que la misma verdad relativa puede convertirse en falsedad cuando la situación lo indica.

La Biblia en varios pasajes nos muestra la situación de los últimos tiempos. Judas 3 dice: "Amados, por la gran solicitud que tenía de escribiros acerca de nuestra común salvación, me ha sido necesario escribiros exhortándoos que contendáis ardientemente por la fe que ha sido una vez dada a los santos."

En Lucas 18:8 leemos: "Pero cuando venga el Hijo del hombre, ¿hallará fe en la tierra?"

¿Qué tiene Pablo que decir al respecto? "Examinaos a vosotros mismos si estáis en la fe; probaos a vosotros mismos. ¿O no os conocéis a vosotros mismos, que Jesucristo está en vosotros, a menos que estéis reprobados?" (2 Corintios 13:5).

8.3. EVALUACIÓN DE LA MORAL DE SITUACIÓN

No hay duda que el hombre moderno (incluso nosotros a veces) está influido por las teorías filosóficas de Hegel, Feuerbach, Marx, Nietzsche, el existencialismo ateo, el psicoanálisis de Freud; pero lo más triste de todo es que hay quienes, en el nombre de la teología, también van aportando sus ideas, pretendiendo crear un estado de ambivalencia.

En la iglesia cristiana a través de dos milenios se ha dicho que Cristo es el camino, que es la verdad. Ahora estos hombres desean cambiar el concepto de lo que es la verdad. Afuera y adentro se enseña que los males del ser humano no proceden de su pecaminosidad, sino del medio ambiente. Se atreven a proclamar que la cura no radica en la predicación de la verdad del evangelio, sino en la conciencia de formar una escala de valores de acuerdo con la situación.

Reconocemos que muchas veces las leyes teologales se han hecho demasiado fuertes y que han degenerado en un legalismo sin espíritu, pero no debemos olvidar que también el espíritu tiene sus leyes que rigen a la Iglesia. "Pero hágase todo decentemente y con orden" (1 Corintios 14:40). Donde no hay orden y ley, hay anarquía. El universo mismo es una serie de leyes que trasciende de lo material a lo espiritual.

Los teólogos modernos, al crear una nueva ética, no se apoyan en leyes ya establecidas, sino en el relativismo y el existencialismo, para así llegar al extremo de la moral de situación. Al definir esta ética como una "reflexión crítica" de la moralidad, ellos admiten que puede ser considerada como una rama de la filosofía.

"La ética situacional se basa en la idea apóstata de la naturaleza humana y del pecado humano. Da por supuesto que el 'amor tiene una brújula moral incorporada' tan poco afectada por el pecado y la corrupción del hombre que en forma intuitiva elegirá bien. Esto está muy lejos de lo que Pablo dice acerca de la 'brújula moral' del hombre en Romanos 1:18-32 o Romanos 3:10-18. El amor, guiado por el corazón humano, no puede ni escoger bien ni escoger en forma beneficiosa para los demás."[3]

Tal vez, pensando en la "brújula moral" de los seres humanos, se apoyan en dichos de dos pensadores y filósofos. "Hay verdades de las cuales no basta ESTAR PERSUADIDO, sino que es preciso SENTIRLAS. Tales son las verdades relacionadas con la moral" (Montesquieu, 1698-1755). "Dos cosas me llenan el espíritu de admiración y espanto: el cielo estrellado sobre mí, Y LA LEY MORAL EN MÍ MISMO" (Kant, 1724-1804).

Desafortunadamente, las cosas del espíritu que son nuestras verdades teológicas se quieren analizar y reorganizar a la luz de una filosofía sencillamente humanista. Nuestra base de fe y conducta está en peligro de perder su autoridad a manos de los que predican un amor mal basado en razones humanas. Dejemos entendido de una vez para siempre que el hombre no debe buscar su propia verdad, una que le convenga, sino LA VERDAD. Lo que los filósofos proponen llega a ser como un ente de mil rostros, pues viene de acuerdo con lo que cada hombre piense que es y lo que esté de acuerdo con su experiencia. La verdad es una y no se puede negociar a base de ella. La Biblia nos exhorta a buscarla y a defenderla.

DE LA TEORÍA A LA PRÁCTICA

1. ¿Es absoluto o relativo el valor de la unidad monetaria de su país? Explique por qué.
2. ¿Qué ejemplo de relativismo de la vida puede usted ofrecer, o sea de que se asigne un valor a una cosa según su relación con otras y no según valor histórico?
3. ¿Qué ejemplo puede usted ofrecer de algo que es juzgado de acuerdo con la experiencia?
4. Describa y cite un caso de personalismo en su iglesia.
5. Relate y cite un caso de legalismo que no refleje el amor cristiano.
6. ¿Hasta qué punto debemos luchar en contra del legalismo en la iglesia?
7. ¿Hasta qué punto debemos luchar en contra del personalismo?
8. ¿Cómo puede uno evitar los extremismos de la nueva moralidad sin caer en los extremismos del polo opuesto?
9. Explique cómo un conjunto de principios establecidos le proporciona una sensación de seguridad a un adolescente.
10. ¿Por qué le será difícil a un partidario del sistema de la nueva moralidad el tener sensación de seguridad?
11. ¿Qué necesidad hay de enseñar sobre la nueva moralidad en su iglesia?

CITAS

1. John A. T. Robinson, *Sincero para con Dios*, Barcelona, Ediciones Ariel, S.A. 1969, p. 188.
2. Harvie M. Conn, *Teología contemporánea en el mundo*, Grand Rapids, Subcomisión de Literatura Cristiana de la Iglesia Reformada, s.f, p. 58
3. Ibid. P. 59.

CAPÍTULO 9

EL ECUMENISMO

Hemos venido trazando la historia de las tendencias teológicas. Los capítulos anteriores han preparado el escenario para poder comprender los acontecimientos actuales con los cuales debemos estar familiarizados los que trabajamos en la obra del Señor. En el siglo XX, sobre todo en las últimas seis décadas, se ha observado un fuerte énfasis sobre la unidad de la Iglesia. Se denomina a este movimiento "ecumenismo".

9.1. ELEMENTOS DE FORMACIÓN DEL ECUMENISMO

El término "ecuménico" se deriva del vocablo griego *he oikoumene*, que significa "la tierra habitada". Ha llegado a emplearse en el pensamiento cristiano moderno como sinónimo de "universal". El ecumenismo es el movimiento hacia la unidad o la solidaridad en la vida y la obra cristiana en todo el mundo. Es un intento de subsanar las peores consecuencias de las grietas del cristianismo, de eliminar la rivalidad entre denominaciones, de promover cooperación entre ellas, de formar una voz unida y ponerse en acción para aliviar los grandes males, como la guerra, la depresión económica, el racismo y la injusticia social.

Los ecumenistas se preocupan por el escándalo del divisionismo en la cristiandad. Señalan el marcado contraste entre la actual situación de la Iglesia y el ideal neotestamentario. En vísperas de la crucifixión, Jesús oró para que sus discípulos fueran "uno" (Juan 17:21-23). El apóstol Pablo afirma que el amor cristiano trasciende todas las barreras que dividen a los hombres: "No hay judío ni griego; no hay esclavo ni libre; no hay varón ni mujer; porque todos vosotros sois uno en Cristo Jesús" (Gálatas 3:28). "Un cuerpo, y un Espíritu . . . un Señor, una fe, un bautismo, un Dios y Padre de todos" (Efesios 4:4-6). Pero la vida real de las iglesias muestra más división y rivalidad que unidad.

La iglesia "ecuménica" debe ser la iglesia universal. Según este concepto, los cristianos deben trabajar por la fusión de todos los cuerpos cristianos en un solo cuerpo. El ecumenismo no sólo incluye el protestantismo, sino también las iglesias ortodoxas orientales, la iglesia católica tradicional y la iglesia copta. Se ha invitado a la iglesia católica romana a participar en el Concilio Mundial de Iglesias, pero dicha iglesia sostiene que las divisiones sólo pueden ser superadas en la medida en que los otros grupos estén dispuestos a volver a la autoridad de Roma. No obstante esta actitud, Roma ha enviado observadores a las asambleas del Concilio Mundial de Iglesias y ha participado en las discusiones ecuménicas.

"Los ecumenistas no exigen uniformidad en doctrina y práctica; sin embargo, creen que la unidad del cristianismo debe preservarse y hacerse explícita, y esa unidad debe hallar alguna expresión formal en la creencia y la práctica y en el orden institucional."[1]

9.2. HISTORIA DEL MOVIMIENTO ECUMÉNICO

El movimiento ecuménico tuvo sus raíces en Europa a mediados del siglo XIX, como un intento de unir las iglesias protestantes para resistir la persecución desatada por la iglesia católica romana. Luego recibió un empuje en el siglo XX como un esfuerzo de las iglesias para cooperar en la empresa misionera. El liberalismo del siglo XIX quitó el énfasis en la controversia doctrinal, y así allanó el camino para el diálogo y la cooperación entre las divisiones del protestantismo.

9.2.1. La primera fase de formación

El primer intento de cooperación internacional entre los protestantes tuvo lugar en 1846, con la organización de la Alianza Mundial Evangélica en Londres. Gozaban los católicos romanos de una nueva ascendencia en Inglaterra. La intolerancia religiosa en Estonia, Letonia, Lituania, Persia y Portugal había dado como resultado el encarcelamiento y muerte de muchos protestantes. Se sentía una gran necesidad de alguna clase de cooperación y acción unida que pusiera fin a estas amenazas. En los Estados Unidos de América, los protestantes se percataban de que había más de 200 denominaciones y sectas. Esa fragmentación disminuía la posibilidad de enfrentar el poderío creciente del romanismo. Así fue como se formó la alianza.

Con su fuerte testimonio de comprensión hacia la "fe que ha sido dada una vez a los santos", la Alianza Mundial Evangélica dio al protestantismo una nueva visión de la unidad del cuerpo de Cristo, pero en la última parte del siglo XIX, su unidad fue destruida por el surgimiento del liberalismo, el cual atacaba su declaración doctrinal.

9.2.2. La segunda fase de formación

En 1905 nació una nueva clase de "ecumenicidad" en Norteamérica, la cual dio como resultado la organización del Concilio Federal de

Iglesias. Posteriormente se conoció como Concilio Nacional de Iglesias. Pasaba por alto la doctrina para insistir en "el servicio". En los años sucesivos, vinieron otros acontecimientos a nivel mundial. Los partidarios del ecumenismo los designan como las corrientes mayores de cooperación protestante que convergieron para formar el Concilio Mundial de Iglesias.

9.2.3. La tercera fase de formación

Esa fue en realidad la primera corriente que tenía en mente formar algún organismo de unión y fue llamada Conferencia Misionera, la cual se celebró en Edimburgo en 1910. Fue dirigida por Juan R. Mott. Se reunieron más de mil líderes teológicos y eclesiásticos que representaban oficialmente a la mayor parte de las principales iglesias cristianas del mundo. El propósito principal era lograr un empuje unido para la evangelización del mundo no católico romano. Se reconoció que las divisiones entre denominaciones y la competencia entre ellas carecían de sentido a los ojos de los pueblos en el campo misionero. Además, el derroche y la duplicación de esfuerzos misioneros llevó los "acuerdos de caballeros", por los cuales se asignaba a una sola denominación la responsabilidad en una región determinada. Así se evitaría la duplicación del trabajo misionero. En esta conferencia, la teología todavía tuvo importancia en las consultas. De la Conferencia Misionera de Edimburgo salieron tres movimientos o corrientes, que son los siguientes:

9.2.3.1. Concilio Misionero Internacional

El Concilio Misionero Internacional tomó este nombre en 1952, pero fue organizado en 1921 bajo el nombre de Conferencia Misionera Mundial, y perpetuaba la fase misionera de la Conferencia Misionera celebrada en Edimburgo en 1910. Bajo el nombre de Conferencia Mundial Misionera tuvo las siguientes reuniones: En 1928, en Jerusalén; en 1938, en Tambarán; y en 1947 en Whitby.

9.2.3.2. Vida y obra

El segundo movimiento nació en 1925 con la celebración de una conferencia sobre "Vida y Obra" en Estocolmo. Tuvo como creador principal a Natán Soderblom, primado de la Iglesia de Suecia. Su finalidad no era doctrinal, sino estimular el pensamiento y la acción en la aplicación de la fe y los principios cristianos a los problemas sociales e internacionales. Los liberales ocuparon un lugar prominente en el programa; afirmaron que "la doctrina separa, pero el servicio une".

Los asistentes fijaron su atención sobre asuntos tales como la educación, el hogar, el sexo, la delincuencia, las relaciones internacionales, la paz, la industria y la propiedad, la política, la ciudadanía y la función de la iglesia en la sociedad. La misión de la Iglesia se consideró en el contexto de los males de la sociedad, aunque no se llegó a ningún acuerdo que expresara una oposición a la evangelización.

9.2.3.3. Fe y orden

El tercer movimiento fue el de "Fe y Orden". Carlos H. Brent, obispo de la Iglesia Protestante Episcopal de los Estados Unidos de América. recibió en Edimburgo una visión para la unión de las iglesias y el deseo de tener un debate franco sobre las diferencias teológicas entre ellas, con vistas a mostrar con claridad las zonas de creencia común y lograr el mutuo entendimiento en los conceptos divergentes. En reuniones realizadas en Lausana, Suiza (1927) y Edimburgo (1937), representantes de las iglesias occidentales no romanas y de la ortodoxia oriental se unieron para redactar declaraciones de fe común, las cuales revelaron una unidad esencial de los participantes sobre muchos aspectos de las creencias cristianas.

9.2.4. La cuarta y definitiva fase de formación

Poco a poco, las denominaciones tradicionales fueron prestando cada vez más su atención a la perspectiva de una iglesia colosal que abarcara todas las ramas del cristianismo. Algunos dirigentes pretenden ir más allá del cristianismo para abarcar todas las religiones del mundo. En tiempo reciente, 301 denominaciones se han expresado oficialmente a favor de la unificación orgánica, en la asamblea del Concilio Mundial de Iglesias, celebrada en Vancouver, Canadá, haciendo caso al clamor que desde antes se venía haciendo sobre eso. Diferentes comisiones se han reunido, para trabajar al respecto. Desde mucho tiempo, las discusiones se han extendido pareciendo interminables, pero los ecuménicos persisten en su empresa. En América del Norte, desde 1900 se han fusionado veintiocho denominaciones, convirtiéndose en sólo doce.

La organización ecuménica más importante de todas es el Concilio Mundial de Iglesias. Formalmente se constituyó en asamblea en Amsterdam (1948), Holanda, como resultado directo de las corrientes mencionadas: las conferencias misioneras internacionales y los movimientos "Fe y Orden" y "Vida y Obra". El comité sobre Vida y Obra propuso al movimiento de Fe y Orden que juntos formaran una organización mundial de iglesias. Su propuesta fue aceptada y los dos movimientos procedieron a hacer los preparativos para llevar a cabo su decisión. Fue un intento de sintetizar las funciones de las organizaciones ecuménicas que ya existían. Este concilio, sin embargo, no es una iglesia ni tiene autoridad sobre sus miembros. Es más bien una federación de iglesias que incluye la mayoría del mundo cristiano que se halla fuera del redil de Roma. No puede legislar, ni intervenir en asuntos internos de las denominaciones; más bien su intento es facilitar el estudio y la acción común. Afirma que la unidad no exige uniformidad y que hay lugar para todas las iglesias que se denominan "cristianas".

De esa manera surgió lo que hoy se conoce como el Concilio Mundial de Iglesias. El Concilio Mundial de Iglesias en realidad es el resultado de la unión de los dos últimos movimientos que hemos mencionado. El tercer movimiento que se unió fue la Conferencia Misionera Mundial, producto directo de la Conferencia de Edimburgo del año 1910 y se vinculó oficialmente en 1961.

9.3. LA ESTRUCTURA DEL CONCILIO MUNDIAL DE IGLESIAS

Lo que sigue a continuación es lo que a grandes rasgos es la estructura de esta organización internacional.

9.3.1. Base

En un congreso celebrado en Nueva Delhi, India, en 1961 los delegados expresaron el sentir de que el Concilio Mundial de Iglesias debe tener como base la siguiente declaración: "Una confraternidad de iglesias que confiesan al Señor Jesucristo como Dios y Salvador, de acuerdo con las Escrituras, y por lo tanto, buscan cumplir su llamamiento común para gloria del único Dios, Padre, Hijo y Espíritu Santo."

9.3.2. Membresía

Pueden ser miembros todas las iglesias que expresen su conformidad con las bases y que sean invitadas a unirse al Concilio Mundial de Iglesias.

9.3.3. Funciones

Puesto que el movimiento Fe y Orden se interesaba principalmente a través de los años en cuestiones teológicas, y el movimiento Vida y Obra en la lucha por la paz y justicia social, una de las funciones específicas del Concilio Mundial de Iglesias es seguir adelante con el trabajo de estos dos movimientos. Los delegados han puesto por escrito también otras funciones, tales como llevar a cabo estudios unidos, efectuar una acción común de las iglesias y trabajar a favor del ecumenismo.

9.3.4. Campos de trabajo

Propone el concilio ponerse en acción en diferentes campos del mundo y entrar a dialogar con ideologías contemporáneas que accedan a hacerlo.

9.3.5. Propósitos

Que todos lleguen a tener la mente de Cristo para luchar por el orden social e industrial. Sacar a las iglesias del aislamiento. Dar oportunidades para sentarse en la mesa de conferencias. Servir a las iglesias. Respetar las creencias contrarias.

9.3.6. Filosofía

La unión en Cristo. Según los estatutos de esa organización, las divisiones son pecado.

9.3.7. Estructura legislativa

La autoridad principal será la Asamblea. Este cuerpo legislativo debe reunirse cada cinco años. Los delegados que la componen son nombrados por sus denominaciones.

El cuerpo que representa la asamblea cuando ésta no está en sesión se conoce como Comité Central. Tiene seis presidentes y 145 miembros, los cuales son nombrados por la asamblea. Sesiona anualmente.

El Comité Ejecutivo se compone de los presidentes del Concilio, el presidente y el vicepresidente del Comité Central y doce personas más que el Comité Central nombra, haciendo un total de diecinueve personas. Se reúne dos veces al año.

Se ve que en la práctica quienes tienen el verdadero poder e influyen más sobre el rumbo de la organización son las 145 personas que forman el Comité Central. Estas reciben de la asamblea poderes legislativos y administrativos.

9.3.8. Asambleas celebradas

Hasta la fecha se han celebrado siete asambleas, las cuales se detallan a continuación:

1. Amsterdam, Holanda, 1948
2. Evanston, Estados Unidos de América, 1954
3. Nueva Delhi, India, 1961
4. Upsala, Suecia, 1968
5. Nairobi, Kenia, 1975
6. Vancouver, Canadá 1983
7. Canberra, Australia, 1991

Karl Barth fue uno de los oradores en la primera asamblea de 1948.

La iglesia ortodoxa rusa fue recibida como miembro en plena calidad en la asamblea de Nueva Delhi de 1961. Los adherentes de este sector eclesiástico le dan derecho a la iglesia rusa a tener diecisiete miembros en el Comité Central. En Nueva Delhi se recibió una misiva del patriarca de dicha iglesia pidiendo que no se tolere el "proselitismo" y "otros actos semejantes no cristianos", como la evangelización, de parte de misioneros conservadores.

9.3.9. Inclinación doctrinal

En la actualidad, la mayoría de los dirigentes que ocupan puestos clave en la organización se inclinan hacia una teología liberal. Algunos grupos conservadores pertenecen al concilio mundial, pero no tienen ninguna influencia significativa en las deliberaciones y menos en las decisiones. A partir del año 1968 se ha insistido en la radicalidad respecto a la obra de Vida y Trabajo.

9.3.10. Agencias que representan al C.M.I.

Las siguientes agencias trabajan en América Latina como brazos del Concilio Mundial de Iglesias:

1. UNELAM: La comisión provisoria pro-unidad evangélica latinoamericana
2. ISAL: Iglesia y Sociedad en América Latina
3. ULAJE: Unión Latino-Americana de Juventudes Evangélicas
4. MEC: Movimiento Estudiantil Cristiano
5. CELADEC: Comisión Evangélica Latinoamericana de Educación Cristiana
6. CELAS: Conferencias Evangélica Latinoamericanas
7. MIS: Movimiento de Iglesia y Sociedad (Chile)
8. CLAI: Concilio Latinoamericano de Iglesias
9. MECH: Mujeres Evangélicas de Chile

9.3.11. Conclusiones

Como se puede notar, la base del Concilio Mundial de Iglesias es tan amplia, que en ella puede caber cualquiera que se denomine cristiano. Se debe observar que "base" no quiere decir "declaración de fe". Los integrantes del Concilio Mundial de Iglesias no desean que esto se introduzca en sus estructuras.

Para comprender mejor su alcance, ofrecemos un diagrama de la historia de los movimientos precursores del concilio desde su iniciación hasta el presente.

Un artículo bien ilustrativo de lo que fue esta última reunión, es el que aparece en la revista *Selecciones del Reader's Digest* del mes de febrero de 1993 llamado "El evangelio según Marx".

9.4. EVALUACIÓN

No cabe duda alguna de que el cristianismo no puede darse ya el "lujo de la división". Los creyentes viven en un mundo hostil. Las fuerzas poderosas del agnosticismo, del materialismo ateo, de la ciencia amoral, del determinismo freudiano y del surgimiento de religiones paganas de inspiración nacionalista como el hinduismo y el islamismo, arremeten contra ellos. "Menos de una tercera parte de la población del mundo es

LA EVOLUCIÓN DEL CONCILIO MUNDIAL DE IGLESIAS

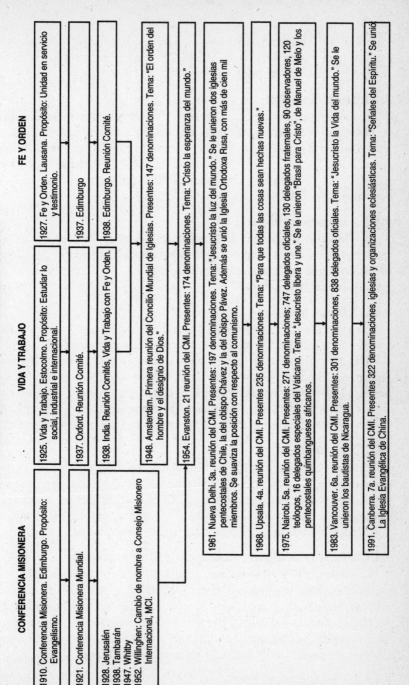

CONFERENCIA MISIONERA	VIDA Y TRABAJO	FE Y ORDEN
1910. Conferencia Misionera. Edimburgo. Propósito: Evangelismo.	1925. Vida y Trabajo. Estocolmo. Propósito: Estudiar lo social, industrial e internacional.	1927. Fe y Orden. Lausana. Propósito: Unidad en servicio y testimonio.
1921. Conferencia Misionera Mundial.	1937. Oxford. Reunión Comité.	1937. Edimburgo
1928. Jerusalén 1938. Tambarán 1947. Whitby 1952. Willinghen: Cambio de nombre a Consejo Misionero Internacional, MCI.	1938. India. Reunión Comités, Vida y Trabajo con Fe y Orden.	1938. Edimburgo. Reunión Comité.
	1948. Amsterdam. Primera reunión del Concilio Mundial de Iglesias. Presentes: 147 denominaciones. Tema: "El orden del hombre y el designio de Dios."	
	1954. Evanston. 21 reunión del CMI. Presentes: 174 denominaciones. Tema: "Cristo la esperanza del mundo."	
	1961. Nueva Delhi. 3a. reunión del CMI. Presentes: 197 denominaciones. Tema: "Jesucristo la luz del mundo." Se le unieron dos iglesias pentecostales de Chile, la del obispo Chávez y la del obispo Pávez. Además se unió la Iglesia Ortodoxa Rusa, con más de cien mil miembros. Se suaviza la posición con respecto al comunismo.	
	1968. Upsala. 4a. reunión del CMI. Presentes 235 denominaciones. Tema: "Para que todas las cosas sean hechas nuevas."	
	1975. Nairobi. 5a. reunión del CMI. Presentes: 271 denominaciones; 747 delegados oficiales, 130 delegados fraternales, 90 observadores, 120 teólogos, 16 delegados especiales del Vaticano. Tema: "Jesucristo libera y une." Se le unieron "Brasil para Cristo", de Manuel de Melo y los pentecostales quimbangueses africanos.	
	1983. Vancouver. 6a. reunión del CMI. Presentes: 301 denominaciones, 838 delegados oficiales. Tema: " Jesucristo la Vida del mundo." Se le unieron los bautistas de Nicaragua.	
	1991. Canberra. 7a. reunión del CMI. Presentes 322 denominaciones, iglesias y organizaciones eclesiásticas. Tema: "Señales del Espíritu." Se unió La Iglesia Evangélica de China.	

cristiana, y el cristianismo en realidad está perdiendo terreno en su carrera para mantenerse a la par en los porcentajes con las cifras de población, que van en veloz aumento."[2]

9.4.1. Puntos favorables

El movimiento ecuménico parecería ser la realización de la unidad en el amor que ha sido el ensueño de los cristianos desde el principio de la fe. Comenta con entusiasmo el historiador eclesiástico Kenneth Scott Latourette: "Nunca antes habían desarrollado los cristianos una comunión tan eclesiásticamente amplia y variada."[3] Los logros del movimiento son impresionantes.

9.4.1.1. Cooperación misionera

El Concilio Misionero Internacional consiguió la cooperación de muchas iglesias en la empresa misionera. En sus comienzos, cuando no se vislumbraba el Concilio Mundial de Iglesias, esta fue una de sus principales preocupaciones.

9.4.1.2. Buenos mediadores

Después de la Primera Guerra Mundial, la misma organización hizo mucho para subsanar la separación entre los protestantes de Alemania y los protestantes de los países que estaban en guerra con Alemania. Durante la Segunda Guerra Mundial, el Concilio Mundial de Iglesias despertó a las iglesias para ayudar a los cristianos a comunicarse a través de las líneas de conflicto, solucionar problemas de los prisioneros de guerra, de los refugiados, de la reconstrucción, y aliviar el sufrimiento.

9.4.1.3. La obra social

Durante la Segunda Guerra Mundial y después, el Concilio Misionero Internacional acudió en socorro de la mayoría de las misiones protestantes del continente europeo. La obra social llevada a cabo por el movimiento ecuménico es extensa. Brinda alimentos y medicinas en la actualidad a países en horas de catástrofe o de gran necesidad.

9.4.1.4. Persecución religiosa, racismo, paz y derechos humanos

El movimiento ecuménico ha combatido la persecución religiosa y el racismo. Durante la Segunda Guerra Mundial, el Concilio Federal de Iglesias de los Estados Unidos nombró un comité para estudiar los principios de una paz justa y duradera. Fue un factor importante en la formación de las Naciones Unidas. Además, ha desempeñado un papel importante en definir y defender los derechos humanos.

9.4.1.5. Verdadero ecumenismo

El llamado que se nos hace para ser ecuménicos, nos hace recordar que otra vertiente del ecumenismo es la que viene del Espíritu Santo. Esta sí es la que cumple la oración del Señor Jesucristo "que todos sean una misma cosa". A esa vertiente con dirección divina y no humana le abrimos los brazos y el corazón. Ella trae el frescor de una nueva vida y reafirma los propósitos de Cristo al venir a esta tierra. No tememos en llamar "hermanos en Cristo" a los que tienen esa misma experiencia.

9.4.2. Puntos desfavorables

A pesar de lo anterior, muchos grupos conservadores no quieren tener nada que ver con el movimiento ecuménico, y en especial, con el Concilio Mundial de Iglesias. ¿Por qué? No es porque no reconozcan la existencia de una sola iglesia universal, basada sobre la verdad de la Biblia, ya que aun perteneciendo a diferentes denominaciones, no han dejado de mantener un grado de cooperación a través de las líneas denominacionales donde ha existido un acuerdo doctrinal común. Rechazan este movimiento ecuménico por otras razones.

9.4.2.1. La unidad

Estos conservadores ponen en tela de juicio la base de unidad que caracteriza al Concilio Mundial de Iglesias. Señalan que Cristo oró por la *unidad espiritual*, más que por la unidad organizacional. Rogó "por los que han de creer en mí por la palabra de ellos (los discípulos)" (Juan 17:20). Aunque el credo de dicha organización es netamente ortodoxo, el Concilio Mundial de Iglesias alberga una diversidad de iglesias que tienen grandes divergencias en doctrina. Hay unitarios y trinitarios, liberales y conservadores, neoortodoxos, anglicanos y ortodoxos orientales. ¿Es ésta la Iglesia de Jesucristo? ¿Es cierto que es *un* cuerpo, *una* fe? ¿Cómo pueden tener los hijos de Dios comunión con los que niegan la divinidad de Cristo, el nuevo nacimiento del creyente y la inspiración de las Sagradas Escrituras? Esto no es lo que expresa 2 Timoteo 3:5.

Sin embargo, el doctor Juan A. Mackay, uno de los líderes del movimiento ecuménico, observa con tristeza: "Ahora la unidad no es para realizar la misión. La unidad es sólo para estar unidos." Advierte que "cuando se interpreta la unidad como la unidad institucional y el control episcopal, y cuando se considera que estas dos cosas son indispensables para la verdadera unidad, se debe considerar a la estructura eclesiástica más unificada en la historia cristiana que ha sido la de la iglesia católica hispánica, la cual también ha sido la más estéril espiritualmente y la más funestamente fanática."[4]

9.4.2.2. El liderazgo

Los conservadores observan con recelo y no se conforman con el hecho de que los liberales ocupan los puestos de liderazgo y dominan las decisiones y la política del Concilio Mundial de Iglesias. Creen que esto sería funesto para sus organizaciones, en caso de formar parte del concilio.

9.4.2.3. La cosmovisión

Señalan que la cosmovisión del concilio se limita a lo secular y pasa por alto lo espiritual. El CMI se preocupa por el bien social de la humanidad y no por la salvación de ella. Los líderes ecuménicos ven la humanidad en términos de grupo y consideran sus problemas principalmente como sociales. Pasan por alto el aspecto personal y descuidan por completo la proclamación del evangelio.

9.4.2.4. La soteriología

Los partidarios del ecumenismo no reconocen que el hombre es pecador y necesita ser regenerado por el Espíritu Santo. Creen que pueden hacer buenos a los malos, mediante la obra social; que pueden cambiar a la sociedad sin cambiar al individuo. Esto es netamente una herejía para los conservadores.

9.4.2.5. La política

Muchos evangélicos conservadores ponen objeción a la tendencia ecuménica de identificarse con un sistema político. Hay que notar que Jesús afirma: "Mi reino no es de este mundo" (Juan 18:36). Todo sistema, sea monárquico o democrático, capitalista o socialista, es falible, porque es de hombres. El reino de Dios no vendrá por medio del gobierno humano, sino por la venida de Cristo.

El creciente papel político del CMI es motivo de preocupación por parte de los evangélicos conservadores. Por ejemplo; el CMI ha creado un fondo para el programa de combate contra el racismo, pero se usa para ayudar a movimientos subversivos en África.[5] El concilio sostiene otros movimientos de "liberación", aprobando así la violencia como medio para realizar cambios políticos. Se nota el entusiasmo del concilio referente a la revolución en las palabras atribuidas a Lukas Vischer, quien encabezó durante muchos años el comité sobre Fe y Orden: "Mahatma Gandhi era nuestro modelo de ayer; ahora lo es el Che Guevara."

9.4.2.6. El espectro de una superiglesia

Los conservadores temen que en el futuro el Concilio Mundial de Iglesias, se convierta en una superiglesia con un gobierno central, bajo el cual las iglesias tendrían que suspender algunas de sus formas acostumbradas de doctrina y vida. Les perturba que los teólogos ecuménicos supliquen a los eclesiásticos de todas las iglesias que abandonen "los credos gastados del cristianismo" y "tomen la senda a través del desierto de este mundo" para alcanzar "las fronteras de una iglesia unida".[6]

9.4.2.7. Sincretismo

Los evangélicos conservadores se oponen a las tentativas del concilio para establecer contacto con religiones no cristianas con la mira de incluirlas en su organismo. No pueden estar de acuerdo con la idea de que todos los hombres, sea cual sea su religión, formen parte de lo que el Concilio Mundial de Iglesias llama "la iglesia latente". Muchos ven en esa caricatura de la Iglesia, la ramera descrita en Apocalipsis 17.

9.5. LA ALTERNATIVA CONSERVADORA

Los cincuenta millones de evangélicos conservadores que son miembros de iglesias no afiliadas al Concilio Mundial de Iglesias no son indiferentes a la necesidad de unirse. Muchos de sus líderes ven la necesidad de cooperación entre iglesias de fe común frente a las amenazas de las fuerzas del mal. Se dan cuenta de que la unidad cristiana es voluntad de Dios y que la falta de unidad perjudica a la causa de Cristo. Anhelan tener comunión con otras iglesias conservadoras y unir sus fuerzas para evangelizar al mundo.

9.5.1. Historia y principios de unidad

Como alternativa en los Estados Unidos (1942) nació la Asociación Nacional de Evangélicos (ANE) "para representar a todos los evangélicos conservadores de todas las denominaciones y grupos". Algunas poderosas denominaciones, centenares de congregaciones y casi cien universidades se afiliaron. La ANE ha estimulado la obra misionera, ha defendido los derechos de las iglesias y ha promovido la cooperación entre los grupos conservadores. También ha despertado a sus afiliados para que vean la necesidad de ayudar económicamente a los pueblos en tiempos de calamidad nacional o depresión económica.

Entre los conservadores se han levantado organizaciones para las misiones. La Asociación Evangélica de Misiones Extranjeras fue organizada a instancias de la Asociación Nacional de Evangélicos. Consta de cincuenta juntas misioneras que sostienen a seiscientos misioneros en ciento ocho países. La actuación progresista de esta asociación misionera ha tenido por consecuencia la introducción de nuevos métodos y estrategias misioneras para hacer frente a las necesidades de nuestro siglo. Se formó también la Asociación Interdenominacional de Misiones Extranjeras, que cuenta con siete mil quinientos misioneros en cien países.

En Londres se organizó la Alianza Evangélica Misionera (1958). Ésta abarca ochenta sociedades misioneras y otras agencias misioneras en

Noruega, América Latina, África, la India, Australia y otras regiones, las cuales sostienen diez mil misioneros en diversas partes del mundo.[7]

9.5.2. Fundación de CONELA

La alternativa conservadora de América Latina a las organizaciones del Concilio Mundial de Iglesias es el movimiento denominado CONELA (Confraternidad Evangélica Latinoamericana). Nació en Panamá en 1982 al reunirse más de doscientos delegados procedentes de noventa y ocho denominaciones evangélicas conservadoras y setenta y tres grupos de servicio cristiano. Estuvieron presentes reconocidos líderes conservadores como Samuel Libert, de Argentina; Bruno Frígoli, de Perú; David Morales, de Bolivia; Emilio Antonio Núñez, de Guatemala; Luis Palau y otros. CONELA tiene la meta de "servir a toda la iglesia del Señor Jesucristo en todos los países de América donde haya quienes hablen el portugués o el español". Luis Palau señala que América Latina ha necesitado con urgencia una organización que, sin ninguna vergüenza, fomente la evangelización, que estimule el crecimiento de la Iglesia y que defienda la teología bíblica contra la penetración liberal en los seminarios e iglesias.

Los delegados, que representan a veinticinco millones de evangélicos, firmaron el "Acta de Panamá" y eligieron un comité ejecutivo que pusiera en marcha los proyectos contemplados. El presbiteriano Marcelino Ortiz, de México, fue elegido presidente en esa primera reunión, y el obispo pentecostal Carlos San Martín, de Chile, vicepresidente. Se preparó un reglamento para guiar a los ocho vicepresidentes encargados de coordinar las actividades en sus regiones correspondientes. La base de comunión es el Pacto de Lausana, "el que más que cualquier documento expresa los principios doctrinales conservadores en teología en todo el mundo".[8]

9.5.3. Los objetivos de CONELA

Como entidad conservadora que representa a los conservadores de América Latina, CONELA tiene los siguientes propósitos:

9.5.3.1. Entidad de enlace

Ser una entidad de enlace, relaciones y servicio entre los evangélicos de habla hispana y portuguesa de América del Sur, Central y del Norte.

9.5.3.2. Entidad de unidad espiritual

Cultivar la unidad espiritual y el respeto mutuo entre los dirigentes de las iglesias y entre todos los evangélicos latinoamericanos sin violar la autonomía de las entidades miembros.

9.5.3.3. Entidad de evangelización
Promover la evangelización, la reflexión teológica desde una perspectiva evangélica y la dinámica del crecimiento integral de las iglesias a nivel nacional, regional, continental y mundial.

9.5.3.4. Entidad de relaciones intereclesiásticas
Establecer y mantener relaciones con organizaciones y entidades nacionales e internacionales afines a nuestra posición teológica.

9.5.3.5. Entidad de representación
Poner de relieve la realidad de la presencia evangélica, dando a conocer a través de los medios de comunicación social lo que Dios está haciendo en nuestro continente y en el mundo entero, e informar a las iglesias con relación a las diversas corrientes de pensamiento.

9.5.3.6. Entidad de educación bíblica
Fomentar la educación bíblica cristocéntrica dentro de la realidad latinoamericana.

9.5.3.7. Entidad de la obra social
Exponer y aplicar los criterios bíblicos relativos a la participación en la obra social de la Iglesia.

9.5.3.8. Entidad de protección
Velar responsablemente por el respeto de la libertad de culto en todos los países de América Latina.

9.5.3.9. Entidad de expresión
Ser portavoz del pensamiento evangélico latinoamericano continental, defendiendo los principios establecidos en los estatutos de CONELA.

9.5.4. Futuro de CONELA
CONELA es la organización interdenominacional más numerosa de América Latina. Si marcha con dinamismo y cumple con los objetivos para la cual fue formada, se le puede augurar un futuro brillante y no hay duda que seguirá creciendo a medida que cumpla con sus cometidos. Esperamos ansiosos el futuro para ver la respuesta de CONELA al ecumenismo del Concilio Mundial de Iglesias.

DE LA TEORÍA A LA PRÁCTICA
1. ¿Qué valor tiene estudiar la historia de la formación del Concilio Mundial de Iglesias?
2. ¿Cuál es su reacción personal ante la idea de que "la doctrina separa, pero el servicio une"?

4. Presente los argumentos a favor y en contra de que pertenezca su denominación al Concilio Mundial de Iglesias.
5. ¿Qué hace su denominación para colaborar con CONELA?
6. Describa los últimos estudios realizados por los comités comisionados por CONELA

CITAS

1. J. Dillenberger y C. Welch, op. cit., p. 268.
2. James Deforest Much, *La aventura ecuménica*, 1962, p. 5.
3. Latourette, *Historia del cristianismo*, tomo 2, op. cit., p. 909.
4. Citado por David Kucharsky, "American Ecumenism at the Crossroads" en la revista *Christianity Today*, 20 de noviembre, 1970.
5. *Eerdman's Handbook to the History of Christianity*, op. cit., p. 636.
6. Much, cit., p. 61.
7. Kenneth Scott Latourette, *The 20th Century Outside of Europe*, tomo 5 en *Christianity in a Revolutionary Age*. 1962. p. 127.
8. Folleto CONELA, Los evangélicos trabajando juntos en el continente. Confraternidad Evangélica Latinoamericana, s.f.

CAPÍTULO 10

EL NEORROMANISMO

Cabe preguntar si está cambiando radicalmente la Iglesia Católica Apostólica Romana. Algunos creen que "la brisa fresca" que Juan XXIII deseaba para su iglesia se convirtió en un huracán que amenazó con remover los cimientos mismos del catolicismo tradicional. Otros sostienen que *Roma semper aedem* — siempre igual — es lo que mejor describe los resultados del Concilio Vaticano II y la superficialidad de los cambios hechos. Es probable que la verdadera posición se encuentre entre los dos extremos que representan esas opiniones.

10.1. FONDO HISTÓRICO

La iglesia católica ha experimentado muchos cambios al enfrentar períodos de controversia con movimientos religiosos en varias etapas de su existencia. Aunque se ha mantenido al parecer unida bajo el férreo dominio de los papas, esta iglesia ha tenido sus cismas, lo cual la han hecho recapacitar en algunas cosas y promover cambios, aunque no sustanciales. He aquí los períodos que se consideran más importantes.

10.1.1. La separación de la iglesia ortodoxa

El primer cisma que sufrió la iglesia católica fue en el año 1054 cuando se separó la iglesia ortodoxa, división que separó al cristianismo en dos grandes bloques: oriente y occidente. Las causas fueron principalmente tres:

1. Las pretensiones del obispo de Roma en convertirse en papa, asunto que logró al fin.
2. La iglesia romana cada día se convertía en un ente político.
3. El celibato clerical, ya que hasta el día de hoy los ortodoxos permiten a sus ministros casarse.

10.1.2. La reforma protestante del siglo XVI

La iglesia católica había tenido problemas en tiempos pasados como el que describimos en el punto anterior, pero pudiéramos decir que fue en el siglo XVI cuando enfrentó su problema más serio. Hubo una división en su seno por causa de la interpretación de las Escrituras con referencia a la salvación por gracia, que dio un monje alemán llamado Martín Lutero. Este período ha quedado registrado en la historia como la Reforma Protestante del siglo XVI.

10.1.3. El pietismo del siglo XIX

Este movimiento que afectó a la iglesia protestante y a la católica en el siglo XIX, nació realmente en el siglo XVII, cuando el pastor luterano Felipe Spener (1675-1705) publicó un libro en latín, llamado *Deseos piadosos*. Ese movimiento surgió por la ligereza como se predicaba y se vivía la vida cristiana en ese tiempo; para contrarrestar eso, propuso las siguientes premisas para vivir en forma piadosa delante de Dios.

10.1.3.1. La Palabra de Dios

Propuso un uso más extendido, serio y frecuente de la Palabra de Dios.

10.1.3.2. El sacerdocio

Incentivó el ejercicio diligente y con más conciencia el sacerdocio espiritual.

10.1.3.3. La predicación

Aconsejó que la predicación debía ser más seria y en vez de hacerlo sobre cosas pueriles, debía dedicarse a promulgar la fe.

10.1.3.4. La controversia

En este siglo la marca peculiar fue la inmensa controversia. Este movimiento abogaba por un espíritu amoroso en la controversia.

10.1.3.5. Alimento espiritual para la grey

En vez de dedicarse al estudio de la filosofía y la teología, los pastores debían dedicarse a prepararse espiritualmente para alimentar devocionalmente a su grey.

Como es lógico suponer, este movimiento levantó una ola de seguidores en ambas iglesias y creó problemas de interpretación y poco deseo de dedicarse al estudio serio de la teología.

10.1.4. El movimiento misionero del siglo XX

El siglo XX, en aspectos religiosos, bien pudiera llamarse "el siglo de las misiones". En la iglesia protestante se incrementó el interés misionero, sobre todo en países de ascendencia católica, lo cual presentó a la iglesia de Roma un desafío por el creciente aumento de los creyentes de la iglesia protestante a expensas de creyentes católicos.

Con respecto al Nuevo Mundo, hasta 1910 las agencias misioneras consideraron a América Latina como un continente ciento por ciento cristiano, pero en 1916 las cosas cambiaron radicalmente; las agencias misioneras estadounidenses consideraron a Latinoamérica como un vasto campo misionero. Las denominaciones históricas establecieron las primeras cabezas de playa para el desarrollo de un crecimiento protestante que se mantiene hasta el día de hoy. Esto produjo malestar en la iglesia católica por lo que se dedicó a perseguir a los evangélicos.

10.1.5. Ecumenismo y neorromanismo del siglo XX

Si el siglo XX se conoce como el siglo de las misiones, también se ha conocido como el siglo de la ecumenicidad, lo cual ha afectado a la iglesia católica y la llevado a replantear sus interpretaciones, su liturgia y, en forma ligera, sus dogmas.

En las últimas tres décadas la iglesia de Roma ha comenzado a experimentar cambios al grado que se puede describir la nueva posición de la religión católica romana como "neorromanismo".

La época del neorromanismo comienza con la elección del papa Juan XXIII en el año 1958. Cuando el colegio de cardenales vio que después de muchas votaciones no resultaba elegido ningún candidato, acordó elegir un papa de transición que mantuviera la situación de la iglesia como estaba, pero en realidad Juan XXIII demostró no ser un papa de transición, sino el causante de una revolución que sacudió a la iglesia católica romana. Él puso en marcha el *aggiornamento* — modernización —, el afán de poner al día una tradición dos veces milenaria.

Juan el Bueno, como se le llamaba, sustituyó a un papa tradicionalista como Pío XII; anunció el 25 de enero de 1959 que convocaría el Concilio Vaticano II. El primer Concilio Vaticano se había celebrado en Roma, pero había quedado inconcluso por el retiro de Roma de las tropas de Napoleón en 1870 y la ocupación de la ciudad por el ejército italiano. Este segundo Concilio Vaticano dio un vuelco a la iglesia que decía que no cambiaba. Tan grande fue la sacudida, que han cambiado las actitudes, pensamientos y puntos de vista como no se había experimentado desde hacía centenares de años. En medio de una conmoción increíble, se llevó a cabo una aparente reforma. Pues aunque hubo cambios, los dogmas fuertes de la iglesia no fueron tocados ni reformados.

Se dieron a la luz pública dieciséis documentos que surgieron como resultado de las deliberaciones del concilio. Algunos han señalado la ironía que hay en el hecho de que un papa con un temperamento moderado y apacible provocara una revuelta. Se reformaron la liturgia y la instrucción en los seminarios. Ahora se muestra más interés en las Escrituras, en el ecumenismo y en la actividad de los laicos.

A pesar de lo anterior, siempre le lleva a la tradición católica un poco de tiempo ponerse al día y reaccionar frente a movimientos novedosos, pero poco a poco consigue siempre encaminar estas influencias hacia los términos "ortodoxos" mediante la eliminación un poco nebulosa de lo que no pueda ser asimilado por su patrimonio dogmático tradicional.

No hay documentos emitidos por la jerarquía que nieguen uno solo de los dogmas peculiares del romanismo. Se admite un cambio de énfasis, eso sí, pero no de contenido. La tradición del catolicismo siempre triunfa de manera formal y oficial. Sin embargo, después de ese proceso, la iglesia católica no es la misma. ¿Cuáles son los cambios que sufrió últimamente? Veámoslo.

10.2. CAMBIOS EN LA IGLESIA CATÓLICA ROMANA

Como consecuencia del neorromanismo, han surgido muchos interrogantes, tanto de parte de los de dentro como también de los de afuera. Algunos ya han sido contestados, pero aún quedan otros por contestar. Consideremos con cuidado algunos de estos cambios importantes.

10.2.1. La actitud hacia los no católicos

Uno de los propósitos que motivaron la convocación de este concilio fue la unidad de todos los cristianos y fomentar la amistad con el pensamiento no cristiano.

10.2.1.1. Los protestantes

El papa Juan XXIII decidió abandonar la guerra "contra-reformista" y emplear el diálogo. La iglesia católica, en su ánimo de ecumenicidad, comenzó a llamar a los protestantes "hermanos separados", un término muy lejano al de "herejes", como antes se les definía. Ha lanzado llamados a un acercamiento para dialogar. Fomenta cultos unidos entre protestantes y católicos, pues, según dicen, es más lo que nos une que lo que nos separa.

Se reconoce la libertad de culto como un derecho humano. El papa Juan Pablo II tomó un paso trascendental en España al reconocer los males cometidos por la Inquisición y al pedir perdón a los protestantes. Los voceros católicos han tenido cuidado, sin embargo, de aclarar que la iglesia romana no tiene la más mínima intención de ceder en asuntos de dogma o de fe. Alegan que sus dogmas, incluso el de la infalibilidad del papa, son necesarios para la salvación. Dicen, en cambio, que sus formas y ritos sí están sujetos a cambios.

El obispo de Cantorbery, jefe titular de la iglesia anglicana, ha visitado Roma con afán de unión, deseo del que al parecer se ha alejado, pues esta última iglesia, decidió en el año de 1992 ordenar mujeres al pleno ministerio, cosa a la que se opone la iglesia católica romana.

10.2.1.2. Las iglesias ortodoxas

Es significativo el acercamiento de la iglesia católica a través del diálogo con las iglesias ortodoxas, tanto griega como rusa. Se ha hecho con la intención de establecer una atracción hacia la iglesia romana. El patriarca de Constantinopla visitó el Vaticano para mostrar al mundo el deseo de acercamiento.

10.2.1.3. El movimiento ecuménico

La iglesia romana ha suavizado su tono en cuanto al movimiento ecuménico. Es bien significativo que en 1975 asistieron dieciséis delegados fraternales procedentes del Vaticano a la asamblea del Concilio Mundial de Iglesias que se celebró en Nairobi. Aunque la iglesia católica ha aclarado que por ahora no desea pertenecer al Concilio Mundial de Iglesias, deja la puerta abierta para el futuro.

10.2.1.4. Los no cristianos

Roma, además de abrirse a los cristianos no católicos, se ha abierto a las otras religiones y filosofías no religiosas, como el comunismo y el ateísmo. Antes de la caída del comunismo, tanto los prelados visitaban Moscú, como las autoridades del Kremlin viajaban al Vaticano. No era raro que un sacerdote enseñara ideas marxistas. Otros se lanzaron a acciones más atrevidas, participando en actividades guerrilleras en el tercer mundo.

10.2.2. La actitud hacia las Sagradas Escrituras

El retorno a la Biblia se ha efectuado gradualmente. Ya no figura este libro entre los prohibidos. Los eruditos católicos llevan varias décadas traduciendo la Biblia directamente de las lenguas originales. Así prepararon la versión Nácar Colunga. Hasta los escritores de las notas que acompañan el texto bíblico aceptan ahora algunas conclusiones de la crítica literaria protestante, algo que fue prohibido en parte por un decreto de la Comisión Bíblica Pontificia en 1906. (Véase la Biblia de Jerusalén.)

Los fieles han recibido la indicación de leer la Biblia, estudiarla con toda seriedad y ponerla en práctica. Se ha subrayado oficialmente que la Biblia es la Palabra de Dios, quien se la dio a la Iglesia para su provecho.

Como resultado de este nuevo énfasis sobre la Biblia, se ha generado más entusiasmo para imprimir y distribuir las Escrituras en grandes cantidades. Se ha impreso en diferentes estilos, hasta en forma de revista. Se ha presentado con toda clase de encuadernación, de lujo inclusive. Se mantiene una campaña publicitaria con lemas que animan al pueblo a leer la Biblia. Ya no es raro encontrar un ejemplar de la

Palabra de Dios en un hogar católico. Millones de los que nunca la habían abierto, la leen actualmente.

10.2.3. La actitud hacia la liturgia

En la celebración de los oficios, Roma ha efectuado grandes cambios que se describen de la siguiente manera:

10.2.3.1. Idioma y posición del sacerdote

El idioma oficial de la iglesia y para la liturgia en todo el mundo era el latín. Ahora todos los oficios pueden hacerse en el idioma vernáculo del lugar donde se celebran. El sacerdote, que antes ministraba dando la espalda al pueblo, lo hace ahora de cara a él. Esos dos cambios tienen un profundo significado litúrgico y aunque no es un cambio teológico profundo, es un esfuerzo por echar abajo la pared que separaba a la jerarquía eclesiástica de los laicos, llevando a los feligreses a una participación más activa y participativa.

10.2.3.2. La música

La música sacra y gregoriana ha dado paso en muchos casos a la música folklórica e indígena, con el afán de atraer a las multitudes que se entusiasman con este tipo de manifestación musical y hacer el culto menos rígido y menos formal.

10.2.3.3. La Biblia

Se recalca más el uso de la Biblia en la enseñanza y la predicación.

10.2.3.4. La participación del laicado en el culto

La participación de laicos en los oficios religiosos es otro cambio que ha sorprendido a muchos. Antes el laico tenía una participación muy restringida en la liturgia, pero ahora se halla en puesto de avanzada. La insuficiencia de sacerdotes en América Latina fue una de las razones que impulsaron al Concilio Ecuménico Vaticano II a resucitar la institución de los diáconos permanentes, especie de auxiliares que pueden realizar muchas de las funciones de los sacerdotes y aliviar, por consiguiente, su labor. En América Latina hay un promedio de un sacerdote por cada cinco mil quinientos habitantes, una proporción que contrasta con la situación en los países latinos de Europa. En España, Francia e Italia hay un sacerdote por cada mil habitantes aproximadamente.

10.2.4. La actitud hacia las imágenes

En ese campo de las imágenes, la iglesia rebajó o se negó a reconocer como santos a varios cuyas imágenes adornaban los altares. Dos ejemplos de esta nueva política serían Santa Bárbara y San Cristóbal. En algunas partes, se han limpiado las iglesias de imágenes. Aunque se mantienen estatuas en los altares de otras iglesias, de todas maneras se observa un cambio de actitud hacia ellas. Esto ha afectado a los católicos tradicionales, pero les ha dado nuevos bríos a los reformistas.

10.2.5. La actitud hacia el episcopado

En el Vaticano II fue aprobado el colegiado episcopal o la participación del obispado junto con el papa como suprema autoridad. Ese paso abrió la puerta para dar más poder a los obispos y debilitar el poder papal. Algunos afirman que el verdadero poder de la iglesia católica reside en las manos de los obispos. Aunque ningún papa ha cedido nada de su autoridad autocrítica, muchos católicos esperan que la semilla sembrada en las declaraciones conciliares germine y eche raíces capaces de abrir grietas profundas en las estructuras monolíticas de la iglesia romana.

10.2.6. La actitud hacia el pluralismo de la iglesia

La iglesia católica ya no es una casa unida, sino dividida. Por lo menos cuatro tendencias bien definidas luchan entre sí dentro del catolicismo contemporáneo para obtener el control de la iglesia.

10.2.6.1. El tradicionalismo o corriente ultraconservadora

Esta manera de pensar quiere cerrar las puertas a todo cambio fundamental en doctrina y liturgia. No es un movimiento fuerte, pero sí existe. Muchos de los cardenales más ancianos, pertenecen a este movimiento. En algunas cosas pareciera que Juan Pablo II, fuera uno de sus integrantes, pero en otras se inclina más por los moderados.

Para comprobar la existencia de este movimiento dentro del seno de la iglesia católica, basta observar la reacción de algunos teólogos conservadores de la iglesia romana que han señalado que el *Nuevo catecismo*, publicado por los obispos de Holanda, deja en duda, o a lo menos en confusión, el asunto de la virginidad biológica de María, y contiene ideas atrevidas sobre el pecado original, la eucaristía, el alma, el control de la natalidad y la existencia de los ángeles. A esos conceptos modernistas les han dado una buena acogida ciertos teólogos católicos, a los que se les denomina vanguardistas, pero Roma ha tomado pasos para reprimir a los más audaces. Por ejemplo, la iglesia actuó hace poco años destituyendo y excomulgando al teólogo radical Hans Kúng, el cual ocupaba un puesto docente en un seminario alemán.

10.2.6.2. El progresismo

Este movimiento se caracteriza por su afán de reinterpretar la dogmática católica y efectuar transformaciones profundas en las estructuras de la iglesia y la sociedad; algunos progresistas tienden hacia el modernismo; otros, hacia la política de izquierda.

Uno de los símbolos del nuevo frente teológico es el catecismo publicado por los obispos de Holanda. Contra viento y marea, y en abierto desafío a Roma, esta obra ha seguido circulando dentro y fuera de Holanda. Se caracteriza este *Nuevo catecismo* por ciertos matices que son propios de la "nueva línea" en la iglesia católica. Por ejemplo, el "vanguardismo" en la exégesis bíblica; alta crítica. Se inclina al neouniversalismo, poniendo énfasis en una salvación de tipo sociopolítico, tal como lo expresa la "teología de la liberación".

10.2.6.3. El catolicismo moderado

Esta parte de la iglesia intenta renovar la iglesia romana dentro del marco teológico tradicional, a la manera de Juan XXIII. Es una fuerte corriente, apoyada en la mayoría de las ocasiones por el papa Juan Pablo II.

10.2.6.4. La corriente evangélica

Los promulgadores de este movimiento recalcan el uso de la Biblia y cultivan la renovación espiritual y carismática. Al abrir las puertas para que se leyeran las Escrituras y al invitar a los evangélicos a participar en reuniones católicas, la iglesia romana preparó el ambiente para recibir la influencia de los evangélicos, sobre todo los pentecostales. De una manera indirecta, el movimiento carismático comenzó en la iglesia católica como resultado del Concilio Vaticano II. Pareciera que este cambio no era esperado. El clero, en un intento de dominar el movimiento, se ha metido dentro de él. Los carismáticos se han dividido, como resultado, en dos facciones, cada una de ellas con rasgos característicos que las identifican.

Por una parte, está el grupo que acepta todas las enseñanzas de la iglesia, incluso la adoración a María. Por la otra, el grupo que se denomina bíblico. Acepta de la iglesia únicamente lo que pueda certificarse como válido según las Sagradas Escrituras. Estos últimos, aunque se siguen llamando católicos, tienen una gran apertura hacia el sector cristiano evangélico. Algunos en la iglesia les llaman "protestantes disfrazados de católicos". El hecho de que no estén unidos ni los carismáticos dentro del redil de Roma es otra indicación de la perturbación que hay en ese organismo.

10.2.7. El nuevo rostro de la iglesia católica

El Concilio Vaticano II ha destruido muchas barreras divisorias y ha abierto las vías de comunicación. Hoy día la Iglesia Católica Apostólica Romana se vuelca más hacia afuera y es más confiada y espontánea. Sin embargo, la nueva constitución de esta entidad da evidencias de que quienes promovieron el Concilio Vaticano II tienen la preocupación de mantener a toda costa la *sustancia* misma de la iglesia, pero en una forma renovada que pueda enfrentar el futuro. Muchos de estos cambios han sorprendido al mundo, pero tenemos que recordar en todo momento que se trata simplemente de la superficie. La iglesia de Roma no va a cambiar sus raíces. Algunos evangélicos, engañados por la actitud benevolente de la iglesia, han hablado de acercamiento. Esto ha provocado que algunos católicos celosos de su fe hayan saltado a la palestra para defenderla.

10.3. INFLUENCIA EN AMÉRICA LATINA

Los cambios anteriores también han afectado a la población de este continente. En casi todos los países latinoamericanos más del noventa por ciento, aproximadamente, de sus habitantes dicen ser católicos; pero sólo una pequeña parte de ellos practican la religión y van a misa. La visibilidad, la pompa y el esplendor de Roma, sin embargo, ejercen una poderosa atracción. Sobreviven el ritual y la fe en la eficacia casi mágica de los sacramentos. Ahí reside la fuerza del catolicismo romano. El *aggiornamento* católico no ha cambiado este aspecto de la iglesia más grande de la cristianismo; pero en la gran mayoría de países sí se ha producido un cambio de mentalidad.

Ejemplo de eso es la creación de la teología de la liberación que ha sido formada, aceptada y promulgada por muchos líderes y sacerdotes católicos romanos en América Latina, sobre todo después de la Asamblea Episcopal de Medellín, Colombia, en 1968. Aunque esta doctrina no niega la salvación espiritual, casi la pasa por alto para recalcar una liberación político-social de inspiración marxista. Dom Helder Cámara, el arzobispo de Olinde y Recife (Brasil), apoya la idea de una revolución sin usar la violencia para cambiar la situación, mientras que Gustavo Gutiérrez Merino, del Perú, aboga abiertamente por el empleo de la violencia. Varios sacerdotes que participaron en la revolución sandinista de Nicaragua fueron recompensados con puestos de importancia en el nuevo gobierno marxista. En un discurso público, Fidel Castro reconoció que a la iglesia se le debe considerar como aliada en "la lucha por la liberación de los oprimidos pueblos latinoamericanos".

Alarmado por la creciente tendencia marxista de ciertos elementos dentro de la iglesia en América Latina, el papa Juan Pablo II exhortó a los sacerdotes a dejar el activismo político y a volver a sus deberes pastorales, pero los partidarios de la teología de la liberación le prestaron poca atención. Ahora que el comunismo casi ha desaparecido, es bueno esperar para ver qué nuevas premisas y postulados presentan los promotores de dicha teología.

Si realmente se consideró por algunos que la teología de liberación era el verdadero *aggiornamento*, como lo afirmó el obispo Helder

Cámara, ¿de dónde vino esta manera de pensar? La Conferencia Episcopal Latinoamericana (CELAM) se ha reunido en tres ocasiones bajo un aspecto diferente y tal vez en las preocupaciones de éste cuerpo, salieron las primeras semillas de esta teología.

1. En 1955, el CELAM se reunió en Río de Janeiro, Brasil, bajo el pontífice Pío XII, y el tema a debatir fue: "El peligro protestante en América Latina."

2. En 1968, este cuerpo se reunió en Medellín, Colombia, bajo el pontificado de Paulo VI, quien asistió a la sesión inaugural, y el tema a debatir fue: "La presencia de las masas." Fue en esta reunión donde se oficializó la teología de liberación que venía gestándose desde principio del año 1960.

En esta reunión de obispos latinoamericanos también se llegó a las siguientes conclusiones:

I. Se condenó al colonialismo y al neocolonialismo.

II. Se forjó una oposición al capitalismo liberal.

III. Se condenó todo poder autoritario.

IV. Se condenó la tergiversación del comercio internacional que funciona por monopolios y transnacionales.

V. Se condenó la violencia provocada por los privilegiados.

VI. Se aceptó el uso de un lenguaje nuevo, el de la teología de la liberación.

3. En 1979, el episcopado romano se reunió en Puebla, México, bajo la dirección del papa Juan Pablo II, y el tema a debatir fue: "La opción por los pobres." En esta reunión, aunque la iglesia mostró su preferencia por los pobres y su deseo de redimirlos de su pobreza, condenó en forma velada la teología de liberación.

4. Hace poco en la ciudad de Santo Domingo, República Dominicana, en ocasión de la celebración de los quinientos años del descubrimiento de América, el obispado americano se reunió para estudiar estrategias de una reevangelización porque, a pesar de quinientos años de lo que ellos llaman evangelización, están perdiendo terreno frente al crecimiento acelerado que los protestantes tienen en este continente.

A Juan Pablo II se le ha llamado "el papa viajero" por su múltiples viajes alrededor del mundo y sobre todo a América Latina, donde ve amenazada la hegemonía católica. Hace poco dijo que, de seguir creciendo el protestantismo como lo está haciendo, en veinte años no habrá católicos en algunos países de esta parte del mundo. Todo ese contexto es lo que se puede entender como neorromanismo en nuestro continente.

10.4. REACCIÓN EVANGÉLICA CONSERVADORA

La reacción de muchos evangélicos conservadores ante los cambios del Concilio Ecuménico Vaticano II y los hechos en América, se expresa con sarcasmo en un artículo denominado "Unión de protestantes y católicos". Esto cita la revista venezolana *Estrella de la mañana* (octubre de 1974):

> Ya que con el Concilio Vaticano II oficialmente se nos quitó el mote de herejes para cedernos el "honroso" calificativo de "hermanos separados" tenemos que afirmar que los principios sustentados por el movimiento de reforma tienen vigencia todavía. Rechazamos la pretendida autoridad papal, las doctrinas y también las prácticas de la iglesia de Roma, por considerarlas antibíblicas y, por tanto, anticristianas . . . Roma desea ejercer una total hegemonía sobre el cristianismo en general. Algunos grupos luteranos, la iglesia anglicana, la ortodoxa griega y otras están cayendo en sus redes. Orgullosos de nuestra herencia espiritual, decimos a Lutero, Calvino, Melanchton . . . : No los hemos olvidado. Con ustedes seguimos afirmando: "Sola Escritura, sola fe, sola gracia."

DE LA TEORÍA A LA PRÁCTICA

1. ¿Cuál es el cambio de la iglesia romana que más le ha sorprendido a usted? ¿Por qué?
2. ¿Cuál es el cambio que más favorece la evangelización entre el pueblo hispano?
3. ¿Cómo se pueden aprovechar los cambios de la iglesia romana para evangelizar al pueblo? ¿A un católico fanático?
4. ¿Qué actitud debe mostrar un pastor evangélico ante un sacerdote que lo invite a participar en alguna actividad religiosa de la parroquia?

CAPÍTULO 11

LA MISIÓN DE LA IGLESIA

No hay duda de que al dar una mirada retrospectiva a la teología a partir del siglo XVII y ver los conceptos teológicos que han surgido hasta la edad contemporánea, comprendemos que la estructura teológica tiene que haber sido afectada. Las posiciones derivadas de tales conceptos han pretendido desviar la ortodoxia. Basta escuchar los conceptos neoortodoxos, liberales, humanistas y radicales para conocer que también algo muy sagrado para los conservadores es afectado grandemente. Me refiero a la misión de la Iglesia.

11.1. CONCEPTOS QUE AFECTAN LA MISIÓN DE LA IGLESIA

Algunos han puesto la importancia en la necesidad de buscar una afinidad entre todas las religiones. Tales personas tienen de la misión de la Iglesia un concepto muy diferente al que tienen los ortodoxos.

11.1.1. La idea teosofista

Al respecto, bastó escuchar la declaración del obispo episcopal Newbigin en la conferencia de la II CELA en Lima: "Espero el día en que cristianos, mahometanos, budistas y confucianistas, unidos como hermanos, estemos al pie del Calvario." Por lo visto, lo que se procura con esa afirmación es una realización del postulado teosofista que pregona que todos las religiones conducen a Dios, pues este postulado teológico defiende el derecho de unirse con la deidad, prescindiendo de la razón y de la fe.

11.1.2. La idea del sincretismo

El sincretismo es una mezcla de verdades cristianas con creencias y prácticas de religiones no cristianas. Hay quienes creen que esta no es una época apropiada para llamar la atención sobre las diferencias de doctrina y práctica, sino para tratar de unir todas las religiones. Por eso recurren al pensamiento del sincretismo para indicar cómo se puede hacer.

Queriendo rebatir y alertar sobre este pensamiento, se celebró un congreso de los conservadores en Wheaton, Illinois, Estados Unidos, en 1966. Estaban presentes 938 delegados de setenta y un países, que tenían como propósito fijar una posición frente a la neoortodoxia y liberales con respecto a la misión de la Iglesia.

Uno de los estudios que se realizaron en preparación para este congreso de Wheaton trata el problema del sincretismo. El autor, Jack Shepherd, presentó tres categorías de este pensamiento.

11.1.2.1. Sincretismo asimilativo

El sincretismo asimilativo es el resultado del intento de dos religiones o más de construir un nuevo sistema religioso que incluye partes de cada una. El intento de crear una religión universal que abarque un poco de cada religión es un ejemplo de esta clase de sincretismo. Otro ejemplo serían los casos conocidos de amalgama de formas católicas con ideas y prácticas paganas de indígenas, muy comunes en América Latina.

11.1.2.2. Sincretismo por incremento

Cuando se habla del sincretismo por incremento se refiere a los casos cuando alguna característica secundaria de una religión toma una importancia tal que los puntos cardinales pasan a la sombra. La palabra "incremento" lleva la idea de lograr un aumento añadiendo algo, o estimulando un crecimiento no acostumbrado por medio de la adición de nuevos elementos. Pedro Wagner cita un ejemplo de esta clase. Dice que hay quienes manifiestan la tendencia de "imponer a los creyentes más requisitos para la salvación, de los que piden Dios o la Biblia."[1] Ejemplo sería dejar de requerir lo que dice la Biblia y recurrir a lo que se ordena por medio de la tradición.

11.1.2.3. Sincretismo por acomodación

La tercera clase de sincretismo, la que resulta por acomodación, se produce cuando los creyentes toman elementos e ideas prestadas de fuentes naturales para tratar de hacer más aceptable el evangelio a la sociedad en que viven. El resultado es un evangelio diferente. Puede llegar a perder totalmente la apariencia bíblica para ser secularista, como la predicación extrema de la obra social como misión y la famosa teología de la liberación que promueve la salvación sociopolítica de los pobres. Otro aspecto que puede ilustrarnos al respecto es la predicación del universalismo que promulga que todos somos hijos de Dios; siguiendo este último pensamiento, dentro de poco ya no habrá diferencia entre salvados y no salvados. Esta idea destruye automáticamente la razón de ser de la Iglesia, y también su acción moralizadora por medio de la evangelización. Uno no tiene que mirar lejos para encontrar casos de acomodación de la Biblia a una sociedad convulsionada por rápidos cambios sociales.

Los voceros de este sincretismo creen que la proclamación verbal del evangelio a los no cristianos es una evangelización ineficaz en su mayor parte. Abogan por la idea de encargar a la Iglesia la tarea de servir de maneras prácticas a la sociedad.

11.1.3. La idea del determinismo

En este sistema filosófico se niega la influencia personal sobre la determinación y se le atribuye a la fuerza de los motivos. Con este nuevo concepto, la misión de la Iglesia no es principalmente la evangelización, sino la acción social. Los que no tienen un conocimiento íntimo y personal del Señor Jesucristo no son considerados total e irremediablemente perdidos. Así, la afilada hoja de la espada de la evangelización queda mellada.

Se pueden leer declaraciones de teólogos contemporáneos sobre la idea de que Cristo no es el Salvador de una minoría selecta, sino del mundo. Razonan que si Dios nos hizo, si nos ama, si Cristo murió por nosotros, murió también por los demás. No aceptan estos pensadores que algunos se pierdan. Entre ellos hay quien diga que el individuo no puede arrepentirse de sus pecados, porque es parte de la comunidad. Esto es puro determinismo. Paul Tillich comenta al respecto:

> Uno no debe interpretar erróneamente la obra misionera como el intento de salvar de la perdición eterna a tantos individuos como sea posible entre las naciones del mundo. Tal interpretación del significado de las misiones presupone una separación de un individuo de otro; una separación del individuo del grupo social a que pertenece . . . En realidad, excluye a la mayoría de los seres humanos de la salvación eterna . . . Tal idea es indigna de la gloria y del amor de Dios y debe ser rechazada en el nombre de la verdadera relación de Dios con su mundo.[2]

11.1.4. La finalidad de las ideas

Estos conceptos de la misión de la Iglesia cambian el contenido mismo del mensaje cristiano. En vez de instar al individuo a que se arrepienta y se convierta, los promulgadores de esta doctrina ven a los hombres como ya redimidos, necesitados sólo de que se les haga conscientes de esa realidad. El arrepentimiento se recalca como algo que debe hacer la sociedad, más que el individuo. Cuando una persona se arrepiente, lo hace como parte de la sociedad y en nombre de ella. Este cambio de énfasis se caracteriza por el cambio del vocablo "misiones" al de "misión". Esto quiere significar que la iglesia no tiene una sola "misión": predicar para arrepentimiento; sino "misiones" en el servicio social al ser humano.

11.2. CONCEPTO DE LOS CONSERVADORES

Los conceptos anteriores son totalmente distintos al punto de vista conservador. Estos protestan diciendo que constituye un alejamiento del mensaje del evangelio. Reafirman más bien el concepto neotestamentario de la misión de la Iglesia. Sostienen además que la Biblia, que es la revelación de Dios al hombre, declara que el estado del hombre sin Cristo es la perdición. Esto les lleva a formular los siguientes conceptos con referencia a la misión de la iglesia.

11.2.1. El sentido de urgencia

El sentido de urgencia de las misiones depende en parte de nuestro concepto de hasta qué punto está perdido el hombre sin Cristo. Un padre no manifestaría tanta urgencia por salvar a su hijo de mojarse los pies, como lo haría si pensara que el niño está en peligro de ahogarse. Si los paganos no están realmente perdidos sin Cristo; si tienen alguna forma de llegar al reino de Dios sin aceptar a Cristo; si el pecado se considera como un remanente de los instintos heredados de nuestros antepasados salvajes, más que una rebelión contra Dios; si el infierno es experimentado en esta vida, y no como una realidad que deber afrontarse después de la muerte; si los paganos están ya realmente en el reino de Cristo y su culto pagano es en realidad lo que dice Tillich: "la preparación divina en el paganismo para la venida de la iglesia manifiesta, y por intermedio de ésta, la venida del reino de Dios"[3], y no un culto demoniaco de idolatría bajo el juicio de Dios; y si de alguna manera el hombre se hallará finalmente entre los redimidos — haya oído hablar de Cristo y haya recibido a Cristo como su Salvador o no — ya que Dios es amor; entonces, ¿por qué la urgencia de las misiones? Todos esos conceptos oscurecen el fervor evangélico en lo que respecta el cumplimiento de la misión de la Iglesia. Es por lo tanto de imperiosa necesidad evaluar de nuevo la situación caída de la cual el hombre será redimido.

11.2.2. La palabra de Cristo

Nadie habló con más emoción ni con más claridad sobre este tema, que el mismo Hijo de Dios. Aquel que vino de Dios y sabía más acerca de la realidad del pasado, del presente y del futuro que cualquier teólogo contemporáneo, pronunció palabras más solemnes que cualquier otro acerca de los horrores de la condenación. Aquel que conoció el amor de Dios como ningún otro lo ha conocido, habló con máxima claridad sobre el infierno y la perdición eterna. El gran pasaje de Juan 3:16 dice:

"Porque de tal manera amó Dios al mundo que ha dado a su Hijo unigénito, para que todo aquel que en él cree, no se pierda, mas tenga vida eterna." Aquí se declara el estado de perdición de la humanidad, del cual ese amor redimiría a los que creyeran. En efecto, el versículo 18 dice: "El que en él cree, no es condenado, pero el que no cree, ya ha sido condenado, porque no ha creído en el nombre del unigénito Hijo de Dios."

11.2.3. El pensamiento paulino

El representante de la mejor religión conocida antes de la aparición del cristianismo, al hablar de su vida pasada dijo que tanto él, Pablo, como los otros, eran "hijos de ira" (Efesios 2:1-3). En su carta a los Romanos, hace todo lo posible para demostrar que tanto paganos como judíos han pecado y están bajo el juicio de Dios. "Por cuanto todos pecaron, y están destituidos de la gloria de Dios" (Romanos 3:23). ¿Y quiénes podrán alcanzar la solución a su dilema? "Al que no obra, sino cree en aquel que justifica al impío, su fe le es contada por justicia" (Romanos 4:5). Lo anterior demuestra que el pecado es más que un mal sociopolítico.

11.2.4. La terminología bíblica

Probablemente, algún que otro ortodoxo ha dicho necedades respecto al castigo eterno, empleando una interpretación demasiado directa de los vocablos, pero no queremos decir con esto que los horrores de la condenación sean menos reales. Hay varios vocablos que se emplean en la Biblia para referirse a la condenación eterna, y abarcan los siguientes conceptos:

11.2.4.1. Destrucción eterna

El ser queda destruido sin esperanza de redención. Destruido significa arruinado, no aniquilado.

11.2.4.2. Separación

"Apártate de mí." Privado de la comunión con Dios.

11.2.4.3. Tinieblas de afuera

Sin luz, ausencia de todo lo bueno.

11.2.4.4. Tormento

Comparado al fuego; remordimiento, angustia.

11.2.4.5. Muerte segunda

Separados de la vida para siempre.

11.2.5. La ley moral interna

¿Qué hará Dios con aquellas almas que nunca tuvieron la oportunidad de escuchar el evangelio de Cristo? ¿Qué será de quienes buscan deseosos a Dios, pero mueren sin el conocimiento del único Salvador? Recordemos que nadie merece la vida eterna. Todos han pecado y están bajo el juicio de Dios. Sólo Dios puede responder a la pregunta acerca de lo que les ocurrirá a quienes nunca tuvieron la oportunidad de escuchar el evangelio. Él responderá algún día y todos sabrán que Él es tan justo como amoroso. Ningún argumento ideado por el hombre hará a Dios menos ni más justo de lo que ya es.

Sin embargo, la Biblia con respecto a estos dice lo siguiente:

> Porque cuando los gentiles que no tienen ley, hacen por naturaleza lo que es de la ley, éstos, aunque no tengan ley, son ley para sí mismos, mostrando la obra de la ley escrita en sus corazones, dando testimonio su conciencia, y acusándoles o defendiéndoles sus razonamientos, en el día en que Dios juzgará por Jesucristo los secretos de los hombres, conforme a mi evangelio (Romanos 2:14-16).

11.2.6. La soberanía de Dios

Esto sabemos: el Juez de toda la tierra hará lo que es justo, y su justicia se manifestará en el cielo y en la tierra. Sabemos demasiado poco de realidades eternas, como la naturaleza de la vida eterna, la voluntad del hombre y su responsabilidad. La soberanía de Dios está más allá de nuestra capacidad de entender totalmente.

11.2.7. La incapacidad humana

Tenemos que quedarnos dentro de los límites de la verdad revelada. El Señor Jesús nunca insinuó que quienes no creen en Él por no haber oído el mensaje de salvación, igualmente escaparán de la condenación. Dijo que "el que no cree ya ha sido condenado" (Juan 3:18).

El apóstol Pablo, después de proclamar que cualquiera que invocare el nombre del Señor será salvo, pasa a preguntar: "¿Y cómo predicarán si no fueren enviados?" La respuesta implícita es negativa, lo cual crea el siguiente concepto, muy importante para el cristianismo.

11.2.8. El imperativo misionológico

Como se puede observar, al no poder contestar la última pregunta de manera concreta, Pablo y otros escritores de la Biblia establecen lo que pudiéramos llamar "el imperativo misionero" y las razones por las cuales se establece son las siguientes:

11.2.8.1 La nulidad del hombre por su depravación

"No hay justo, ni aun uno; no hay quien entienda, no hay quien busque a Dios. Todos se desviaron, a una se hicieron inútiles. No hay quien haga lo bueno, no hay siquiera uno. Sepulcro abierto es su garganta; con su lengua engañan. Veneno de áspides hay debajo de sus labios; su boca está llena de maldición y de amargura. Sus pies se apresuran para derramar sangre; quebranto y desventura hay en sus caminos; y no conocieron camino de paz, no hay temor de Dios delante de sus ojos" (Romanos 3:10-18).

11.2.8.2 La incapacidad de invocar al Señor para ser salvo

"Porque todo aquel que invocare el nombre del Señor, será salvo. ¿Cómo, pues, invocarán a aquel en el cual no han creído? ¿Y cómo creerán en aquel de quien no han oído? ¿Y cómo oirán sin haber quien les predique? ¿Y cómo predicarán si no fueren enviados? Mas no todos obedecieron al evangelio; pues Isaías dice: Señor, ¿quién ha creído a nuestro anuncio?" (Romanos 10:13-16).

11.2.8.3 El llamado urgente de Dios a los hombres

"Así que, somos embajadores en nombre de Cristo, como si Dios rogase por medio de nosotros; os rogamos en nombre de Cristo: Reconciliaos con Dios" (2 Corintios 5:20).

11.2.8.4 La comisión imperativa dada por Jesucristo

En Lucas 24:46, 47; Marcos 16:11-20 y Mateo 28:18-20, Jesucristo ordenó la gran comisión que consiste en evangelizar a todos los que no hayan creído al evangelio.

11.3. EVALUACIÓN

No dejan de impresionar los buenos deseos de los neoortodoxos y liberales de que todo el mundo sea salvo; ese es el pensamiento de Dios: "El cual quiere que todos los hombres sean salvos y vengan al conocimiento de la verdad" (1 Timoteo 2:). Si bien es cierto que Dios expresa su deseo de salvación para todo ser humano, establece la condición para eso: que todos vengan al conocimiento de la verdad. No podemos añadir nada a las Escrituras. La solución que Pablo propuso es que el mensajero salga a predicar el evangelio de paz y a llevar las buenas noticias. Jesucristo antes había dejado una orden que sus discípulos debían cumplir sin discutir. Para eso nos debemos valer de los siguientes parámetros:

11.3.1. El parámetro de no conjeturar

Más vale no meternos en vanas conjeturas de lógica humana, ni en el absurdo intento de tratar de responder por Dios en nuestra ignorancia.

Aceptemos lo que el Señor Jesús ha dicho. Hagámonos responsables de ser mensajeros de las buenas nuevas para todos los que podamos alcanzar. En la actualidad nuestra responsabilidad no es hacia los que han muerto sin la oportunidad de escuchar el evangelio, puesto que cuanto pensemos o hagamos no podrá cambiar su suerte de ninguna manera. Nuestra preocupación y solicitud debe ser predicar el mensaje de vida a los que sí podemos alcanzar; a los que están perdidos sin el Salvador.

11.3.2. El parámetro de la Biblia

Muchos teólogos contemporáneos de la neoortodoxia y liberales presentan argumentos que apelan a la lógica humana, pero si sus teorías no vienen de acuerdo con lo que dice Dios, tendremos que decidir con quién nos quedamos: con ellos, o con lo que dice la Biblia. Tenemos que decidir si seguiremos lo que quisiera creer nuestra propia naturaleza dañada por la caída; si tendremos preferencia por lo que creemos ver, aunque la verdad es que vemos mal por falta de información y de perspectiva, en vez de aceptar lo que Dios dice.

11.3.3. El parámetro de la esperanza

El estado de la humanidad es la esclavitud de la muerte. Aun así, no proclamamos la desesperanza, sino la esperanza por el evangelio de la redención. El Salvador ha nacido. Se ha pagado el rescate de esta esclavitud. Los que reciben a Cristo tienen potestad de hacerse hijos de Dios, nacidos de nuevo por la voluntad y vida de Dios (Juan 1:12,13). Proclamamos al Señor Jesucristo como el único Salvador. "Y en ningún otro hay salvación porque no hay otro nombre bajo el cielo, dado a los hombres, en que podamos ser salvos" (Hechos 4:12). Proclamamos un Salvador que es el unigénito Hijo de Dios, y que murió para redimirnos. Proclamamos un Señor viviente y resucitado, victorioso sobre la muerte y el pecado. Él nos salvó por medio de su vida. En el nombre de Jesús, Señor y Salvador, llamamos a todos los hombres al arrepentimiento.

11.3.4. El parámetro del mandamiento

Tenemos que darnos cuenta de que el mensaje no dice que los hombres ya han sido reconciliados, sino que es algo imperativo: "Reconciliaos." El hombre tiene que poner de su parte. El rebelde tiene que someterse a Dios. El pecador debe abandonar sus malos caminos. Invitamos a la humanidad a que crea en el Señor Jesucristo como el Salvador y Señor. Le decimos que lo confiese ante los hombres, porque "si confesares con tu boca que Jesús es Señor, y creyeres en tu corazón que Dios le levantó de los muertos, serás salvo" (Romanos 10:9).

11.3.5. El parámetro del Espíritu Santo

Como resultado de la obediencia del hombre a la fe, proclamamos que el Espíritu Santo realizará la obra de regeneración, haciendo al pecador creyente una nueva criatura y un verdadero hijo de Dios. Le afirmamos al nuevo hijo de Dios que debe vivir ahora para Dios, que ande en el Espíritu y que produzca los frutos de justicia.

11.3.6. El parámetro del balance

Obviamente, esta cuestión de la misión de la Iglesia divide a conservadores y neoortodoxos. Para éstos, la definición de misión es "servicio". Su prioridad, o sea, su tarea de más urgencia, es la obra social para mejorar la humanidad. Para los conservadores, la prioridad es "evangelizar" para que no se pierdan eternamente los hombres.

De una manera gráfica, mostraremos estos dos conceptos teológicos. Con ellos se ilustra lo que es la misión de la Iglesia según el concepto de ambos grupos. Al concepto de los neoortodoxos y liberales se le puede llamar "horizontal", u hombre-hombre. Al de los conservadores se le puede llamar "vertical", u hombre-Dios.

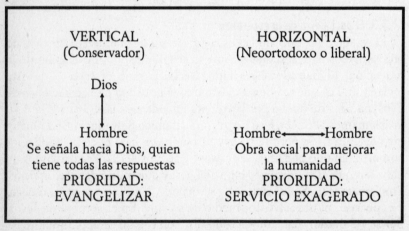

VERTICAL (Conservador)	HORIZONTAL (Neoortodoxo o liberal)
Dios ↑ Hombre	Hombre←→Hombre
Se señala hacia Dios, quien tiene todas las respuestas	Obra social para mejorar la humanidad
PRIORIDAD: EVANGELIZAR	PRIORIDAD: SERVICIO EXAGERADO

Con eso no deseamos dejar la impresión de que la única prioridad en la misión de la Iglesia es predicar. Es la primera, pero no podemos olvidar que nos queda otra: la de servir al prójimo. El mismo Señor que nos dijo que evangelizáramos a toda criatura, también nos dijo que amáramos a nuestro prójimo como a nosotros mismos. Así es que tenemos que llevar una vida "bidimensional". Sin duda alguna, tenemos que llevar una relación vertical. Hay que mantener una comunión íntima con Dios. Pero la otra dimensión forzosamente tiene que practicarse: la horizontal. Al mantener una comunión estrecha con Dios, podemos entonces decir al prójimo como Pedro dijo al paralítico: "Lo que tengo te doy."

11.4. CONCLUSIÓN

La Biblia habla con mucha claridad de lo que es nuestra misión en este mundo. No vemos otra definición del término "misión" que ésta: Un encargo, un cometido, una comisión, una razón de ser, una función que se debe cumplir, un mandamiento que nos ordena pedirle al hombre con el mensaje de Cristo que se arrepienta de sus pecados y se vuelva hacia Dios en una fase primaria; pero también en una fase secundaria es prestarle servicio haciendo obra social.

Para lograr este cometido, se deben tener cuatro patrones de conducta, o maneras de actuar que definen las siguientes palabras griegas. El orden en que las presentamos es el orden en su escala de prioridades.

11.4.1. *Koinonía*

Significa: Comunión, tomar parte, participar en algo, de algo, con alguien, asociarse, tener algo en común, tener que ver, estar de acuerdo, convenir.

11.4.2. *Kérygma*

Significa: Contenido del mensaje, bando, proclama, declaración, orden, promesa hecha por un heraldo.

11.4.3. *Diakonía*

Significa: Servicio, función, oficio, cumplimiento del deber, ministerio eclesiástico de socorro o de limosna.

11.4.4. *Didaskalía*

Significa: Enseñanza, instrucción, lección, ensayo, magisterio, oficio docente.

11.4.5. Apelación final

Teniendo en cuenta las definiciones de las cuatro palabras anteriores, una buena definición de la palabra "misión" pudiera ser: La *koinonía* prepara a la Iglesia para llevar al mundo el *kérygma*, que también es *diakonía*, y la misión no queda completa si no se ejerce la *didaskalía* para adiestrar a otros que a su vez sigan instruyendo a otros con respecto a las verdades del evangelio.

DE LA TEORÍA A LA PRÁCTICA

1. En su opinión, ¿cuáles motivos pueden haber influido sobre los teólogos neoortodoxos y liberales para llegar a la conclusión de que la misión primaria de la Iglesia no es evangelizar al mundo?
2. ¿Qué lección se puede aprender al ver los motivos mencionados en la pregunta anterior?

3. ¿Cuál fue la misión de Abraham? Incluya citas bíblicas en la respuesta.
4. ¿Cuál fue la misión de Israel? Incluya citas.
5. ¿Hasta qué punto cumplió Israel con su misión?
6. ¿Cómo podrá la Iglesia mantener su primera prioridad en la tarea de evangelizar al mundo?

CITAS

1. Pedro Wagner, *Teología latinoamericana*, Deerfield, Editorial Vida, 1969, p. 107.
2. Paul Tillich. "Missions and World History" (Las misiones y la historia mundial), *Theology of the Church's Mission*.
3. Ibid., p. 287.

CAPÍTULO 12

LA TEOLOGÍA CONTEMPORÁNEA EN EL CONTEXTO LATINOAMERICANO

América Latina siempre se había mostrado pacífica y renuente a cambios. En el campo de la teología había aceptado la teología proveniente de Europa y de los Estados Unidos. El fermento de la revolución no había llegado hasta sus playas y la efervescencia guerrillera y comunista tardó más de medio siglo para ser exportada del viejo continente a estas tierras nuevas. Pero a partir de mediados de siglo se ha venido notando un crecimiento de inquietudes políticas y religiosas. La teología no podía quedar inmune a toda esa serie de inquietudes y hemos llegado al día en que todo se cuestiona. Así que llegamos a la conclusión de que América Latina es nueva en estos menesteres.

12.1. HISTORIA

Para comprender el papel de la teología contemporánea en América Latina en la actualidad hay que contemplar un poco de historia.

12.1.1. Época premisionera

Antes de este siglo, unos cuantos misioneros protestantes trabajaban en pocos países para ganar a duras penas muy contados convertidos. Todavía no se había comenzado ninguna obra permanente en muchas naciones latinas.

En 1910, a pesar de existir tan pocos núcleos de creyentes hispanoamericanos, la conferencia mundial de cooperación misionera que se celebró en Edimburgo no incluyó en su agenda de trabajo a América Latina por considerarla ciento por ciento cristiana. Los delegados opinaron que el catolicismo era la verdadera representación del cristianismo en el mundo iberoamericano.

12.1.2. Época misionera

En 1916, las agencias misioneras estadounidenses, convencidas de la necesidad de hacer obra misionera en esa parte del mundo, convocaron un congreso en Panamá con el fin de estudiar el caso y tomar decisiones sobre lo que se debía hacer.

Posteriormente se asentaron en América Latina las tres corrientes clásicas de los protestantes:

1. Las denominaciones históricas, tales como las iglesias presbiteriana, metodista, episcopal y luterana.
2. Las denominaciones nuevas, tales como la nazarena, bautista, Alianza, Iglesia de Dios, y otras.
3. Los llamados pentecostales, a quienes se les ha denominado "pentecostales clásicos" después de presentarse el surgimiento en estos últimos tiempos del "movimiento carismático".

12.1.3. Época de confrontación

De 1900 a 1945 se suscitaron una serie de luchas y persecuciones contra la "religión extranjera" que se estaba implantando en todos los países americanos. La iglesia católica atacaba. En algunos países incitaba a la violencia en un desesperado intento por no permitir el arraigo de lo que llamaban la herejía protestante.

Expresaban que tenían que mantener a la iglesia "pura". La iglesia evangélica contestó al ataque con una teología polémica que mostraba los errores de la iglesia romana. No era raro escuchar a predicadores encendidos por la luz de la verdad hablar en contra de la iglesia predominante en el continente. Consideraban erróneos sus dogmas y los denunciaban. La lucha de púlpito a púlpito se hizo sórdida. A pesar de lo difícil del trabajo y lo duro de los obstáculos, la iglesia evangélica aumentaba cada día el número de sus creyentes, cosa que enardecía más a la iglesia católica.

La persecución promovía la unidad en el pueblo evangélico, que veía a los católicos como el enemigo común de su fe y de sus personas. Se crearon confederaciones en casi todos los países para defenderse mutuamente de los ataques y represiones. No miraban tanto los puntos doctrinales contrarios que existían, sino más bien se consideraban hermanos en Cristo, afligidos por un mismo mal y enemigo. La causa de uno era la causa de todos; la de todos era la de uno.

12.1.4. Época de avances tecnológicos

Después de la Segunda Guerra Mundial se presentó una gran cantidad de cambios. El mundo se hizo más pequeño, pues las distancias se acortaban como resultado de los sistemas de transporte que comenzaban a emplearse. El mundo se achicó también por las notables mejoras de las comunicaciones. Las noticias se recibían más frescas. Se podía establecer comunicación con cualquier parte del planeta y se comenzaba a experimentar la comunicación interplanetaria.

En la educación se veían adelantos. A ella tenían acceso las clases más humildes y marginadas. Esto tenía que afectar la conducta un poco conformista de los latinoamericanos, quienes se dieron a la tarea de investigar y probar nuevas fórmulas científicas y religiosas. En esta época se nota una nueva actitud misionera. En especial los pentecostales se lanzan a la propagación del evangelio en esta parte del continente.

12.1.5. Época de preocupación filosófica y teológica

A partir de la década de los años cincuenta, en las iglesias de las denominaciones históricas, el ambiente comienza a cambiar para los hispanoamericanos. Una tercera generación, que en muchos casos no ha sentido la represión religiosa, ni tampoco ha experimentado un cambio radical de vida después de aceptar a Cristo, comienza a hacerse visible. Ésta trata de prepararse en el exterior, sobre todo en universidades dominadas por liberales y neoortodoxos. Al regresar a sus países de origen tratan de cambiar algunas cosas del ambiente evangélico, que denominan retrógradas.

Se suscitan pugnas en las denominaciones históricas. Poco a poco, el pensamiento de la teología liberal y neoortodoxa va ganando terreno en estas denominaciones. Se desplazan conceptos y elementos antiguos a un segundo plano.

Se comienza a hablar de un evangelio social. Aunque en Europa y los Estados Unidos eso existía hacía ya mucho tiempo, en América Latina no se había conocido. La lucha que la iglesia católica librara en contra de los evangélicos los había mantenido unidos y libres de influencias liberales.

En la década de los años cincuenta todavía se mantenía la lucha entre católicos y protestantes, pero a fines de estos años ya comenzaba a amainar la tormenta de parte de la iglesia de la mayoría. A los evangélicos se les comenzaba a aceptar socialmente.

12.1.6. Época de ecumenismo y nuevas teologías

En Europa se venía suscitando el ecumenismo y las reuniones entre personas de diferentes credos y confesiones cristianas, pero sólo es hasta 1960 cuando se producen reuniones entre teólogos católicos y protestantes, en las cuales se descubre que algunos sentían inquietudes muy parecidas. Como resultado de eso se estructura la famosa "teología de la liberación", que trataremos en otros dos capítulos.

En el período de 1961-1965 se crea mucha confusión, pues se acrecienta la actividad ecuménica. Se lanzan frases como ésta: "A los hermanos no se les evangeliza", pues ya a estas alturas los católicos no miraban a los evangélicos como herejes, sino como "hermanos separados".

Junto a la actividad ecuménica, algunos protestantes y, sobre todo, católicos se lanzan a una revolución social. Tratan de redimir al "hombre integral", expresión que emplean para concientizar de que al hombre hay que proporcionarle la satisfacción de sus anhelos íntimos, para su necesidad educativa y para sus necesidades físicas.

12.2. CAMBIOS PROVOCADOS POR UNA NUEVA MENTALIDAD

Si bien la iglesia católica comenzó a cambiar en su manera de pensar, también lo hacían muchos protestantes. Entre éstos había quienes comenzaban a poner más atención a la sociedad y sus males. Veían que ser protestante no los hacía parias automáticamente, como antes. Se decía entre ellos que el pueblo evangélico era un elemento que debía hacerse oír con voz fuerte. Esa actitud provocó ciertas reacciones que estudiaremos a continuación.

12.2.1. División teológica

Los teólogos latinoamericanos se dividieron en izquierda, derecha y centristas según la posición que tomaban en cuanto al aspecto social. Aunque se hizo difícil mantenerse en un terreno neutral, muy pocos tomaban esta posición. Las convulsiones de las masas aumentaban la tensión. Se comenzaban a experimentar explosiones económicas, políticas y sociales por todos lados.

A los que no querían declararse, se les decía que la Iglesia no es una torre aislada de la realidad; que el Hijo de Dios es parte de ese mundo revuelto en problemas. Nadie podía negar esta verdad.

Muchos titubeaban al llegar el momento de decidir cuál forma debe tomar el interés de los protestantes para ayudar a la humanidad en su crisis social. Podemos dividir en tres las categorías de las actitudes de los protestantes con respecto a la línea que toman frente a los problemas sociales. La verdad es que los católicos también se pueden clasificar en los mismos tres grupos.

12.2.1.1 Los tradicionalistas

En primer lugar, vemos a los que opinan que cualquier solución se debe buscar a través del orden establecido. Ellos apelan a la estabilidad como el mejor vehículo para producir la justicia social. Su apoyo al estado de cosas no indica necesariamente una falta de interés en la búsqueda de soluciones a los problemas sociales, pero los de esta persuasión insisten en que la estabilidad es necesaria para no provocar otros males.

12.2.1.2 Los moderados

La segunda postura incluye a quienes sí desean cambios, pero creen que vendrán poco a poco; que evolucionarán. La teoría de la evolución, de que las cosas van desarrollándose cada vez mejor, influye en su razonamiento.

12.2.1.3. Los vanguardistas revolucionarios

El tercer grupo de pensadores se muestra menos paciente. Ha adoptado una posición de combate. Está convencido de que la única solución es derrocar el sistema actual por el medio que sea. Luego hay que realizar un nuevo comienzo. Muchos de ellos aceptan la violencia como una manera apropiada para llegar a sus fines, si no se logra vencer el sistema actual por otros medios. Hablan mucho de ser revolucionarios. Piden cambios radicales; no se contentan con menos. Los teólogos izquierdistas por lo general militan a favor de la violencia. Los que han adoptado la tercera postura pertenecen en su mayoría a las denominaciones históricas. Algunos se atreven a creer que lo más probable es que no hayan tenido una experiencia radical de conversión.

12.2.2. Surgimiento de una teología radical

Una de las frases que se escuchaba era: "No se puede evangelizar a una persona mientras padezca de hambre." No tardaron, pues, en comenzar a ejercer presión para que se desarrollara una teología de revolución social. Decían que la Iglesia tiene que atender los problemas de actualidad.

La teología liberal o neoortodoxa predomina en el pensamiento de estos revolucionarios. Ellos le restan importancia a la necesidad de evangelizar, al juicio final, a la consideración de la eternidad. Dicen que hay que pensar en el día presente, no en el futuro. Como resultado nació la "teología de la liberación" después de un proceso de encuentros y debates.

12.2.3. Agencias propagadoras de la teología radical

Para propagar esta teología radical se han creado en América Latina estructuras dirigidas y financiadas por el Concilio Mundial de Iglesias, tales como ISAL, MEC, ULAJE, UNELAM, CLAI (Consejo Latinoamericano de Iglesias), y muchas otras. Dicho sea de paso, el Concilio Mundial de Iglesias ha donado grandes sumas de dinero para grupos de guerrilleros revolucionarios que se encuentran en combate armado en varios países del tercer mundo.

12.2.4. Entidades teológicas de la teología radical

Algunas instituciones teológicas de América Latina se han identificado con el ala revolucionaria. Entre ellas se pueden mencionar la Facultad de Teología de Buenos Aires; el Seminario Evangélico de Río Piedras, Puerto Rico; el Seminario Presbiteriano de Campinhas, Brasil; la Facultad Teológica de Managua, Nicaragua; la Facultad Teológica de Matanzas, Cuba; el Seminario Bautista de México y el Seminario Latinoamericano de San José, Costa Rica. Algunas veces la Comunidad Teológica de Santiago de Chile también ha apoyado esa línea de pensamiento.

12.3. CONCLUSIÓN

Si bien es cierto que la teología de la liberación ha perdido un poco sus banderas con la caída del comunismo, no se puede decir que esté acabada ni finalizada en sus propósitos. Los teólogos radicales siguen con sus mismas preocupaciones y la causa de su teología, los pobres, están presentes todavía en los países tercermundistas. La Iglesia no puede sentarse a esperar el resurgimiento de este pensamiento, quien sabe con qué nuevas ideas sino dedicarse a promover un programa de ayuda mutua y atención al menesteroso. América Latina es un campo fértil para la evangelización, pero también lo es para mostrar el amor con que Cristo dotó a la Iglesia.

DE LA TEORÍA A LA PRÁCTICA

1. ¿Qué concepto de los evangélicos tienen los dirigentes de la comunidad suya?
2. ¿Cuáles protestantes de su país han hecho pronunciamientos acerca de la prioridad de la obra social sobre la evangelización de las masas?
3. ¿Cómo comparan los universitarios de su iglesia las necesidades sociales con las necesidades espirituales del pueblo?
4. ¿Cuáles declaraciones sobre la obra social han hecho los dirigentes de las denominaciones históricas de su país durante los últimos seis meses?
5. ¿A qué se debe la fuerza de atracción de la teología liberal?
6. ¿Cómo debe reaccionar un pastor de teología conservadora si uno de sus miembros declara que la Iglesia no debe evangelizar a un pobre sin haber atendido primero sus necesidades físicas?

CAPÍTULO 13

LA TEOLOGÍA
DE LA LIBERACIÓN

La década de los años noventa trajo grandes sorpresas al mundo. Casi a fines del año 1989, muy pocos se podían imaginar las transformaciones que ocurrirían en el panorama mundial. Los problemas continuaban a la orden del día y no se veía llegar un poco de alivio para la sufriente humanidad que tal vez inconsciente pedía un cambio de la situación mundial.

De repente, sin que nadie los esperara, comenzaron a ocurrir los acontecimientos que asombraron al mundo entero. Cayó el muro de Berlín y se derrumbó el comunismo en Europa. La Unión Soviética, madre del comunismo, se desintegró al dividirse en quince repúblicas independientes. De esa manera terminó el monopolio del poder por parte de los comunistas que por fuerza o por aburrimiento abandonaron sus viejas teorías fracasadas.

China, después de la masacre de sus estudiantes en la famosa plaza de Tiananmén, decidió cambiar su sistema económico al capitalismo mientras mantenía el esquema político totalitario, y así ocurrió con otros países asiáticos comunistas, salvo Corea del Norte que ha mantenido intactas las estructuras obsoletas. Quedó así aislado en el mundo, y agonizando en una crisis de contradicciones económicas y conflictos políticos internos, el régimen comunista de la isla de Cuba.

¿Qué tienen que ver esos sucesos con la teología de liberación? Mucho, ya que su lenguaje era altamente marxista y su filosofía estaba tomada de la reflexión filosófica del llamado socialismo científico ideado por Carlos Marx e instrumentado por Vladimir Ilich Lenin en la revolución rusa de 1917.

¿Acaso ha decaído el interés por la teología de la liberación a causa de lo anterior? Creo que no. Aunque está herida de muerte, el reclamo de los países por "un nuevo orden mundial" hará que los promotores de esa teología recalquen que ahora más que nunca se debe buscar la manera de la redención de los pobres.

Quizá se cambie el enfoque dialéctico o se replantee el léxico, pero creo que nunca se abandonará la lucha de los que promueven en el tercer mundo esa clase de teología proclamando como lema la famosa frase "un nuevo orden mundial". Como estamos convencidos de lo anterior, presento para el estudio el sistema, la razón de ser y los objetivos que hasta aquí venía persiguiendo la teología de la liberación. Por lo visto, ese nuevo orden se basa en una nueva política económica que haga partícipe a todo ciudadano del mundo de las riquezas del planeta. Los pobres son parte de ese conglomerado.

13.1. SITUACIONES CONVERGENTES HACIA LA TEOLOGÍA DE LA LIBERACIÓN

¿Cuáles fueron las situaciones convergentes para que surgiera la teología de la liberación? Hubo varias situaciones que influyeron directamente y que obligaron a algunos pensadores a adoptarla como solución a los múltiples problemas de los países tercermundistas.

13.1.1. Trasfondo histórico

Es necesario retroceder un poco en la historia para comprender el por qué se acrecentó la frustración de los pueblos. Al pensar que la independencia política en nada había favorecido a los pobres, aumentó el descontento y desamparo. La Iglesia tampoco les había ayudado a través de cuatro siglos. La clase militar casi siempre sirvió para reforzar los privilegios de los adinerados; poco hizo para rescatar al desamparado. Las democracias que reemplazaron a algunos gobiernos de facto no han podido hasta el día de hoy redimir a la clase obrera de su miseria. La presencia de las compañías multinacionales ha mostrado incapacidad para resolver el problema de la falta de empleo. Muchos pensadores llegan a la conclusión de que el capitalismo no tiene capacidad para rescatar a la sociedad de sus dificultades. Prueba de eso es el fracaso de las compañías multinacionales a las que se mira como un símbolo de explotación.

El contraste que se presenta entre los pocos que tienen de todo y los que nada tienen, arroja combustible a las llamas del descontento. El argumento repetido por todas partes es que Dios ama a todos por igual, que no crea la pobreza, que la desigualdad no se halla dentro de su voluntad. Es vergonzosa la distancia que separa a los pobres de los ricos. El hecho de que existan unas cuantas naciones pudientes, rodeadas de muchos países sumergidos en la miseria, provoca una protesta en contra de la injusticia.

Los liberacionistas atacan de frente a la división entre misiones y denominaciones. Se quejan de que los misioneros les trajeron una teología importada de culturas ajenas a la latinoamericana. Sus ideas e interpretaciones bíblicas son tapices tejidos con hilos de prosperidad económica, de abundancia material. Presentan cuadros que reflejan otra cultura.

La conferencia de obispos latinoamericanos celebrada en Medellín, Colombia, establecida por Paulo VI en el año 1968, fue la encargada de sacar la teología de la liberación de sus pasos titubeantes de los años anteriores a sucesos de gran relevancia y significado en el continente. Dom Helder Cámara, obispo de Recife, Brasil, uno de los propulsores más enérgicos de dicha teología, expresó su opinión de que este movimiento era "el verdadero *aggiornamento* de la iglesia católica".

13.1.2. La influencia teológica

¿Cómo se originó esta teología? Aunque la teología de la liberación nace dentro del contexto latinoamericano, tiene raíces en la teología radical y secularista cuyos propulsores son Robinson, con la moral de situación. Bonhoeffer, con su activismo en contra del gobierno de Hitler, lo que provocó su martirio. Cox, quien en su libro *La ciudad secular*, propone la secularización que libere al hombre de la tutela religiosa.

Él describe a Dios como un revolucionario, habla del éxodo como un ejemplo, pues se libera al pueblo social y políticamente. Jurgen Moltman, también influye notablemente en esos pensadores, pues en su último capítulo de su libro *Teología de la esperanza* habla del éxodo, punto de partida de los liberacionistas.

La influencia del liberalismo y la neoortodoxia, es otro punto de apoyo fuerte para esta clase de teólogos. Desde hacía muchos años, los liberales anglosajones y europeos habían predicado un evangelio social, pero sólo después de la Segunda Guerra Mundial comienzan algunos latinos a explorar más el concepto. Como ya no era tan fuerte la lucha entre católicos y protestantes, se manifiesta más interés en el estudio de la teología.

Junto con el estudio de teología, el Concilio Mundial de Iglesias se esfuerza por empujar a la orilla de la indiferencia, el interés de los cristianos en la parte espiritual del hombre, para concentrarlo en la mejoría de la situación física. En la cuarta asamblea general de dicha entidad, que se celebró en Upsala, Suecia, llegó a un clímax este esfuerzo.

Como dijéramos en el capítulo anterior, hubo personas dentro de las iglesias que sentían una gran preocupación por los males sociales reinantes en Iberoamérica. Como en todo el tercer mundo, la injusticia social campeaba en los países latinoamericanos. Una generación inquieta quiere hacer algo con respecto a los problemas sociales. Su preparación académica les había armado, tanto a católicos como protestantes, para atacar de frente esos problemas.

Tomando de las fuentes filosóficas y basándose en algunas ideas tomadas de la Biblia, los promulgadores de esta teología han llegado a creer que tienen la solución. Su metodología y sus doctrinas constituyen lo que se conoce como la teología de la liberación.

13.1.3. Sufrimiento, miseria y explotación

Esto conturbaba el ánimo del observador más superficial, pues una minoría poderosa y adinerada había condenado al gran conglomerado a un estado de indefensión y frustración por causa de lo siguiente.

1. La gente que pasa hambre
2. Los niños enfermos que carecen de atención médica
3. El desempleo
4. El analfabetismo
5. La imposibilidad de conseguir tierras
6. La explosión demográfica
7. La desesperación ante la explotación de las masas
8. La falta de empleos a pesar de estar preparados
9. La no verdadera independencia política
10. Una casta militar en favor de los corruptos
11. La religión católica alineada del lado de los poderosos
12. La iglesia evangélica demasiado pasiva

13.1.4. El ambiente ecuménico

Una poderosa corriente se hallaba en el nuevo ambiente hispanoamericano. Se sentía una fuerte tendencia hacia el ecumenismo, tanto en círculos protestantes como católicos. Muchos sacerdotes romanos habían comenzado a preocuparse por la miseria del pueblo. Descubrieron que algunos protestantes compartían iguales sentimientos. En los encuentros ecuménicos amistosos, los participantes no demoraban mucho en dedicarse a dar expresión a sus propuestas y sus interpretaciones de ciertos pasajes bíblicos.

13.1.5. Su formación y difusión

Así fue como los iberoamericanos dieron forma a un sistema que presenta lo que ellos consideran la panacea de los males sociales en su continente. Esa teología de la liberación pronto se extendió a otras partes del mundo, sobre todo a los países tercermundistas. El naciente movimiento recibió fuerza y prestigio cuando le dieron su apoyo los delegados a la conferencia del Concilio Misionero Internacional, celebrado en Bangkok en 1973.

13.2. LA METODOLOGÍA DE LA TEOLOGÍA DE LA LIBERACIÓN

Habiendo mirado el comienzo de la teología de liberación, nos conviene fijarnos en la metodología que se usó para su formación, o su teoría de fundamentos. No se parece al proceso de otros sistemas teológicos. La mayoría de los teólogos toman como punto de partida su concepto de Dios o de la Biblia, pero los liberacionistas comienzan con el hombre encadenado a la miseria. No les preocupa tanto la revelación divina como la historia del hombre. Hay que reflexionar en la condición de la humanidad, dicen.

Para el desarrollo de su teología, toman el pensamiento de René Descartes de que el principio de todo conocimiento es la duda, para formar su teoría de fundamento y que se conoce con el nombre de "sospecha". De todo debe sospecharse; nada debe ser aceptado sin ser investigado y sometido al contexto de las necesidades presentes. Son cuatro aspectos que se someten a la sospecha.

13.2.1. La sospecha exegética

La base de esta sospecha es la historia y se la mira desde la perspectiva de la exégesis, no partiendo de ninguna premisa bíblica, sino histórica y especialmente en el contexto del hombre pobre, a quien se le considera no persona y se le excluye de la sociedad.

Como Dios no hace la historia, sino que le proporciona al hombre los elementos para hacerla, es deber de la teología de la liberación hacer un rescate histórico, por la fuerza del Espíritu de Dios, de la fuerza histórica del evangelio, que es la redención de la pobreza y la elevación a categoría de personas a aquellos que son no-personas.

La manera tradicional de interpretar la historia es la sistematización y conceptualización de los hechos. Ese pensamiento es muy común en Europa y Norteamérica, pero en América Latina, el proceso se invierte y se parte no de un pensamiento sistemático y conceptual, sino de un contexto histórico-presente. La palabra *hoy* llega a ser muy sospechosa, pero contesta la pregunta: ¿Cómo se manifiesta la salvación? Es leer correctamente la respuesta de *hoy* para aplicarla a las necesidades actuales. La escatología en esta etapa de la interpretación no tiene lugar. No se puede esperar un futuro dichoso, cuando hay un presente lleno de miseria y sufrimiento. La escatología es un sofisma de distracción para el *hoy histórico*. La verdadera escatología se sitúa en el plano de liberación económica, social y política; es la creación de un hombre nuevo en una sociedad solidaria.

No se pueden construir "dos historias" una profana y otra sagrada, ellas están ligadas entre sí. La creación está estrechamente ligada con la re-creación. En esta tarea Dios entrega el esfuerzo al hombre quien debe trabajar para transformar el mundo. Debe romper con una situación de servidumbre, construyendo una sociedad justa, asumiendo su destino en la historia; haciendo esto, el hombre se forja a sí mismo.

13.2.2. La sospecha hermenéutica

La base de esta sospecha es la sociología; en este pensamiento, hay que estudiar desde la perspectiva sociológica a América Latina. La metodología llega a ser, pues, la misma que la de los estudios sociológicos. Para eso se usa el círculo hermenéutico contextual que parte del intérprete frente a la situación, ayudado por una palabra contextual para darle una verdad, en muchos casos relativa, al pueblo. Se parte de la situación concreta para interpretar la Biblia o la Palabra contextual en acorde a esa situación y se crea la verdad pragmática.

La teología tradicional parte del depósito revelado, a cuya luz reflexiona sobre la situación de la humanidad y busca los pronunciamientos de la Palabra de Dios relacionados concretamente con dicha situación. Como la teología de la liberación cree que esto puede distorsionar la realidad situacional, su punto de partida es esa realidad situacional. Tal como vive el pueblo de Dios, que es el pueblo pobre, esta vivencia se proyecta luego sobre la revelación; la interpreta y obtiene de ella sus pronunciamientos acerca de las necesidades del aquí y del ahora.

Como resultado, los estudios en el campo social traen una nueva teoría, la de la "polarización". Con ella se estudia a América Latina en cuatro aspectos: político, social, económico y religioso. Cada uno de esos cuatro aspectos tiene sus propósitos y elementos de formación en lo que se llama infraestructura del sistema. Se analizan los componentes de ellos, y también los propósitos de cada uno. Como lógica, el estudio produce cosas inverosímiles como las que vamos a notar en el siguiente gráfico.

ECONÓMICO	SOCIAL	POLÍTICO	RELIGIOSO
Los que tienen	ALTA	Poderosos	ALTO CLERO
Los que tienen menos	MEDIA	Menos poderosos	MEDIO CLERO
Los que tienen poquito	BAJA	Los que no tienen poder	BAJO CLERO
PROPÓSITO: TENER ALGO	PROPÓSITO: ESCALAR POSICIÓN	PROPÓSITO: GOBERNAR Y DOMINAR	PROPÓSITO: SUBORDINAR

A raíz de la anterior interpretación sociológica de la situación de los pueblos, se popularizan los siguientes términos:

1. *Teología*: Apenas un pensamiento acerca de Dios.
2. *Teopraxis*: Dios en mí como práctica conveniente.
3. *Ortopraxis*: Práctica correcta y conveniente para un tiempo determinado.
4. *Ortodoxia*: Opinión obsoleta que se queda en los buenos deseos sin compromiso a una práctica conveniente.

13.2.3. La sospecha ideológica

La base de esa sospecha es el análisis marxista. Otra faceta de la metodología se puede describir como un préstamo del léxico del marxismo con que expresan sus aspiraciones. Se habla de la lucha de clases, de que el hombre es un ser de praxis. Les parece que la única solución es una revolución violenta. Como si pertenecieran a este pensamiento político se expresan como los marxistas para hablar del imperialismo y del capitalismo. Han llegado a tomar el vehículo de expresión de los comunistas y lo han amalgamado con ciertas ideas teológicas. Tratan de apoyar sus ideas sobre argumentos tomados de textos bíblicos. Aseguran que estas premisas son inmensamente cristianas.

Comenzaron a usar el término "liberación", dejando de lado el vocablo "libertad", por ser éste demasiado pasivo, mientras que aquel incita a la acción. Para ellos, los métodos "obsoletos" de evangelizar se deben cambiar por la revolución violenta.

En las ciencias sociales los liberacionistas han destacado los análisis científicos de la sociedad capitalista que proporciona el marxismo. Éste se le venía presentado como absolutamente incompatible con el evangelio. En Europa se había pasado por un proceso de "depuración" a fin de entablar diálogo con el marxismo, con miras a una mutua colaboración. Esta coyuntura histórica fue aprovechada por los liberacionistas para "enriquecer" su pensamiento teológico y el proceso de la liberación.

13.2.4. La sospecha teológica

La base de esta sospecha es la interpretación de la Biblia, pero no de una manera tradicional, sino en base a los paradigmas que ella presenta.

¿Qué pensamiento tienen acerca de lo que es la Biblia? Aunque es cierto que los liberacionistas han pedido prestada la metodología de la sociología, la interpretación de la historia, y el vocabulario marxista, con todo han formado un cuerpo de doctrina cuyo peso principal descansa sobre algunos pasajes de las Escrituras. Dicen que son paradigmas, o sea modelos, pautas para que nosotros las sigamos.

13.2.4.1. Paradigma-Éxodo

El primer paradigma que se esgrime, es el éxodo de los israelitas de Egipto. Israel estaba oprimido bajo los faraones. Dios le ordena a Moisés que libere a su pueblo. Faraón no acepta dejar ir al pueblo de Israel y Dios tiene que usar la "violencia liberadora" para darles libertad. La libertad que se logra por los medios violentos del éxodo no fue una libertad espiritual, sino "real e histórica".

Al parecer de ellos, Dios no ha cambiado su idea de violencia. Sigue siendo el mismo y al ver a los pueblos oprimidos, quiere que obtengan su liberación, aunque haya que usar la violencia. ¿Acaso no dio el ejemplo cuando la usó para sacar a Israel de Egipto? La iglesia que quiere servir a ese Dios, debe comprometerse con los pueblos oprimidos para lograr su liberación, utilizando el método de Dios, la violencia.

El éxodo es un proceso que comienza con el anuncio de la liberación por parte de Dios usando como instrumento a Moisés y es también el conjunto de acontecimientos que se suceden desde la esclavitud en Egipto, hasta el establecimiento en la tierra prometida. Este es el mismo proceso para los pueblos esclavos de hoy. *Dios es el Señor de los pueblos y por lo tanto desea su liberación.*

13.2.4.2. Paradigma-Profetas

El segundo paradigma que citan es el de "los profetas". Este movimiento enseña que dichos predicadores irrumpieron en la política nacional. A veces su mensaje consistía en denunciar los males sociales y exhortar a la gente a ayudar a los oprimidos. Dicen que los profetas derrocaron gobiernos y pusieron otros en el lugar de los anteriores para el bien del pueblo. Con ese paradigma se requiere que la Iglesia alce su voz profética para denunciar lo malo, y las injusticias de parte de los gobernantes de la hora. En muchas partes se ha escuchado a los liberacionistas decir: "Es tiempo de que la Iglesia deje la pastoral y se convierta en profeta."

También la teología de la liberación se ocupó desde sus comienzos por reinterpretar la esencia del profetismo. Gustavo Gutiérrez observa en el profetismo no sólo una reflexión y un anuncio de las postrimerías, como era en lo tradicional, sino que anuncia que lo que los caracterizaba a ellos (los profetas), no era otra cosa que su orientación hacia el futuro y atención a su actualidad.

Lo característico del mensaje profético es que la situación anunciada no puede ser considerada como la prolongación de aquella que la precedía. Los profetas parten de la toma de conciencia de una ruptura con el pasado. La salvación sólo puede venir de un nuevo acto histórico de Jahvé que retomará bajo formas inéditas, las intervenciones anteriores en favor de su pueblo.

13.2.4.3. Paradigma-Jesucristo

El tercer paradigma bíblico son las enseñanzas de Cristo. Él dijo: "El Espíritu del Señor está sobre mí, porque me ha enviado Jehová a pregonar 'libertad' a los cautivos." Él atacó a Herodes, que era gobernante; a los fariseos y a los religiosos, dando a entender que no se puede contemporizar con el poder cuando es corrompido y agresor del pueblo, ya sea político o religioso. Dicen los liberacionistas que Jesucristo creó una revolución que, aunque le costó la vida, hizo que las viejas infraestructuras del poder dominante se resquebrajaran mediante un mensaje que defendía a los pobres.

Al privilegiar a Cristo en este paradigma y resaltar su humanidad e historicidad, la teología de la liberación descubre en la vida de Jesús el elemento político pertinente. La razón de este pensamiento se encuentra en las circunstancias históricas en que le tocó vivir a Jesús; en las causas político-religiosas que suscitaron contra Él la animadversión de sus enemigos, y en el proceso que culminó en su crucifixión.

Un exponente de la citada teología, se expresó en los siguientes términos: "En esta situación absolutamente politizada, es donde tiene que habérselas Jesús. Prescindir de este contexto, que era el contexto real-histórico de Jesús en toda su concreción, es prepararse de la mejor manera para desfigurar el sentido de su vida y la raíz de una plenaria cristología. Esta plenaria es el interés por el pobre y su liberación."

13.3. INTERPRETACIONES DE LA TEOLOGÍA DE LA LIBERACIÓN

Aunque quisiéramos llamarlas doctrinas, nos obliga el deber a categorizarlas como interpretaciones de algunas doctrinas. Estas son:

13.3.1. El concepto bíblico

Aunque estos teólogos toman los pasajes bíblicos mencionados como ejemplos, no creen que la Biblia sea la máxima autoridad para el creyente, ni que es un absoluto que permanece fijo. La metodología de este sistema llega a minimizar el estudio de las Escrituras en el sentido tradicional.

13.3.2. El concepto político

El énfasis en la política para el cambio es enorme. Los proponentes de esta teología quieren secularizar muchas ideas tradicionales del creyente. Creen que los viejos conceptos religiosos los llevan a un mundo irreal y remoto que los ayuda poco a hacer frente a sus problemas de esta vida.

13.3.3. El concepto de la salvación

¿Cuál es su concepto de la salvación? Sencillamente es la liberación de la opresión política, social y económica. Gustavo Gutiérrez, uno de sus teólogos más conocidos, dice que la conversión se produce cuando uno se compromete a luchar de manera realista y concreta por la liberación de los pobres y oprimidos. El insiste en que los que sufren la miseria no lo hacen porque así Dios lo haya querido. La pobreza es el resultado del sistema socioeconómico actual. En la literatura de los liberacionistas se ve repetidas veces el refrán: "Deja ir a mi pueblo." Aunque se refiere a los israelitas esclavos en Egipto, lo aplican a los oprimidos del siglo XX. Se puede notar en los escritos de algunos de ellos una influencia de la doctrina católica de la salvación mediante buenas obras.

13.3.4. El concepto del hombre integral

Uno de los puntos de esta teología enseña que hay que contemplar al hombre como un ser entero, no como poseedor de una existencia física y otra espiritual. Estos teólogos se quejan de la teología procedente del occidente, porque estiman que revela demasiado la influencia del dualismo (alma y cuerpo) típico del pensamiento griego. Dicen que los hebreos no contemplaban al hombre desde este punto de vista.

13.3.5. El concepto del pecado

Los liberacionistas reconocen la existencia del pecado, pero lo atribuyen a la opresión social y política. Creen que el hombre en su ambiente de injusticia se ve obligado a pecar. La única manera de ayudar a una persona a vencer el pecado es cambiar su medio ambiente, ponerlo a vivir en una nueva estructura social.

13.3.6. El concepto cristológico

¿Cuál es su concepto de Cristo? Ellos creen que Cristo es el *logos* hecho carne, que es Dios en la historia. Como ya se ha mencionado, dicen que Cristo fue un revolucionario que se atrevió a denunciar a los gobernantes. Toleraba la violencia. Está en todo hombre, es el Prójimo. Enseñan que uno no puede comprender al Cristo de la Biblia hasta no encontrarlo en el prójimo. Según ellos, el postulado central del mensaje de Jesús es la secularización. Cristo no predicó que el hombre debía esperar que Dios lo haga todo, sino que ahora el hombre debe atreverse a tomar el mando por completo.

13.3.7. El concepto de la Iglesia

¿Qué es la Iglesia para los liberacionistas? No creen que Dios está más interesado en la Iglesia que en el bienestar de la humanidad. La

Iglesia es misión, una comunidad que responde a la acción divina, que es rescatar al pobre de su indigencia.

Los exponentes de esta nueva teología creen que la religión que sirve es la pragmática, práctica y sencilla. Debe proveer pan y techo para el pobre. Debe liberarlo de su opresión. No tiene valor la religión mística, que hace al hombre que vive en un infierno olvidarse de sus necesidades del momento para esperar un "cielo futuro".

13.3.8. El concepto de misión

Evangelizar es señalar cualquier injusticia, denunciar cualquier explotación. El evangelio consiste en las buenas nuevas de la presencia del amor de Dios. Dice Gonzalo Castillo Cárdenas que la misión del cristiano es amar al prójimo; y amar no significa dar una limosna. Si el cristiano ama, va a despojar del poder a las minorías privilegiadas. Ese amor no consiste en ayudar al prójimo en una forma ocasional o transitoria. Hacer la revolución es una obligación para el cristiano.

13.4. METAS Y PROPÓSITOS DE LA TEOLOGÍA DE LA LIBERACIÓN

¿Cuál es la meta de los teólogos de este movimiento? Hablan bien claro sobre este punto. Su objetivo definido es destruir completamente la estructura actual de gobierno y sociedad.

La liberación sólo puede materializarse a través de una ruptura del sistema en lo infraestructural, en las estructuras de dominación propias del capitalismo y en los cambios que se relacionan directamente con la planificación de una economía "socializada" en provecho de todos.[1]

Predican los liberacionistas que el pueblo será el agente para lograr ese fin. Y si hay que recurrir a la violencia, no importa. Dicen que quienes ahora tienen el poder se valen de la violencia, de una violencia institucionalizada. Si la violencia genera violencia, entonces queda justificada la violencia que contesta a la violencia institucionalizada. Predican que hay que aceptar todos los riesgos del activismo: represión, cárcel, tortura, exilio y lo que sea.

Esos teólogos no se desaniman al perder una que otra batalla, porque tienen toda esperanza de ganar la guerra. Es su destino ganarla. Abrigan la esperanza de que se podrá canalizar el nuevo poder hacia la justicia. Ellos suponen que los gobernantes que tomen el lugar en el nuevo sistema, habrán aprendido a actuar a favor del pueblo. La Iglesia tiene la responsabilidad de formar una sociedad que proporcione libertad, justicia y orden.

13.5. PROPONENTES DE LA TEOLOGÍA DE LA LIBERACIÓN

A continuación ofrecemos una lista de algunos de los más conocidos entre los promulgadores de esta teología.

13.5.1. Protestantes:

1. Rubem Alves, brasileño, profesor de filosofía en la Universidad de Río Claro.
2. Emilio Castro, uruguayo, presidente de la Comisión de Misión Mundial y Evangelismo (un departamento del Concilio Mundial de Iglesias).
3. José Míguez Bonino, argentino, director de estudios posgraduados de la Facultad de Teología de Buenos Aires.
4. Gonzalo Castillo Cárdenas, colombiano, activo en movimientos revolucionarios y comisiones del Concilio Mundial de Iglesias.
5. Orlando Fals-Borda, colombiano, sociólogo.
6. Ricardo Shaull, estadounidense, misionero en Colombia por varios años y después profesor en el Seminario Presbiteriano de Campinhas, Brasil.

13.5.2. Católicos:

1. Hugo Assman, brasileño, sacerdote jesuita.
2. Gustavo Gutiérrez, peruano, profesor de teología en la Universidad de San Marcos.
3. Paulo Freire, brasileño, asesor del Concilio Mundial de Iglesias.
4. Dom Helder Cámara, brasileño, arzobispo de Recife.
5. José Porfirio Miranda, mexicano.
6. Juan Luis Segundo, uruguayo.
7. Camilo Torres, colombiano, sacerdote que dejó la sotana para pelear en la guerrilla y murió en combate, en el departamento de Santander del Sur.
8. Leonardo Boff, brasileño, sacerdote.
9. Jon Sobrino, sacerdote español.
10. Ignacio Ellacuria, español, sacerdote jesuita, muerto por sus ideas radicales en El Salvador.

Hay muchos otros en ambos campos teológicos; tanto el protestante y el católico, pero los anteriores, son los que más se han destacado con respecto a la teología de la liberación. No hay duda de que a pesar del revés del comunismo, muchos se interesarán en la manera de pensar de la teología de la liberación.

DE LA TEORÍA A LA PRÁCTICA

1. Haga una comparación entre las metas del marxismo y las de la teología de la liberación.
2. ¿Qué elementos de verdad hay en las doctrinas de la teología de la liberación?
3. Lea treinta páginas de la obra de algún liberacionista muy conocido y haga una evaluación del material leído.
4. ¿De qué maneras llega esta teología a ser un sincretismo?
5. ¿Qué podemos aprovechar los evangélicos conservadores del estudio de la teología de la liberación?
6. ¿Cómo podrá perjudicarnos esta teología?

CITAS

1. ISAL. *Pueblo oprimido, Señor de la historia*. Uruguay: Talleres Gráficos de la comunidad del Sur, "Tierra Nueva", p. 7.

CAPÍTULO 14

UNA EVALUACIÓN DE LA TEOLOGÍA DE LA LIBERACIÓN

Este movimiento teológico que nació en Iberoamérica, ha captado la atención de muchos evangélicos. A pesar de que en estos tiempos muchas cosas han cambiado, entre ellas el comunismo, esta teología se mantiene a la sombra y callada. No hay duda de que su influencia en el pensamiento de muchos es indiscutible, ya sea negativa o positiva. ¿Será una verdadera teología, o más bien una filosofía con énfasis en la religión? Si es teología, ¿armoniza con la Biblia? ¿Cuál es la influencia que ella ha ejercido? Veamos lo que esta teología ha logrado en el pensamiento de la humanidad.

14.1. PUNTOS DE ACUERDO

Estamos de acuerdo que este pensamiento presenta saldos favorables. Uno no puede decidir que todo lo que enseña, está de acuerdo con la Biblia, pero sí hay ideas que caben dentro de los parámetros evangélicos.

14.1.1. Compasión por los necesitados

La verdad es que impresiona el énfasis que los liberacionistas ponen sobre las condiciones deplorables en que viven las masas. El desnutrido es nuestro prójimo ¿quien lo podría negar? Tanto el Antiguo Testamento como el Nuevo nos exhortan a amar a nuestro prójimo como a nosotros mismos. Los propulsores de la teología de la liberación nos hacen un favor al llamarnos la atención sobre la desesperante situación de los necesitados.

14.1.2. La contextualización

Otro favor que nos hacen esos teólogos es poner de relieve el hecho de que las enseñanzas ofrecidas en iglesias evangélicas vienen a veces con atavíos tomados de la cultura occidental. Huelen a la prosperidad de países industrializados. Este lamento debe motivar un serio análisis de nuestra doctrina. La contextualización, o sea, la acción de entender la doctrina a la luz de la cultura en que se enseña, se puede llevar a extremos absurdos, pero puede ayudar a presentar el evangelio de una forma en que la persona local lo entienda mejor. La crítica de que la iglesia evangélica presenta una religión extranjera se oye demasiado para no hacerle caso. Claro que las verdades absolutas y eternas han de mantenerse iguales en cualquier cultura. La contextualización que se realiza con buena fe, está dentro del programa divino. Recordemos cómo Dios se revelaba a las personas en la antigüedad. Se refería a formas muy naturales para ellas, hablaba en simbolismos característicos de su cultura. Para el hispanoamericano Dios no va a desear menos.

14.1.3. El establecimiento de un nuevo orden

¿Qué dice la Biblia de la meta de los liberacionistas de fundar una sociedad de justicia, orden y paz? Muchos profetas del Antiguo Testamento suspiraban por un nuevo orden, al ver la injusticia y corrupción de sus tiempos. Hablaban de una nueva sociedad que habría de venir. Todo judío devoto hacía eco a ese sueño. Cristo enseña que la petición "venga tu reino" se debe incluir en la oración y no hay duda que este reino es de paz y justicia. Hay que felicitar, pues, a los liberacionistas por ese espíritu de desear con vehemencia un gobierno de justicia, paz y orden.

14.1.4. Llamado a la revisión de nuestra teología

Tenemos que reconocer que antes de la aparición de los liberacionistas, nos dedicábamos a la predicación devocional y poco a la disertación doctrinal. Quizá inconscientemente habíamos tomado la actitud de los pietistas del siglo XIX, especialmente nosotros los de corte pentecostal. No hay duda que esta manera de pensar de los teólogos liberacionistas nos ha desafiado a revisar la teología, corregir lo obsoleto y reafirmar lo correcto y actual.

14.1.5. Desafiados al quehacer teológico

América Latina nunca había producido teología. La teología de la liberación es la primera que aparece en un continente que se mantenía impasible ante el mover teológico del mundo. Por esa causa, los teólogos de corte conservador se han motivado y han tenido que salir a la palestra para responder a los planteamientos de los liberacionistas. Eso ha sido beneficioso para la teología ortodoxa, pues un gran número de pensadores han descubierto que el campo de la teología es vasto y que todavía se puede producir mucho más en el devenir del quehacer teológico.

14.1.6. El despertar a la reflexión

En realidad, antes de la década de los años sesenta, el misionero imponía su criterio y se le aceptaba sin reflexionar; pero a partir de la aparición de ese movimiento, el pensamiento conservador latinoamericano ha sido despertado a la reflexión por causa de las exigencias de los tutores de la teología de liberación. El misionero es apenas un colaborador en el contexto latinoamericano y no un ser paternalista como antes. Ese es otro gran favor que se le debe a esa forma de pensamiento.

14.1.7. El evangelio, más praxis

La palabra praxis significa: Conjunto de actividades que pueden transformar el mundo, el conocimiento o los fenómenos de la producción sobre los que se basan las estructuras sociales. El llamado de atención al "aquí" y al "ahora" nos ha afirmado en nuestras convicciones y nos ha hecho reconocer que el evangelio no sólo es espiritual sino que también busca satisfacer las necesidades materiales. Teniendo en cuenta lo anterior reconocemos que es cierto que nuestra fe apenas se remontaba a los beneficios del futuro y por eso se caminaba sobre una nube de algodón.

14.1.8. Realzar a las personas antes que las entidades

Una entidad que se ha tenido con mucho respeto es la estructura de la Iglesia. Se buscaba el bien de ésta, olvidándose que está formada por personas. La reflexión hecha por los teólogos de la liberación nos ha obligado a hacer un alto en nuestro caminar y poner más atención a las personas. Al fin y al cabo Cristo vino por corazones y no por entidades. Las entidades apenas son accidentes para lograr una meta; las personas son lo más importante dentro del conglomerado de las entidades.

14.1.9. Más asequibles a hacer obra social

La obra social era mirada casi como un pecado dentro del campo conservador. Se pensaba que hacer obra social era vacunar a la gente contra el evangelio. Hoy día se ha comprobado que hacer bien al prójimo es hacerlo al Señor, por lo tanto no es raro ver iglesias conservadoras con un programa de asistencia social al menesteroso. Nos falta mucho, pero vamos en camino y seguramente que en esta década la obra social aumentará en las filas de los conservadores.

14.1.10. Forjar un nuevo concepto misionero

Si bien es cierto que defendemos el punto prioritario de la misión de la iglesia, también reconocemos que nos hacía falta algo. Jesús nos puso en el mundo para ser luz al mundo y no una isla apartada de la gente. El nuevo concepto misionero nos llama a dedicarnos al deber de tratar de mitigar las necesidades del prójimo, espiritualmente primero, y después materialmente. Jesús lo hizo; predicó para las necesidades del espíritu pero mandó a sus discípulos darle de comer a la multitud hambrienta. No se han equivocado los liberacionistas cuando piensan que esto es parte de la misión y hasta allí lo aceptamos; sólo que no se puede hacer esto y dejar de hacer lo primero.

14.2. PUNTOS DE DESACUERDO

Los puntos positivos de la teología de la liberación no deben cegar, sin embargo, al creyente en Cristo, para no ver las ideas de este movimiento que carecen de apoyo bíblico. Vamos a dividirlas en cinco categorías.

14.2.1. Los conceptos doctrinales

Examinemos en primer lugar cinco de sus doctrinas más desarrolladas. Esta reflexión se ha hecho con mucha seriedad y entre más revisamos su conjunto de doctrinas, más nos convencemos de lo siguiente:

14.2.1.1. La doctrina de la Biblia

¿Concuerda la idea de estos teólogos respecto a la Biblia con la que proyectan las Sagradas Escrituras? Ni tratar de imaginarlo. Los liberacionistas no aceptan que la Biblia sea la autoridad final para el creyente. Dicen que encuentran inspiración en ella, que presenta modelos dignos de imitar, pero no admiten que ocupe un nivel superior a la experiencia. Apenas aceptan que sea una autoridad de turno en lo que se aplique para el presente.

Enseña esta gente que la Biblia se debe interpretar a base de una hermenéutica de situación; todo lo contrario a la lógica y las leyes universales de la interpretación de cualquier texto. Pablo obedece fielmente a la ley de interpretar un pasaje a la luz del libro completo. Él cree en el principio de que la Biblia es su mejor intérprete, no la experiencia. Apela a la autoridad final de las Escrituras, como también lo hace Cristo.

14.2.1.2. La doctrina del hombre

¿Cómo se compara con la revelación divina lo que enseña la teología de liberación acerca del hombre? La Biblia no comienza con el hombre, sino con Dios. Los liberacionistas, al contrario, comienzan con el hombre. Sus enseñanzas son antropocéntricas, giran alrededor del ser humano. No se interesan en conocer la naturaleza de Dios, sino en crear una nueva sociedad para el hombre, pasando por alto las exigencias morales del Espíritu Santo.

Esta teología revela un optimismo acerca de la naturaleza del hombre, como si se perfeccionara y se santificara simplemente cambiando el medio ambiente. Pasa por alto por completo la naturaleza torcida de la humanidad, su inclinación hacia el mal. Eso es un antropocentrismo exagerado pues atribuye al hombre aptitudes y actitudes que no tiene.

Proyectan una sociedad en que los funcionarios públicos gobernarán con justicia y bondad. ¡Ojalá que tuvieran razón! Pero, ¿en qué parte se va a encontrar candidatos totalmente libres de maldad e intereses egoístas? ¿Qué valor habrá en destruir todo vestigio del sistema actual si los nuevos funcionarios y administradores desempeñarían sus funciones con la misma inclinación al mal, con intereses creados, con ambición de poder?

A la vez que se le pide al hombre que deje su misticismo religioso, abogan por un cambio de actitudes, pero piden lo imposible. Las nuevas generaciones podrán recibir grandes enseñanzas, pero de la abundancia del corazón brotará una nueva avaricia, una nueva pasión por lo sensual. Aunque se lograra eliminar la desigualdad actual, sería sustituida por otra, ya que los nuevos gobiernos no admitirían una igualdad absoluta. La Biblia habla de la maldad del hombre no regenerado y la experiencia lo comprueba.

14.2.1.3. La doctrina de Cristo

Hablan mucho los escritores de la liberación del Dios hecho hombre. La idea de una encarnación tiene, desde luego, el apoyo de las Escrituras, con tal que se acepte la preexistencia de ese *logos* desde la eternidad. Es dudoso que todos los liberacionistas acepten sin reservas eso de que Cristo participó en el consejo divino desde el principio.

El Cristo hecho hombre es proyectado por este movimiento como un revolucionario que tolera la violencia. ¿Qué hacen los liberacionistas para explicar lo que Cristo enseñó sobre la mansedumbre? "Aprended de mí que soy manso y humilde." ¿Cómo pueden reconciliar su idea de luchar violentamente contra el opresor con la declaración de Jesús de que más allá de la prohibición de matar está la idea de ni siquiera sentir rencor contra otro? "Pero yo os digo que cualquiera que se enoje contra su hermano será culpable de juicio."

14.2.1.4. La doctrina de la salvación

Los teólogos radicales atribuyen el pecado que hay en el corazón del hombre sólo a un ambiente de injusticia; a la opresión. ¿No se dan cuenta de que en la actualidad los que explotan a los demás no sufren de la opresión ni del hambre y sin embargo pecan? Si es cierto que el necesitado peca tratando de remediar su situación, es igualmente cierto que el que no padece hambre ni desnudez, peca al desear la mujer de su vecino, al buscar aumentar su poder sobre los demás. Esos problemas nacen de la depravación del hombre, problema que no se soluciona hasta regenerar la parte espiritual.

No podemos pelear con el concepto liberacionista de la necesidad de rescatar al hambriento dándole alimentos. La Biblia está de acuerdo. Pero si vamos a negar que ella hace una separación entre lo físico y lo espiritual del hombre, tendremos que cerrar los ojos a varios pasajes muy claros.

Cristo predicó que la salvación de lo espiritual vale más que la del cuerpo. "¿Qué aprovechará el hombre si ganare todo el mundo y perdiere su alma?" "No temáis a los que matan el cuerpo mas el alma no pueden matar; temed más bien a aquel que puede destruir el alma y el cuerpo en el infierno." Pablo asignó más importancia al hecho de estar presente con Cristo, que al de seguir viviendo físicamente en el mundo. "Mas quisiéramos estar ausentes del cuerpo y presentes al Señor."

Es una verdadera lástima que esta teología no hable de la regeneración. ¿Cómo podrán haber pasado por alto el concepto tan importante de que la fuente de la mente tiene que ser limpiada para que fluyan aguas de justicia? ¡Es tan obvio!

14.2.1.5. La doctrina de la Iglesia

La tendencia entre los liberacionistas es restarle importancia a la Iglesia. El Nuevo Testamento hace todo lo contrario. Cristo dijo que fundaría su Iglesia sobre la Roca. Pablo enseñó que la Iglesia es el cuerpo de Cristo. En más de un lugar se nos dice que Cristo es el esposo de la Iglesia. ¿Puede haber lugar de más honor que ese?

Uno de los liberacionistas, Rubem Alves, dice que tal vez la Iglesia pasará de la escena.[1] ¿Se insinúa en alguna parte de la Biblia que la Iglesia dejará de existir? Cristo entregó su vida por su Iglesia. Le encargó la misión de evangelizar el mundo, de adoctrinar a los creyentes. ¿Cómo podrá perder su existencia sin terminar de cumplir con su encargo?

Lo raro es que los liberacionistas dicen que la Iglesia tiene que preparar a la gente para que levante una sociedad justa. ¿Cómo lo hará si tiene que desaparecer? Esta es una tremenda contradicción que a simple vista demuestra que no saben ni conocen del ministerio encargado a la Iglesia. Cuando se les confronta en cuanto a esto, responden que la Iglesia no es una entidad con parámetros establecidos, sino que la Iglesia verdadera es la "latente" que está en todo individuo. Esto es universalismo que descarta el sacrificio vicario de Jesucristo.

14.2.2. La comprensión imperfecta de la historia

En nuestro análisis de lo que proclaman los liberacionistas, tenemos que decidir si ellos comprenden bien todos los detalles de la historia que citan. Para eso ofrecemos una evaluación de sus premisas históricas.

14.2.2.1. La historia del éxodo del pueblo de Israel

Los teólogos radicales hablan de la historia de la liberación del pueblo de Israel de Egipto, pero dejan de mencionar algunos puntos del cuadro. En primer lugar, hablan de la violencia de la liberación, pero se olvidan de que fue Dios el que mandó las plagas. Ellos no levantaron la espada. No se alzaron en una revolución armada en contra de sus opresores egipcios. Tampoco se metieron a celebrar huelgas y protestas violentas. En segundo lugar hay que señalar que los israelitas se libraron del gobierno egipcio, pero asumieron nuevas responsabilidades con la ley de Dios. En una ceremonia impresionante, juraron que guardarían los estatutos divinos. Nada de seguir su propio camino. Entraron en una relación espiritual muy profunda con Dios.

14.2.2.2. La historia de los profetas

Los liberacionistas dicen que los profetas intervinieron en los asuntos políticos de la vida nacional. El problema es que se olvidan del tono altamente espiritual del mensaje profético. Denuncian estos predicadores los males sociales, pero también lamentan amargamente la infidelidad del pueblo en sus relaciones con su Dios. No podemos mencionar una parte del mensaje de los profetas, sin incluir las demás.

Se duda también de la capacidad de esos teólogos radicales para interpretar la historia cuando dicen que los profetas derrocaron gobiernos. Queda sugerida con tal afirmación la idea de que se hacía con frecuencia. ¿Qué casos tendrían en mente al decir esto? Es cierto que muchos profetas denunciaron los males sociales de su tiempo ante los gobernantes, pero, ¿cuántos regímenes derrocaron?

14.2.2.3. La historia de Jesús

Vamos a examinar ahora la competencia de los liberacionistas para interpretar la historia de Cristo. Ellos ponen mucho énfasis en la humanidad de Cristo. Bien hacen, pero deben considerar sus enseñanzas. ¿Qué afirmaciones hizo en cuanto a su persona? Su declaración de que había existido antes de Abraham agitó mucho a sus oyentes.

A veces Jesús revelaba una actitud enérgica, pero no podemos pasar por alto las muchas ocasiones en que Él tomó precauciones para que el pueblo no se levantara en un motín. Continuamente se negaba a permitir que las multitudes lo nombraran rey a la fuerza. Pedía a muchos de los beneficiarios de sus milagros que no divulgaran ante nadie su testimonio, para que no hubiera sospechas de que Él tenía pretensiones políticas.

Sus discípulos habrían organizado con gusto una revolución. Pedro incluso esgrimió una espada en una ocasión. Pero siempre Cristo les aconsejaba que no, diciendo que su reino no era de este mundo. Denunció a Herodes, pero nunca incitó a la gente a alzarse contra él. Al contrario, llegó al colmo de aconsejar a sus oyentes que se sometieran a la práctica onerosa de colaborar con lo soldados romanos. "A cualquiera que te obligue a llevar carga por una milla, ve con él dos." Dijo también que amáramos a nuestros enemigos. ¿Es congruente este Señor con la imagen de un revolucionario violento, como lo describen los teólogos de la liberación?

14.2.3. Sus actitudes

Nos exhortan los liberacionistas a desarrollar actitudes bien definidas. Como la Biblia también señala pautas a seguir en la formación de nuestra postura, no tendremos dificultad en comparar las enseñanzas de ellos con la de ésta, para ver si concuerdan.

14.2.3.1. La secularización

Somos llamados por este grupo a dejar el misticismo para pensar que el hombre tiene en sí mismo capacidad para resolver sus dificultades. Se puede notar en estas ideas la influencia del humanismo político, pero se hace difícil llamar a eso "teología". ¿En qué parte de la Biblia se nos aconseja vivir sin depender de Dios? Al contrario, se nos exhorta a entregar, a consagrar todo a Dios . . . aun lo secular.

El cristianismo tiene lugar para el realismo; acepta con naturalidad lo material del mundo. Nos recuerda que tenemos la responsabilidad de trabajar por los alimentos, que debemos suplir a nuestra familia lo que necesite en esta vida.

A la vez, la Biblia nos recuerda que es peligroso tener una actitud de que le podemos hacer frente a todo con nuestros propios recursos. Cristo dijo que no podemos hacer nada sin Él. Adán y Eva desearon independizarse de Dios y sabemos cuáles fueron las consecuencias.

La teología de la liberación nos llama a secularizar todo, pero la Biblia pide lo contrario: que consagremos hasta lo secular a Dios. Pablo dice que hasta nuestro cuerpo es templo del Espíritu Santo; que debemos presentar nuestro cuerpo en sacrificio vivo y santo. Una teología que pida la secularización de todo, no puede ser teología; menos puede ser religiosa. Habrá que tildarla más bien de antirreligiosa.

14.2.3.2. Odio al opresor

Abundan en la teología de la liberación las referencias al rencor hacia los ricos. Se llega a insinuar que Cristo dijo que es absolutamente imposible que se salve un rico. Se basan en lo que el Señor le dijo al joven rico sobre que es más fácil para un camello pasar por el ojo de una aguja, que para un rico entrar en el reino de Dios. Lo que no hacen es citar los dos versículos que siguen: "Y los que oyeron esto dijeron: ¿Quién, pues, podrá ser salvo? Él les dijo: Lo que es imposible para los hombres, es posible para Dios."

Va a ser demasiado difícil para una persona que desea vivir de acuerdo con la Biblia tener hacia el rico la actitud que exigen los teólogos radicales. ¿Cómo podrá conjugar el odio hacia el opresor con la enseñanza de Cristo de que amemos a nuestros enemigos, que bendigamos a los que nos maldicen, que hagamos bien a los que nos aborrecen y que oremos por los que nos ultrajan y nos persiguen? ¿Qué lugar habrá en el corazón del que odia para perdonar como manda Cristo?

14.2.3.3. La violencia, método para la nueva sociedad

El uso de la violencia para realizar el propósito de formar una nueva sociedad, es una de sus recomendaciones más importantes. Esta teología está de acuerdo con el uso de esta actitud para adelantar los fines de su revolución. ¿Aprueba la Biblia tal actitud? Como ya hemos mencionado, en ninguna parte se nos exhorta en el Nuevo Testamento a alzarnos en armas para quitar el yugo del opresor. En cambio, sí se nos exhorta a respetar la autoridad. Pablo no le dice a Onésimo que se rebele. Más bien lo que hace es animar a este esclavo para que vuelva a servir a su amo Filemón.

El Nuevo Testamento nos anima a vivir con alegría a pesar de las circunstancias. Nos enseña a triunfar aun en medio de nuestros problemas. A los muchos esclavos convertidos a Cristo en el siglo primero, el Nuevo Testamento les pide que sirvan bien a sus amos como si sirvieran a Cristo. Allí no se nota nada de sublevación.

14.2.3.4. La igualdad

La idea de que todos somos iguales es bíblica, en el sentido de que todos tenemos un mismo valor delante de Dios. Cristo murió por todos. Todos tenemos que pedir perdón y arrepentirnos por igual. Es bíblico también que el que tenga, comparta con aquel que no tiene. Tenemos la responsabilidad de hacer lo posible por mitigar la escasez en nuestro prójimo.

Pero la Biblia no presenta la idea de que todos estamos dotados de la misma capacidad ni de los mismos recursos. Nacen en la misma familia unos hijos más inteligentes que otros. Pablo enseña que todos somos miembros del cuerpo de Cristo, pero los miembros tienen capacidades y funciones diferentes. El ministerio de algunos es visto por todos, mientras que otros llevan a cabo sus funciones sin que nadie se dé cuenta de eso. Jesús ilustró esta verdad al narrar la parábola de los talentos. Se ve una desigualdad en la repartición de los recursos en esta historia, pero Cristo no la censura, pues en ella se dice que a cada uno se le repartió según su capacidad. La historia más bien anima a todos a administrar bien lo mucho o lo poco que han recibido.

14.2.3.5. La preferencia por los pobres

¿Apoya nuestra máxima autoridad, la Biblia, la idea de que uno debe inclinarse a favor de los que disponen de escasos recursos económicos y tener en poco a los que más poseen? ¿Desde cuándo ha comenzado Dios a hacer acepción de personas? En toda la Biblia, Él trata con la misma bondad a reyes, esclavos, ricos, pobres, o cualquier persona interesada en disfrutar de una relación personal con Él. Fueron a visitar al Hijo de Dios recién nacido tanto humildes como poderosos. Cristo dijo que cualquiera que llegue a Él será recibido. Los seguidores de Cristo procedían de todos los niveles sociales. Él ayudaba a los militares, a los adinerados, a los del proletariado, a los campesinos. Comía en casa de los explotadores de pobres, lo mismo que donde vivían personas justas delante de Dios. Los dirigentes de la Iglesia primitiva procedían de diferentes clases sociales.

14.2.3.6. El énfasis en la libertad

El tema central de esta nueva teología es la liberación. Sus escritores hablan mucho de la liberación de los israelitas. Claro que el tema se halla también en las Escrituras, pero uno tiene que preguntarse: ¿Libertad de qué? ¿Alcanzaron los israelitas una libertad total respecto a toda clase de ley o de gobierno? Tal libertad equivaldría a una anarquía.

Los esclavos obtuvieron la libertad del yugo de Faraón, sí, pero era para llevar mejor el yugo de Jehová. Entraron en un sistema que ponía énfasis sobre objetos, días y actos sagrados. Los que no tomaron en serio su responsabilidad de someterse a su yugo, murieron en el desierto, castigados por Jehová. Cristo nos promete la libertad, pero nos dice que aceptemos su yugo. Pablo declara que estamos libres de la ley de Moisés, pero nos recuerda que estamos sujetos a una ley más exigente, más espiritual.

14.2.3.7. El uso de la hermenéutica contextual

En el uso hermenéutico se atienen a los resultados de la hermenéutica contextual, que contrasta con la hermenéutica ortodoxa que parte de la Palabra de Dios como un absoluto eterno para interpretar la situación y encontrar una verdad que el pueblo necesita. Parten del contexto existencial y no de la Biblia, como tampoco de la teología sistemática a la cual catalogan de teología muerta y fosilizada. Dicen ellos que se tiene que partir del contexto y no de la Palabra; de lo relativo y no de lo absoluto. Tal actitud, refleja el interés en lo terreno, descuidando lo eterno, pareciera que se olvidaran de lo que Jesucristo dijo: "¿Qué aprovechará el hombre si ganare todo el mundo, y perdiere su alma?"

14.2.4. La cosmovisión

Toda la serie de doctrinas y sus actitudes, tenían que afectar su cosmovisión, o su manera de mirar al mundo y la manera de relacionarse los unos con los otros. Dentro de esta categoría entra todo con lo cual el hombre tiene relación. Observemos cuáles son estas cosas.

14.2.4.1. Dios

En esta categoría, Dios pierde toda su dimensión de amor y de Señor para convertirse apenas en un ente y fermento revolucionario. Cristo es el agente que viene a mostrar la actitud de este ente y enseñarnos sobre la revolución. Tal idea es absurda, pues si Dios tenía en mente la revolución como propósito final, su Hijo amado no habría muerto en la cruz del Calvario en el acto del supremo amor.

14.2.4.2. El pueblo de Dios

El propósito de Dios en su pueblo deja de ser eterno — salvarlo y alistarlo para que viva para siempre con Él — para convertirse en temporal; la revolución violenta. Tal actitud no parece nacida de la mente de Dios, que espera que su pueblo sea uno de amor y demuestre al mundo que clase de Dios tiene. No podemos olvidar que Juan y Jacobo cuando pidieron fuego del cielo para consumir a los samaritanos, Jesús les dijo lo siguiente: "Vosotros no sabéis de que espíritu sois."

14.2.4.3. La Biblia

La Palabra de Dios deja de ser la expresión eterna de un Dios de amor, y guía normativa, para convertirse en una revelación de turno y amañada a las circunstancias. Según ellos, la Biblia llega a ser los escritos revolucionarios. La Biblia declara que Jesús dijo: "Los cielos y la tierra pasarán, mas mi palabra no pasará." Allí no se encuentra una temporalidad definida para la Palabra, sino más bien una atemporalidad que sale de los cálculos del ser humano.

14.2.4.4. Frutos o propósitos

Aunque esto será tratado con más detenimiento en el siguiente punto de este capítulo, lo exponemos aquí de manera somera, pues tiene que ver con la cosmovisión de esos teólogos. El fruto apetecido por esta teología es: Un auge en la humanización para la revolución. No se construye el reino de Dios, sino una sociedad simplemente humanista, sin parámetros dependientes de los divinos. Si eso es cierto, ¿dónde caben las afirmaciones del Señor y de algunos escritores sagrados que dijeron que la Iglesia era el cuerpo de Cristo? ¿Qué hacemos con la cantidad de Escrituras que declaran que Dios está interesado en un reino espiritual en el mundo? ¿Qué hacemos con la declaración de Jesús de que su reino no era de este mundo? Creo que lo mejor es no conjeturar y aceptar lo que dice la Palabra de Dios al respecto.

14.2.5. La finalidad de la teología de la liberación

¿Qué pretenden esos teólogos radicales? Tienen la meta de llevar a los menesterosos a una situación de abundancia, comodidad, justicia y paz. Jamás podemos censurar tales anhelos. Para eso se valdrían de la revolución violenta, con el fin de romper y aniquilar la infraestructura y estructuras de los estados existentes y dar paso a la formación de la nueva sociedad equitativa y justa. Esa finalidad es muy bíblica, ya que se nos habla mucho en las Escrituras de un Rey que traerá justicia y paz a la tierra, que establecerá una sociedad en la cual se ha de respetar a todos. Ese Rey pondrá en marcha reformas tan asombrosas que todos podrán disfrutar de una prosperidad tal, como nunca se ha visto. La finalidad de los liberacionistas, pues, encaja perfectamente con la Biblia, pero no su metodología de la cual se valdrán para lograrla.

No podemos, tampoco, negar que la nueva sociedad de justicia nacerá en esta tierra por medio de una violencia apocalíptica. Hay que recordar que el Rey gobernará con vara de hierro, una imagen que invoca la idea de un cumplimiento obligado de parte de los súbditos.

¿Diremos, entonces, que en esto está perfectamente de acuerdo con la Biblia la nueva teología? En la finalidad, sí, pero no en lo que tenemos nosotros que hacer para alcanzarlo. La Biblia no nos exhorta a fomentar la rebelión. Cristo será el encargado de poner las cosas en su lugar. Como hizo Jehová en la liberación de los israelitas, Él se valdrá de la violencia a su manera y a su tiempo. Mientras tanto, se nos ordena amar a todos, y ser fieles en medio de contratiempos. Se nos insta a preparar el camino para el Rey, a esparcir las buenas nuevas.

Cristo vino con una actitud que confundió a muchos israelitas. Ellos anhelaban la llegada de un gobierno de justicia y prosperidad. Muchos se preguntaban si este obrador de milagros no sería el indicado para inaugurar la nueva sociedad, el nuevo orden. Pero Cristo dijo repetidas veces que no se preocuparan tanto por aquel momento, que vendría sin falta.

No queremos poner en tela de juicio las buenas intenciones de los liberacionistas, pero es necesario preguntar: ¿Acaso no están invirtiendo el orden en el proceso de búsqueda? Jesucristo dijo que buscáramos primeramente el reino de Dios y su justicia, y las demás cosas vendrían por añadidura. Hoy, sin embargo, se desea buscar primeramente "las añadiduras". Como es lógico, éstas no pueden venir solas, sean cuales fueren los métodos que se empleen. Precisa e intrínsecamente vienen añadidas a algo. Ese algo es el reino que no consiste ni en vestido ni en bebida ni en comida, sino en agradar a Dios y hacer su santa voluntad.

Al pueblo hay que liberarlo de su ignorancia en cuanto a Dios. Cuando ese pueblo conozca a Dios, las condiciones sociales mejorarán.

DE LA TEORÍA A LA PRÁCTICA

1. ¿A qué otras filosofías se parece la antropología de la teología de la liberación?
2. ¿En qué se parece la cristología de la neoortodoxia a la de los liberacionistas?
3. ¿Qué casos ha conocido usted de personas que llevan su fe a un misticismo que desemboca en el abandono de sus obligaciones terrenales? (Por ejemplo: Personas que abandonan su hogar y sus hijos para predicar.)
4. ¿Cuál es la cosecha de una persona que siembra el odio?
5. ¿Qué ejemplos pueden señalar los liberacionistas de los resultados que han producido los objetivos y métodos que promulgan ellos?
6. ¿Cuál es la idea que el marxismo tiene de Dios? Hasta dónde es compatible con la idea cristiana de Dios?
7. ¿Cuál nación marxista ha logrado la prosperidad material y la justicia social?
8. ¿Qué influencia ha tenido la teología de la liberación sobre las iglesias evangélicas conservadoras de su comunidad? ¿de su país?
9. ¿Hasta qué punto se debe alertar a los creyentes conservadores respecto a la doctrina de los liberacionistas?

CITAS

1. Rubem Alves, *Injusticia y rebelión*, Cristianismo y Sociedad, Año II, No. 6. Montevideo, ISAL, 1964, p. 53.

CAPÍTULO 15

EL DIÁLOGO, ARMA DE DOBLE FILO

Desde hace mucho tiempo, sistemas de toda clase de pensamiento han invitado a la Iglesia al diálogo. Han sostenido que la Iglesia es demasiado fanática en algunos conceptos y que por lo tanto debe modernizar su mensaje. La negación del mensaje; el cambio de tono y hasta la contextualización, han sido posturas que han invitado a la Iglesia a bajarse de su pedestal y condescender con estas clases de pensamiento. Ellos aseguran que así la Iglesia será más aceptada y más eficiente.

En algunas cosas la Iglesia debe dialogar y no debe cerrarse en una torre aislada sin conocer el cambio de los tiempos, pero debe hacerlo con sumo cuidado. El diálogo es una arma de doble filo que puede herir a sus opositores y al que la esgrime. Observemos algunas propuestas de diálogo. La propuesta marxista nos sirve como marco de referencia histórica y es una seria advertencia para no comprometer el mensaje cristiano.

15.1. LA PROPUESTA DEL MARXISMO

Tal vez alguien pensará que no vale la pena hablar sobre el marxismo, pues ese sistema filosófico-político fracasó y está desprestigiado en el mundo. No olvidemos que hace poco Mijail Gorbachov dijo en México: "Tal vez el comunismo ateo haya muerto en mi país, pero el espíritu del socialismo vive fuertemente arraigado en mi pueblo." Eso nos debe alertar y desear conocer las propuestas que en el pasado nos hicieron los comunistas, para así estar despiertos ante cualquier otra tentativa de diálogo.

15.1.1. Confrontaciones y propuestas

Después de más de ochenta años de dominación marxista en varios países hasta su derrumbe, vale la pena preguntar: ¿Existió entendimiento entre el marxismo y el cristianismo, o se repelieron como polos opuestos?

Es bien sabido que las iglesias evangélicas en Europa oriental fueron un signo de esperanza, como un hueso de discordia. Tal vez por la fidelidad de estas iglesias en medio de la persecución hoy esté brotando un poderoso avivamiento en estos países. Conociendo el contexto de los hechos históricos en países socialistas de corte marxista, algunos difundieron en forma clara que el cristianismo y el marxismo eran tan incompatibles entre sí, que no valía la pena establecer un diálogo.

Por la lucha de los corazones y las mentes, hasta 1992 hubo dos contendientes en la América hispana. Uno es el cristianismo, que con sus veinte siglos de existencia ha parecido conformar el pensamiento y la filosofía del mundo occidental. Este sistema perdura hasta hoy. El otro era el comunismo marxista, que ostentaba un sistema filosófico de socialismo como fuerza política. Éste, hasta el término de su existencia, hizo impacto precisamente por su mensaje humanista.

Los dos pensamientos se interesaban por el hombre. Para unos, la promulgación de un mensaje cristocéntrico es la solución redentora de la humanidad. Para otros, las ideas de Marx y Engels eran las ideas redentoras de un mundo injusto. Siendo que convergían en su interés por el hombre, algunos se preguntaron: ¿Por qué no el diálogo?

15.1.2. Historia de las propuestas de diálogo

Para comprender mejor lo que se requería en cuanto a diálogo, hay que recurrir a la historia. Los principios de diálogo se remontan a 1932, cuando fueron publicados los manuscritos filosóficos y económicos de Carlos Marx. Estos contienen elementos que ayudaron a trasladar el debate al campo de batalla de las posiciones antitéticas (contradictorias), asuntos tan interesantes como el materialismo-idealismo, el ateísmo-teísmo, e inmanencia-trascendencia. Eso abrió el campo al debate y al diálogo cristiano-marxista, sobre todo en Francia.

La Segunda Guerra Mundial fue un agente que estranguló el diálogo o el génesis del mismo, el cual se desvaneció por completo. Después del conflicto, el mundo quedó con una nueva polarización: occidente y oriente. Por razón de dialéctica y praxis, el interés por el diálogo cayó en una imposibilidad práctica.

La iglesia católica a través de las gestiones de Juan XXIII, con su apertura del Concilio Vaticano II, y Paulo VI con una de sus encíclicas, abrieron el camino al diálogo y las posibilidades de sentarse en la mesa de conversaciones, estos dos gigantes que luchaban entre sí por conquistar a la humanidad y tratar de descubrir lo que tenían en común y luchar juntos por eso.

15.1.2.1. En Europa

En el viejo continente a partir de la década de los años sesenta, estalló una explosión de encuentros. Hay frases y personajes que se hicieron famosos. Roger Garaudy, líder y pensador marxista francés dijo: "La cristiandad y el marxismo deben aprender el uno de otro; la religión no siempre es el opio de los pueblos."[1] Palmiero Togliatti, secretario general del partido comunista italiano, en aquel entonces, comentó: "La vieja propaganda atea carece de utilidad."[2]

Los encuentros proliferaron, y otros nombres, especialmente de teólogos, hicieron resonancia en las reuniones: Johannes Metz, Giulio Girardi, Ives Congar, John Hoomadaka y Harvey Cox entre otros. Sobre todo se mencionan los conceptos del teólogo alemán Jurgen Moltmann, hallados en su libro *Teología de la esperanza*.

Grandes pensadores seculares del campo marxista, como Macliovec, Prucha, Kelivoda, Kadlevoca y otros, junto con el francés Garaudy, reconocieron que el cristianismo podía y a veces había jugado un papel importante y también progresista en la historia.

Mientras un teólogo inglés del sector occidental, John Robinson, declaraba: "Dios ha muerto", un filósofo marxista checo, profesor en la Academia Militar de Brno, V. Gardasky, escribió una serie de artículos entre 1966 y 1967 con la tesis "Dios no está muerto en realidad".

Con este contexto histórico, tal vez se puedan apreciar el esfuerzo y los postulados que hacían algunos con referencia al citado diálogo. Con motivo de lo anterior, Thomas Dean postulaba en la revista trimestral del Seminario Teológico Unión: "El diálogo cristiano-marxista representa la teología del futuro." Seguía diciendo que, "como cristianos responsables, debíamos tomar muy en serio el reto del marxismo para entrar en un diálogo, con apertura y sinceridad de ambas partes, con deseo de alcanzar la meta común para lograr un buen entendimiento y con eso beneficiar a la humanidad".

15.1.2.2. En América Latina

En cuanto a diálogo, lo que ha sucedido en nuestra América Latina no es sino una manifestación del contexto europeo, y tenemos que enfrentarnos a esta realidad, ya que la problemática también se hizo presente en nuestro continente. Quizá en el pasado se pensaba que este enfrentamiento de la teología con los postulantes del diálogo no iba a surgir en esta parte del mundo, pero los sucesos nos han enseñado cuán equivocados estábamos.

Aquí también se habló de diálogo cristiano-marxista. Muchos presentaron las siguientes premisas para establecer un diálogo entre estas dos corrientes de pensamiento. En ellas fijaban la posición de que existió marxismo dogmático y marxismo crítico; que hay cristianismo conservador y cristianismo revolucionario.[3] En los siguientes puntos se trata de establecer la diferencia. Al mirar la diferencia, uno puede observar lo que se perseguía al tratar de polarizar a los cristianos y marxistas.

MARXISMO DOGMÁTICO

Los pensadores de esta forma, proponían lo siguiente como base de su doctrina:

1. Seguir al pie de la letra la palabra de los pensadores marxistas.
2. El ateísmo, rasgo esencial del marxismo.
3. El proceso revolucionario, inmensamente económico.
4. Un sistema político autoritario y centralizado.
5. Suprimir la libertad de culto y controlar rígidamente toda expresión pública.

MARXISMO CRÍTICO

En contraposición el crítico presentaba los siguientes cambios:

1. Referencia para sus conclusiones, el contexto histórico concreto que estudia.
2. El ateísmo no es un rasgo esencial del marxismo.
3. La democratización del estado y la participación obrera en la gestión económica.
4. Prioridad al "flujo", el movimiento de las comunicaciones de abajo hacia arriba.
5. No suprimir el culto religioso. Respetar al pueblo. No censurar la expresión pública.

CRISTIANISMO CONSERVADOR

Al cristiano conservador se le atribuían estas actitudes y manera de reflexionar.

1. Preocupación por la autoconservación de la iglesia.
2. Una iglesia apolítica, en complicidad con los opresores.
3. El orden natural y social que expresa la voluntad divina; no se debe modificar.
4. El reino de Dios se realiza sólo después de la muerte.
5. El ritualismo, y las prácticas religiosas; un cristianismo individualista.
6. La paz es primordial. Se deben armonizar los conflictos sociales.
7. Condena todo tipo de violencia.
8. Una caridad de "beneficencia", dando lo que sobra.
9. Condena al pecador, sea prostituta, ladrón u otra actitud.
10. La propiedad privada es un derecho natural o divino.
11. Una teología abstracta, deductiva, metafísica y futurista.

CRISTIANISMO REVOLUCIONARIO

Para ser un cristiano revolucionario se debía comprometer con las siguientes pautas.

1. Construir una iglesia austera, desprendida y preocupada por los pobres.
2. Estar adoptando siempre una posición política.
3. El hombre es cocreador con Dios en la construcción de este mundo.
4. El reino de Dios es político y comienza "aquí" y "ahora".
5. El mundo es la práctica social diaria de los valores de Jesús.
6. El deber por la paz es asegurar la justicia social.
7. Apoyar la violencia justa, la que se ejerce contra los tiranos.
8. No titubear en dar la vida por amor al prójimo.
9. Condena las causas del pecado; las condiciones sociales.
10. Los medios de producción deben satisfacer las necesidades del pobre.
11. Debe realizar una teología histórica. "Ahora" y "ya".

Podemos observar que había muchos puntos de convergencia entre lo que se llamó marxismo crítico y cristianismo revolucionario. Los postulados de ambos se acercaban a una concordancia en hechos y léxico.

De esta proposición surgió dialécticamente en el plano teórico una reelaboración de las relaciones entre el marxismo y el cristianismo. Se debían establecer bases y premisas para el diálogo, y el mismo diálogo debía dividirse, según los que deseaban el diálogo, en dos etapas importantes: prerrevolución y postrevolución.

Con la primera postura se buscaba comprometer a las fuerzas vivas del cristianismo en una lucha armada para derrocar el sistema capitalista imperante. Con la segunda se requería comprometer al cristianismo en la construcción de la nueva sociedad de acuerdo con los postulados de ambos, que dialécticamente llegaban a ser los mismos en ese objetivo. A simple vista se podía ver los objetivos que se perseguían y hacia dónde se quería llevar a la Iglesia. Los que no entraban en el marco de postulados revolucionarios, eran tildados de cristianos conservadores, y ya sabemos a qué llevaba este calificativo a los cristianos.

Todo eso ya es historia. El marxismo se derrumbó impotente por causa de su fracaso de no poder redimir al pobre y ha dejado una secuela de insatisfacciones en sus seguidores. Muchos "hermanos" de las iglesias protestantes y muchos "teólogos" de la iglesia católica y la protestante han quedado en la estacada. Se retiraron de sus iglesias y se comprometieron a través del diálogo a formar la nueva sociedad; ni la sociedad nueva, ni la iglesia es ahora el asiento de ellos.

Lo anterior es motivo para afianzar nuestras creencias y doctrinas, pues vale la pena preguntar: ¿Qué habría pasado si la Iglesia hubiera comprometido su mensaje y se hubiera puesto al lado de los marxistas para hacer la revolución? Hoy la gente la miraría con desconfianza y no creería su mensaje, pues así como el mensaje del marxismo fue finito, se tildaría el suyo de la misma manera. Esto nos debe servir como ejemplo para no comprometer el mensaje de la Iglesia con ningún sistema filosófico que quiera convencernos de su utilidad.

Sin embargo, no podemos continuar con la pasividad de los cristianos conservadores representados en el cuadro arriba descrito. Hay algo que hacer y debemos hacerlo, sobre todo ahora que quienes promulgaban de que podían hacerlo se han esfumado en la impotencia.

15.2. LA PROPUESTA CATÓLICA

El ímpetu importante de derrumbar la posición de no apertura entre estos segmentos polarizados de la población mundial, surgió en 1963 con la encíclica *"Pacem in Terris"* del papa Juan XXIII. Un año más

172 *Crisis en la teología contemporánea*

tarde, Paulo VI, en su primera encíclica *"Ecclesiam Suam"*, también propuso el diálogo.

En realidad, desde el concilio Vaticano II los católicos crearon un secretariado para tratar de acercarse al mundo marxista, llamado "Secretariado para los no-creyentes". Otro llamado "Secretariado para otras confesiones cristianas", y también otro que se denomina: "Secretariado para otras religiones"; este último tiene que buscar relaciones con religiones no cristianas.

Todo lo anterior nos indica que desde el año de 1960, la Iglesia Católica Apostólica Romana ha venido buscando el diálogo, pero no de una manera sincera, pues aunque nos llaman "hermanos separados" seguimos siendo los herejes que anatemizan las bulas papales; sólo se desea nuestro regreso al seno de la iglesia romana.

15.3. LA PROPUESTA ECUMÉNICA

Un sector evangélico-protestante se pronunció a favor del diálogo en la conferencia mundial sobre la Iglesia y la sociedad en julio de 1966 en Ginebra, Suiza. Esta conferencia fue auspiciada por el Concilio Mundial de Iglesias. Como respuesta concreta a la recomendación de la conferencia, se realizó un diálogo del 8 al 11 de abril de 1968 con 44 participantes, distribuidos así: 11 marxistas, 20 teólogos y laicos, 7 católicos romanos y 6 miembros del personal del Concilio Mundial de Iglesias. Estas conferencias fueron frutos de la plenaria que se celebró en Nueva Delhi en el año de 1961, donde se suavizó la posición contra el comunismo.

Después, en el año de 1975, en la plenaria celebrada en Nairobi, asistieron observadores de religiones orientales. Como se observa, el diálogo no sólo es para cristianos, sino para todo el que quiera. No hay duda que esto se puede calificar de sincretismo.

Hasta el día de hoy se nos hace un llamado para sentarnos en la mesa de conversaciones, a deponer nuestras posturas doctrinales y sacrificar estas, con el fin de lograr un buen entendimiento entre los componentes del planeta.

15.4. LA PROPUESTA DE LOS LIBERACIONISTAS

Desde la década de los años sesenta, los que sostienen la teología de la liberación, adoptaron una postura que surgió con referencia a la Iglesia. Se decía que como hay fuerzas y postulados iguales entre el cristianismo y otras filosofías, debía existir un diálogo entre los proponentes de los sistemas filosóficos que apoyaban la teología de liberación y la Iglesia, tanto antes como después de una revolución, a fin de formar bases que sirvieran de marco para ganar una revolución y construir una nueva sociedad.

Ha fracasado rotundamente uno de esos sistemas filosóficos. Me refiero al marxismo. Pero eso no quiere decir que la teología de la liberación haya perdido su determinación e ímpetu. Existe el problema de la redención del pobre, y si éste está latente, no hay duda de que el mensaje de la teología de la liberación está presente en el problema y tal vez se recuperará del duro golpe que recibió su socio en esa lucha, para volver a emprender con más ardor el problema. Al haber fracasado el marxismo, se sentirán herederos del problema y del derecho de ser agentes para la solución. Siempre han llamado a la iglesia ortodoxa a unírseles en esos propósitos, y para eso ha propuesto el diálogo como medio conciliatorio de cualquier desavenencia.

15.5. EVALUACIÓN

En capítulos anteriores hemos tratado sobre la formación de una superiglesia que servirá de apoyo al sistema político del anticristo. Mucho se ha predicado y escrito sobre lo anterior, pero en un afán de identificar a la figura máxima de ese sistema, se ha olvidado un personaje que aparecerá y será conocido como el falso profeta.

Hemos leído cómo Thomas Dean hablaba de una teología del futuro, como resultante del diálogo que hemos venido exponiendo. ¿No se estará preparando con eso el panorama para que el falso profeta aparezca con una fórmula teológica que servirá de base al anticristo para lograr la amalgama religioso-política de su gobierno? ¿El diálogo no será acaso uno de los aportes religioso-filosófico para el gobierno del anticristo? ¿Será que con esta nueva teología se hará posible conciliar toda clase de religión, cristiana y no cristiana, para un gobierno mundial?

Mirando el aspecto contemporáneo, y el fracaso de quienes sustentaban el diálogo cristiano-marxista, también surgen nuevas preguntas: ¿Acaso la desidia de la Iglesia no estará permitiendo el surgimiento de una nueva teología revolucionaria? Si pensamos que lo anterior no es posible, debemos recapacitar sobre lo siguiente: ¿No estaremos desconociendo el hecho de que se puede reinterpretar la teología a la luz de una hermenéutica contextual, para formar un pensamiento teológico que haga factible la formación de una nueva teología de la revolución?

Desde la década de los años setenta, varios teólogos y escritores "cristianos" vienen sentando pautas y reclamando que, así como se trabajó en América Latina para la aparición de la teología de la liberación, que instauró un pensamiento orientado hacia la lucha por la liberación, también se debe constituir una teología de la revolución que instaure y documente teológicamente, que no sea sólo un pensamiento, sino más

bien una acción libertadora. La postura anterior se puede notar claramente en los siguientes escritos:

1. Jurgen Moltmann. *La revolución de la libertad, apertura para el diálogo entre cristianos y marxistas.* La Aurora, Buenos Aires, 1971.
2. Ernst Bloch. *Tomás Munzer, teólogo de la revolución.* Editorial Ciencia Nueva, Madrid, 1968.
3. Ricardo Shaull. *Perspectiva teológica de los cambios revolucionarios.* Buenos Aires, 1970.
4. Ricardo Shaull. *El cristianismo y la revolución social.* La Aurora, Buenos Aires, 1955.
5. Ricardo Shaull. *Iglesia y teología en la vorágine de la revolución.* Tierra Nueva, Montevideo, 1971.

Además de esos, muchos otros libros con la misma temática tienden a apoyar y propagar la formación de "la teología de la revolución". Si antes con ellos se instrumentó el pensamiento de la teología de la liberación, y aunque el marxismo haya fracasado como fórmula para lograr la redención de los pobres, la idea sigue latente y como un virus puede resucitar de otra forma y con otros pensamientos; pero siempre vigente en la idea de romper el sistema actual para dar paso a una revolución que determine el cambio en los pueblos.

La Iglesia debe modernizar la forma de llevar el mensaje y que éste se encuentre a la altura y las necesidades del siglo presente, que pueda sostener un diálogo con quienes sean sinceros en la búsqueda de la solución a los problemas del ser humano. No debemos olvidar que a la Iglesia se le ha tratado de infiltrar para destruirla.

Basta recordar el plan comunista urdido en Varsovia entre los años 1945 y 1946. Con eso se buscaba introducir elementos leales al partido comunista dentro de la Iglesia, para destruirla desde adentro. Eso fracasó, pero mientras duró el comunismo, muchas luchas vimos en las iglesias con esos elementos. Nada nos puede garantizar que otro pensamiento filosófico no se trate de meter dentro la Iglesia para hacer una labor malévola. No dudo que "La Nueva Era" y el ocultismo estarían deseosos de hacerlo.

Debe rechazarse el diálogo cuando nos lleve a deponer nuestro celo evangelístico y a rebajar nuestras convicciones. Debe rechazarse todo lo que nos lleve a interpretar las doctrinas o el evangelio, no con la hermenéutica ortodoxa, sino con una deformada hermenéutica contextual, que tergiverse el mensaje cristiano. Estamos a las puertas de grandes acontecimientos, tanto en el marco teológico como en el campo político. Tenemos que estar atentos, pues ellos señalan tiempos de apostasía, pero también tiempos de redención para la Iglesia.

DE LA TEORÍA A LA PRÁCTICA

1. ¿Recibió su iglesia alguna invitación a participar en un diálogo marxista-cristiano? ¿Qué se quería analizar?
2. ¿Qué beneficio se podía recibir de ese diálogo? En caso contrario, ¿cuáles serían los efectos negativos?
3. ¿Cuáles serían los efectos de un diálogo con católicos?
4. ¿Cuáles serían los efectos de un diálogo con ecumenistas?
5. ¿Qué cosas debe tener presente un creyente si va a participar en un diálogo con cualquier sistema filosófico contrario?
6. ¿Qué influencia han tenido los proponentes del cristianismo revolucionario en su comunidad? ¿En su iglesia?

CITAS

1. Roger Garaudy, *From Anathema to Dialogue* (Del anatema al diálogo), New York; Herder and Herder, 1966, p. 100.
2. Harvey Cox, *El diálogo cristiano-marxista, ¿qué continúa?* Winter 1968, p. 22.
3. Centro de Educación y Promoción Agraria (CEPA), "Marxismo crítico y cristianismo revolucionario", Nuevo Diario de Managua, 18 de Septiembre de 1980, Nicaragua.

CAPÍTULO 16

PARA REFLEXIÓN

El mundo está cambiando rápidamente. Han ocurrido acontecimientos que no esperábamos y sin que nos diéramos cuenta de cómo sucedieron. El cambio ha sido tal que aun algunos que tenían ciertas ideas escatológicas han perdido su fundamento teológico. ¿Quiere decir que han terminado los problemas que aquejaban a la Iglesia y su enfrentamiento con la teología de la liberación? ¿Se han conformado a no influir y difundir sus teorías los pensadores liberales y neoortodoxos? ¿Se han terminado los problemas que proclamaban los movimientos filosóficos? ¿Se ha logrado la redención social de los desposeídos? Contesto con un rotundo ¡No! Estas son las causas:

16.1. EL FRACASO DE SISTEMAS

Como en capítulos anteriores, tenemos que recurrir a la historia y a los intereses creados alrededor del deseo de la redención social de los menesterosos para ver el proceso que hoy hace reclamar a mucha gente "un nuevo orden mundial".

16.1.1. Fracaso de un sistema base

No se puede ocultar que una de las bases que sustentaba a la teología de liberación era el marxismo-leninismo con su mensaje altamente humanista. Pero como hemos dicho en capítulos anteriores, fracasó ese sistema filosófico-político y ya sólo es historia, y muy mala por cierto, ya que pasó por este mundo sin redimir a los pobres. Por el contrario, los dejó más pobres que nunca.

16.1.2. Fracaso en las inquietudes originadas

No hay duda de que, durante su existencia, el comunismo logró despertar de su letargo a algunos de la Iglesia y con eso a una nueva reflexión teológica. Entre ellos, los liberacionistas fueron los más activos. Todo el devenir de la teología, con su denuncia de los males sociales de esta época, ha creado inquietudes en quienes sienten las necesidades de los menesterosos del tercer mundo. Estas se reflejan en las siguientes preguntas: ¿Cuál debe ser la verdadera conducta y ética social de la Iglesia? ¿Quiénes se deben comprometer a efectuarla? Cómo podemos hacerlo? Si respondemos sinceramente a tales preguntas, tendremos que reconocer dolorosamente, que la Iglesia carece de una conciencia social definida en esta época. Aun los que desean aclarar la situación no saben cómo empezar ni quién debe hacerlo.

16.1.3. Fracaso de conciencia y valor

Tenemos que reconocer que así como han fracasado el comunismo y la teología de liberación en la redención social del ser humano, la Iglesia se ha quedado con los brazos cruzados, un poco indolente y tal vez desalentada. Eso quizá sea por un problema de identificación. Cuando alguien se muestra interesado e inquietado por lo social, a veces se le identifica como partidario del "evangelio social". Aunque sabemos que el evangelio es uno solo, que tiene una primera instancia espiritual, y como consecuencia de que el espíritu mora en la materia, hay una labor social que se debe cumplir con el ser humano integral.

Es tanta la influencia del miedo al pensamiento de los liberacionistas en nuestras iglesias contemporáneas que lo hemos contrarrestado dándole un marcado énfasis al aspecto espiritual, reforzándolo con versículos de acuerdo con esta orientación. El énfasis ha sido tan fuerte que se ha olvidado hacer la labor social. Es cierto que la Biblia dice: "Buscad primeramente el reino de Dios y su justicia . . ." Pero también dice: ". . . y todas estas cosas os serán añadidas." Esas "cosas" no tienen que ver con el espíritu, sino con las necesidades físicas y materiales de todo ser humano. En esto tienen razón los liberacionistas.

16.2. LA PROBLEMÁTICA SOCIOECONÓMICA

Después del fracaso de sistemas que prometieron resolver el problema de la injusticia social, siguen latentes la pobreza y la miseria. Es tan evidente que los líderes de los países desarrollados y de los subdesarrollados están clamando por un "nuevo orden mundial". Se quiere buscar una solución a esa problemática, y los cristianos ya sabemos qué significado bíblico tiene la famosa proposición del "nuevo orden".

16.2.1. La propuesta marxista-leninista

Sabemos que desde el siglo pasado, el marxismo propuso la redención del ser humano del sistema capitalista, al que acusaba de explotador en *El Capital* de Carlos Marx. Se publicó en 1867, y siguió a otro de la misma tónica: *El Manifiesto del Partido Comunista* que, junto con Federico Engels (1820-1895), Marx publicó en 1848.

En el libro *El Capital* expuso su concepción materialista de los hechos económicos e históricos y por eso consideró que el capitalismo, al concentrar la riqueza en pocas manos, no podría resistir el asalto de los trabajadores agrupados y organizados, los cuales se apoderarían del sistema y lo convertirían en una sociedad colectivista de medios de producción y cambios.

Esa teoría política filosófica fue instrumentada por Vladimir Ilich Ulianof Lenin (1870-1924), quien fuera un político ruso enemigo desde su juventud de los zares y su régimen, además de fundador del estado soviético. Fue expatriado en 1907, pero regresó en 1917 con el triunfo de la revolución bolchevique. Derrotó a quienes llamó contrarrevolucionarios, sentó las bases de la organización socialista de la economía y creó la estructura federal del estado que en 1922, se llamó U.R.S.S., hasta principios 1992, año de su disolución.

Entre los muchos libros que escribió, sobresale con respecto al tema la obra *El Estado y la revolución*, en el que propone como instrumento la revolución para la destrucción del capitalismo y la construcción de una nueva sociedad colectivista a favor de los pobres y desposeídos, especialmente la clase trabajadora. La revolución socialista se exportó a países de Europa, África, Asia y, en su última etapa, a muchos países de América Latina. Sin embargo, sólo en dos países de nuestro continente logró dar frutos la lucha armada — Cuba y Nicaragua —; pero bajo la cobertura de insurrecciones nacionalistas, no de genuinos movimientos marxistas-leninistas, debiéndose a ese factor el apoyo popular que recibieron. Sólo después de haber triunfado, sus líderes proclamaron la ideología comunista de esas revoluciones, traicionando así la voluntad de los pueblos que los llevaron al triunfo.

Aun cuando existía el interés de la redención social del pobre, el socialismo fracasó rotundamente. Hay varios factores que determinaron el fracaso actual, pero no los podemos enumerar en este capítulo. A grandes rasgos esa era la propuesta planteada de una manera filosófico-política para la redención social de los menesterosos.

16.2.2. La propuesta de los liberacionistas

¿Debemos olvidarnos de la teología de liberación porque fracasó el comunismo? ¿Está sepultada la teología de liberación? ¿Bajo qué nuevos aspectos resurgirá, si es que resurge?

Los liberacionistas han acusado a la Iglesia de nuestros días de haber olvidado el aspecto social. Aunque nos duela reconocerlo, esta es una gran verdad. ¿A qué se debe esta renuencia a la labor social?

El temor engendrado por el mensaje altamente influido por el marxismo hizo que la iglesia conservadora mirara con ojos poco amigables el llamado de atención a hacer la obra social y sobre todo cuando se proponía la revolución como el método violento y necesario para llegar a lograr el fin. Quienes promulgan una teología de izquierda o de liberación lo hacen basando sus argumentos en textos bíblicos que tienen un alto sentido social. Señalan con eso que la Biblia y el Señor Jesucristo pusieron énfasis sobre la obra social. Muchas veces al Señor se le llama "el guerrillero por excelencia".

Todo lo relacionado con la propuesta liberacionista está expuesto en el capítulo 13 de este libro, y por lo tanto no ocuparemos espacio en este capítulo para eso. Tal vez algunos pensarán que este pensamiento ha perdido vigencia, pero no nos equivoquemos. Ahora es cuando los postulados de los liberacionistas toman más fuerza. Quizá tendrán que cambiarle el énfasis marxista y proponerlo con otro léxico. La propuesta liberacionista en su propósito general, sigue en pie como un planteamiento religioso-político, a pesar de que haya fracasado lo que su socio, el marxismo, propuso.

16.2.3. El problema latente

Como hemos visto anteriormente, fracasó el marxismo y los liberacionistas permanecen a la expectativa; pero algo inactivos por causa de los acontecimientos de estos últimos tiempos. Aunque no se haya encontrado solución al postulado de la redención social, este problema está latente y no podemos soslayarlo.

¿Cuál debe ser la conducta de la Iglesia ante este nuevo suceso histórico? ¿Que responsabilidad histórica le corresponde? ¿Hasta dónde nos debe llevar el compromiso? ¿Tenemos premisas bíblicas para eso? En los siguientes puntos quiero responder a esos interrogantes.

16.3. UN LLAMADO DE URGENCIA

La existencia del problema, y la desgracia que representa, nos hace un llamado urgente para que participemos y tratemos de ser solución a algo en que han fracasado los sistemas humanistas. ¿Cuál es ese llamado? ¿Qué debemos hacer? ¿Cómo debemos hacerlo? Son preguntas que deben ser resueltas con sinceridad y decisión.

16.3.1. Un llamado a la reflexión

La existencia del problema nos hace un llamado a la reflexión. Tenemos que reconocer que no podemos dejar de lado la obra social. El evangelio presentado en las Escrituras es íntegro, completo. Enseña que hay que redimir espiritualmente al ser humano; pero también se le debe redimir materialmente, sacándolo de su miseria, dándole herramientas para que venza el estado de pobreza y postración donde se halla sumido. No olvidemos que Cristo dijo: "Dadles vosotros de comer." Y eso nos coloca en un estado de seria responsabilidad.

Da pavor observar que aun en nuestras comunidades cristianas, donde es más fácil practicar el aspecto social, se ha descuidado de una manera alarmante. Si nosotros no somos capaces de hacer el bien al hermano, ¿cómo podremos hacerlo con los que no son de la fe? Esto nos coloca en entredicho, pues si no lo hacemos con los nuestros donde el sistema, e incluso la relación existente entre los creyentes, ayudan para tal fin, mucho menos tendremos fuerza moral para ayudar a los que no se mueven en nuestro ambiente y círculo cristiano.

Aunque estamos de acuerdo con la labor social, no podemos dejar de denunciar el horizontalismo exagerado que se les pretende dar a las palabras de nuestro Maestro. Jesús se interesaba por las necesidades físicas de sus semejantes, pero también sentía una gran preocupación por el aspecto espiritual. Tenía una relación extraordinaria con el Padre, ya que podía decir: "El Padre y yo uno somos." Esto último no se puede sacrificar en aras de la obra social.

Quienes han promovido la violencia, argumentando la preocupación social de Jesús y llamándolo el guerrillero por excelencia, se olvidan de que Él nunca ejerció la violencia para probar sus puntos de vista, ni tampoco trató de derrocar a los gobiernos injustos de Roma y de los Herodes. Su poder de convicción no residía en su fuerza dialéctica ni posición política, sino en su oración y ayuno. Con intensidad, sujetaba las pasiones carnales a la voluntad del Padre celestial.

Ni justas distribuciones ni justicia social se han logrado con bombas, paredones, secuestros, fusilamientos ni odios de clase. Se trató de redimir de la explotación al hombre por el hombre, pero el hombre pasó después a la condición de ser explotado por el estado, razón por la cual se fracasó en su redención. El verdadero espíritu de justa equidad se encuentra en 1 Corintios 13, donde el móvil para el trato con el semejante es el amor. Todo lo que no pueda hacerse en el nombre del Señor Jesucristo y con amor, no tiene validez, pues sus motivos serán egoístas, mezquinos, y deben ser rechazados. Por eso no admitimos la totalidad de las enseñanzas de los maestros de la teología de la liberación.

Así como la Iglesia no puede apoyar la violencia para que se hagan los cambios sociales profundos propuestos por los liberacionistas, tampoco puede ser ciega ante la injusticia social imperante en los países tercermundistas. La Iglesia debe estar despierta para conocer que los tiempos sufren evolución, lo mismo que las ideas. El cuerpo de Cristo debe darse cuenta de su coyuntura histórica en el hoy y no vivir en el ayer obsoleto, ni tampoco en la esperanza del mañana. Si no actúa de acuerdo con las exigencias de los tiempos, su actitud tendrá que ser calificada de indolente. El cerrar los oídos ante el clamor de los pueblos oprimidos y necesitados de cambios urgentes, es colaborar a que en nuestros suelos se implante un sistema contrario y enemigo de la Iglesia, que más tarde será su enemigo, pues todo su materialismo y humanismo exagerados chocarán irremediablemente con la fe.

Hace algunos años se citó mucho en nuestros círculos la siguiente expresión: "Feliz el creyente que tiene su mente en el cielo, pero a la vez sabe que sus pies están sobre la tierra." Así como se satisfacen las exigencias de Dios, también se pueden satisfacer las exigencias que tienen relación a lo terreno. Creemos firmemente que al no olvidar nosotros el aspecto social, Dios recibirá honra y gloria, pues nuestra inspiración espiritual y nuestra verticalidad nos llevarán a hacer aquello en el nombre del Señor.

16.3.2. Un llamado a la acción

No es nuestra intención decir cuáles deben ser las prioridades en el servicio social de las iglesias. Cada país tiene sus necesidades y prioridades. Los dirigentes de la obra deben fijar las pautas a seguir. Pero el tiempo apremia y lo que hay que hacer, debe hacerse ya, pues de lo contrario otros lo harán por nosotros, y lo realizarán mal, ya que no tienen la mente del Señor.

Las necesidades del menesteroso son la voz de Dios que nos llama a una acción de compromiso. Bien lo dijo el Maestro: "Tuve hambre, y no me disteis de comer; tuve sed, y no me disteis de beber; fui forastero, y no me recogisteis; estuve desnudo, y no me cubristeis . . . Por cuanto no lo hicisteis a uno de estos pequeñitos, tampoco a mí lo hicisteis."

Gracias a Dios que para responder a los anteriores requerimientos, tenemos una fuerza espiritual capaz de ser el elemento motriz que busque que se hagan reformas y cambios sociales en bien de la humanidad. El aspecto social no debe quedar sólo en los deseos y buenos propósitos, pues éstos sólo apagarán y acallarán la voz de nuestra conciencia por un poco de tiempo. Mientras en el mundo haya indigentes que clamen por las injusticias, esos gritos serán la voz de nuestra conciencia.

Ahora bien, así como debemos ser puros en los deseos, debemos ser puros en los propósitos, medios y acciones que usemos para tal fin. José Fajardo, educador colombiano, se opone a que se use la obra social como cebo para después evangelizar. El llama a esto el método del "plátano y el bozal". Se refiere a una costumbre de sus tiempos de niño. Cuando su padre lo mandaba a buscar el caballo, en una mano llevaba un plátano para atraer al caballo, pero en la otra llevaba escondido el bozal para capturar el animal y llevárselo a su padre.

Actuar de esta forma es quizá ejercer un chantaje espiritual inadecuado, pues no se logrará con eso la conversión del individuo, sino la del estómago. Tarde o temprano, cuando no haya más "plátanos", esos "convertidos" se quitarán el "bozal" y, vacunados en contra del evangelio, se alejarán de las iglesias, ya que no podrán satisfacer más sus necesidades. Si servir es para nosotros un fin, y no un medio, lograremos mejores resultados.

La Iglesia debe tener presente que para lograr cambios sociales en nuestra esfera de influencia, no sólo debe comprometerse a denunciar los males sociales, sino que también debe prepararse para efectuar cambios de acuerdo con sus recursos y usando el mensaje conciliatorio de la cruz, para no aliarse a fuerzas extremistas que fomentan la violencia y el robo de las pertenencias de quienes tienen más. El pueblo tiene demasiadas angustias. Nuestro deber es tratar de hacerlas desaparecer y no aumentarlas. Somos hijos de paz. En nuestras manos están las herramientas para servir al prójimo.

Cuando decidamos actuar en favor de los menesterosos, enfrentaremos sistemas que tratarán por todos los medios de estorbar el cumplimiento de una parte de nuestra misión. Debemos enfrentarnos a esos sistemas con mucha mansedumbre y paciencia, pero también con mucha resolución y fe en el Señor. De no hacerlo, estaremos promoviendo a quienes seguirán instando a la lucha de clases, al derramamiento de sangre, a la supresión de las libertades individuales de los seres humanos. Ayudaremos, además, a crear un sistema enemigo de la fe en Dios y de quienes lo propagan. Si los que creen en Dios no pueden presentar alternativas de redención en cuanto a la obra social, crearán la alternativa de un estado enemigo de la Iglesia como ya sucedió en el pasado. Proclamarán de nuevo el cambio de estructuras políticas, económicas y religiosas por el método de la violencia. Si esto ocurre, nos convertiremos con eso en cómplices de los cambios violentos que ocurran.

Por naturaleza, la Iglesia es apolítica; pero su presencia en algunos países ha enriquecido el proceso electoral y ha hecho renacer la esperanza de las multitudes desamparadas. No se puede olvidar sin embargo que todo coqueteo con los políticos se cobra caro. Si la Iglesia toma posición partidista a favor de cualquier posición política, quizá prepare el ambiente para que los sistemas injustos la usen para sus fines maquiavélicos y al tomar el poder la dejen de lado y comiencen a violar los derechos del hombre. Como han hecho todos los gobernantes que no tienen respeto por los derechos del ser humano.

Cuando la Iglesia pierda su verticalidad, su dependencia del Espíritu Santo, su amor a Dios, su culto dinámico con la participación de sus fieles, su fervorosa adoración, cuando deje de presentar a Jesucristo como la alternativa espiritual y la respuesta a los interrogantes del ser humano, lo que haga será un horizontalismo estéril. Se convertirá sólo en una agencia social y por tanto será presa fácil de cualquier sistema que no tenga la mente del Señor.

La historia comprueba que hasta el día de hoy, a largo o corto plazo, una de las metas de cualquier sistema político es dominar a todo sistema religioso que se atreva a coquetear con él. La pasión militante o hipócrita de estos les hace devorar a quienes se pongan en su camino. Por lo tanto, el horizontalismo exagerado, tanto de algunos católicos como de ciertos protestantes, es demasiado peligroso. Pueden llegar a convertir en realidad los postulados de los liberacionistas, que han recomendado llevar a cabo la violencia cuando sea necesaria. Haciendo lo que es debido, se procurará olvidar la conducta no violenta del Salvador, que también en eso debe ser el verdadero paradigma.

El verticalismo exagerado de los otros es también altamente peligroso, pues nos puede encerrar en un estado de falsa espiritualidad y cerrar nuestros ojos a las necesidades materiales de los seres humanos que nos rodean y que tienen sus manos extendidas hacia nosotros.

16.3.3. Un llamado a un comportamiento bíblico

Se nos ha desafiado a ejercer una conducta genuinamente bíblica. Con eso se nos insta a aceptar los postulados de los liberacionistas, pero, ¿qué es una conducta bíblica? ¿Qué se quiere dar a entender con eso de que la Iglesia no tiene una conducta plenamente bíblica? ¿Podemos evaluar y concretar esa clase de conducta?

No pensemos que alzar nuestra voz en contra de la injusticia social es algo incorrecto y que denota falta de espiritualidad. El hacerlo no es nada nuevo, pues un hombre tan espiritual como Amós, siervo y profeta de Dios, denunció los males sociales de su día (Amós 2:6-8). Con esto no queremos aprobar que las denuncias sociales se hagan por capricho o sólo para satisfacer nuestros sentimientos, sino que deben contener la orden y el mandato de Jehová. De esta manera podremos decir como dijo el profeta: "Así ha dicho Jehová."

No dudamos en afirmar que el Padrenuestro es inmensamente espiritual, pero en una de sus partes se nos enseña a pedir "el pan nuestro", que es una necesidad material. Y se nos insta a compartirlo con nuestro semejante, por ser "nuestro" y no "mío". Tenemos que aceptar que esto puede ser una invitación a hacer obra social.

El mensaje de Santiago 2:14-17, que dice: "Hermanos míos, ¿de qué aprovechará si alguno dice que tiene fe, y no tiene obras? ¿Podrá la fe salvarle? Y si un hermano o una hermana están desnudos, y tienen necesidad del mantenimiento de cada día, y alguno de vosotros les dice: Id en paz, calentaos y saciaos, pero no le dais las cosas que son necesarias para el cuerpo, ¿de qué aprovecha? Así también la fe, si no tiene obras, es muerta en sí misma." Esto debe sacudirnos para que lo pongamos en práctica, pues lo que allí se enseña es que la verdadera fe es avalada por las obras sociales que hagamos con nuestro hermano o nuestro prójimo.

184 *Crisis en la teología contemporánea*

Pablo, en Gálatas 2:10, nos dice que al recibir el consejo de los ancianos de la iglesia de Jerusalén de que no se olvidara de los pobres, no lo echó en saco roto. Ojalá que despertemos de nuestra apatía y no cometamos el error de cruzarnos de brazos mientras el mundo se derrumba a nuestro lado. No podemos permitir que el espíritu de las tinieblas arrastre a este mundo. Ni la izquierda ni la derecha tienen soluciones sociales que satisfagan enteramente al ser humano. Tanto los unos como los otros están llenos de errores e injusticia y son incapaces de redimir al hombre con sus sistemas.

Al tener en cuenta lo anterior, tampoco podemos olvidar que tenemos que equilibrar las cargas. Hay que vivir y actuar en sentido horizontal. Pero en contrapeso hay que vivir y actuar con un sentido altamente vertical al mismo tiempo. Quienes predican el materialismo humanista como alternativa de la Iglesia para el mundo, no deben olvidar que el Señor dijo: "No sólo de pan vivirá el hombre, sino de toda palabra que sale de la boca de Dios." Quienes promueven sólo la predicación de un evangelio espiritual, deben recordar que Jesucristo dio a entender que el hombre también necesita pan además de su Palabra.

Quiera Dios despertarnos del letargo en que nos encontramos. Que decidamos hacer la revolución del amor, del servicio desinteresado y de la entrega de nuestros recursos; aun de nuestra vida si fuera necesario. De lo contrario, otros harán la revolución de la metralleta, de la violencia, y en nuestro corazón sólo quedará un gran dolor por haber sido espectadores cuando podíamos ser la solución. ¡Dios nos ayude!

DE LA TEORÍA A LA PRÁCTICA

1. ¿Qué opina usted en cuanto a la responsabilidad que tiene su iglesia de hacer obra social?

2. ¿Cuáles pruebas puede ofrecer usted del peligro que corre la Iglesia si no hace ninguna labor social?

3. Haga una comparación entre la opinión expresada en este capítulo en cuanto a no hacer obra social con el fin de ganar almas, y la opinión personal que usted tiene.

4. ¿Cuáles obras sociales debe emprender su iglesia en este año? ¿El año próximo?

5. Indique con una escala de 1 a 10 cuáles obras sociales deben ser las primeras en comenzar en su país. (El 1 indicará la más urgente y el 10 la que menos urge en comparación.)

CAPÍTULO 17

LOS PENTECOSTALES EN EL ESCENARIO

Quizás alguien se extrañará de que terminemos este libro con una referencia a la iglesia pentecostal. ¿Cuál es la razón? ¿Será que las iglesias no pentecostales no son dignas de ser tenidas en cuenta? Esto último jamás ha estado en mente del autor, pero hay varias razones para señalar a los pentecostales.

17.1. MOTIVOS DEL CAPÍTULO

Son tres las causas por las cuales este capítulo se incluye en este libro:

17.1.1. Reconocer el aporte de los no pentecostales

A estos les estamos agradecidos, pues de ellos hemos heredado valiosas doctrinas. Su peregrinar teológico nos ha legado una cantidad de doctrinas que las aceptamos sin reservas. No hemos escrito este capítulo ni por desprecio, ni por menospreciarlos; son nuestros hermanos amados y aunque no tengan la experiencia pentecostal, los amamos y respetamos en el campo de la teología.

17.1.2. Advertencia a los pentecostales

Hay un asombroso despertamiento pentecostal por los cuatro costados del mundo. Se calcula que los pentecostales crecen a un ritmo de 125.000 nuevos creyentes cada día. La congregación pentecostal del pastor Paul Yonggi Cho, en Seúl, Corea del Sur, ha llegado a la cifra de un millón de miembros, que constituyen la iglesia local más grande del mundo. Según la *World Christian Encyclopedia* (Enciclopedia cristiana mundial) de 1982, compilada por David Barrett, había hasta esa fecha cien millones de pentecostales en el mundo, entre los que están once millones de carismáticos de las denominaciones tradicionales y cinco millones de miembros de la

Iglesia Kimbanguista de Zaire, África. Se supone que de esa fecha hasta el presente por lo menos cincuenta millones más se han adherido a la iglesia pentecostal.

Una de las razones para escribir este capítulo es el rápido crecimiento de esta fe y la otra es porque la mayoría de los que piensan de esa manera son de extracción humilde; por lo tanto, eso los hace susceptibles a ser catequizados por los liberacionistas y los teólogos neoortodoxos y liberales, por lo cual queremos advertir el peligro para que podamos contender ardientemente por la fe.

17.1.3. Vaticinio de un no-pentecostal

A principios de la década de los años sesenta, Henry Pitt Van Dusen, presidente del prestigioso Seminario Teológico Unión en los Estados Unidos, predijo que la última mitad del siglo XX sería recordada en la historia de la Iglesia como "la época del cristianismo pentecostal y carismático". La historia confirma lo citado anteriormente, pues se nota que el crecimiento del movimiento pentecostal es uno de los fenómenos más espectaculares del cristianismo moderno, y por lo tanto es muy desafiante el deseo de conquistarlo para cualquier corriente doctrinal. Viendo cumplido el vaticinio de Henry Pitt Van Dusen, nos sentimos comprometidos con esta manera de pensar y por eso saltamos a la palestra de la defensa de la ortodoxia.

17.2. HISTORIA DE LA FORMACIÓN DEL PENTECOSTALISMO

El fenómeno del pentecostalismo se limita principalmente al siglo primero y al siglo XX. No obstante, hubo derramamientos del Espíritu Santo sobre algunos grupos, como ocurrió bajo Montano en el siglo segundo y en otros casos aislados a través de la historia del cristianismo. La mayoría de la Iglesia las rechazó como espurias o simplemente pasó por alto aquellas efusiones sobrenaturales. El movimiento pentecostal moderno no comenzó hasta principios del siglo XX. Varios factores prepararon el camino para el pentecostalismo moderno.

17.2.1. Lo doctrinal

Durante el siglo XIX, la religión protestante en los Estados Unidos prosperó externamente, pero se deterioró en lo doctrinal. El liberalismo, con su énfasis en el frío intelectualismo, no satisfacía el hambre espiritual de muchos creyentes. Surgió así en la iglesia metodista de Inglaterra y de los Estados Unidos un movimiento que reaccionó ante la mundanalidad y frialdad prevaleciente en muchas denominaciones. Pronto se extendió a muchos grupos religiosos, haciendo hincapié en la santidad y fomentando campamentos y campañas de avivamiento.

17.2.2. El rechazo de las denominaciones

Las denominaciones en general reaccionaron negativamente y muchos creyentes renovados dejaron la iglesia establecida para formar grupos caracterizados por la doctrina de santidad. Sus predicadores enseñaban que el creyente podía recibir la "segunda bendición", la santificación por el Espíritu. De estas nuevas denominaciones procedían muchos de los líderes del movimiento pentecostal.

17.2.3. El ministerio de sanidad divina

El ministerio de sanidad divina de grandes hombres de fe, como A. B. Simpson y Alejandro Dowie, despertó en muchos creyentes el deseo de experimentar el poder apostólico, lo cual les llevó a difundir esta doctrina cuando la experimentaron.

17.2.4. La oración y el ayuno

También el gran movimiento del Espíritu en el avivamiento bajo Evan Roberts en Gales, Inglaterra, produjo fe y anhelo de presenciar el poder manifiesto de Dios en la Iglesia. Muchos creyentes se dedicaron a orar, ayunar y examinar su propio corazón a fin de que Dios derramara de su Espíritu Santo en su medio.

17.2.5. Personas usadas para tal fin

Muchos se dedicaron con ahínco a buscar más de Dios y de su Espíritu. Al cabo de poco tiempo, varios del grupo recibieron lo que buscaban. Veamos algunos ejemplos.

17.2.5.1. Carlos Parham

El movimiento pentecostal moderno nació en Topeka, Kansas, Estados Unidos de América, la noche del año nuevo de 1901. Los estudiantes del instituto bíblico dirigido por Carlos Parham se pusieron a buscar en oración la experiencia pentecostal, incluso el director de dicha institución.

17.2.5.2. José Smale

José Smale había presenciado el gran despertamiento de Evan Roberts en Gales y volvió para organizar reuniones de oración en Los Ángeles, con el propósito de traer un "pentecostés" a su ciudad y al mundo entero. Milagros y muchas bendiciones resultaron de este esfuerzo.

17.2.5.3. Guillermo J. Seymour

La persona clave para diseminar la doctrina pentecostal fue Guillermo J. Seymour, un humilde predicador negro, alumno de Parham, quien la llevó a Los Ángeles, California. El terreno estaba preparado ya para un despertamiento espiritual. Seymour le predicó el mensaje sobre el bautismo en el Espíritu Santo a una congregación, pero la pastora le prohibió que volviera. Luego él organizó reuniones en una casa particular.

El 9 de abril de 1906 "cayó el fuego" en una reunión en la calle Bonnie Brae. Mucha gente del movimiento de santidad tuvo la experiencia del bautismo en el Espíritu Santo. Iba la gente a tropel hasta no caber más en la casa. Luego se trasladaron las reuniones a un templo viejo convertido en garaje, ubicado en la calle Azusa.

Esta misión se convirtió en el punto de partida del movimiento pentecostal. Durante tres años, Seymour dirigió las actividades en el lugar. Se presenciaron impresionantes milagros y manifestaciones del Espíritu. Noche tras noche visitantes, incluso misioneros de muchas partes del mundo, buscaban y recibían el "bautismo de fuego". Luego salían a esparcir el mensaje pentecostal dondequiera que fueran hasta lo último de la tierra.

17.2.5.4. Guillermo Durham

Este era un escéptico que, movido por la curiosidad, visitó la misión de Azusa y se convirtió. Luego volvió a Chicago y abrió su propio local. Su pequeño salón se llenó de pastores que buscaban la experiencia pentecostal.

17.2.5.5. A. H. Argue

Uno de los discípulos de Durham fue Argue, quien inflamado por la experiencia pentecostal, llevó el mensaje a las tierras del norte, a Canadá.

17.2.5.6. Luis Francescon

Otro predicador discípulo de Durham fue Luis Francescon, un inmigrante italiano, que divulgó el mensaje entre sus paisanos de América del Norte. Algunos de ellos volvieron a Italia y allí establecieron iglesias pentecostales. Otros fueron a la Argentina y comenzaron la obra pentecostal allí. Francescon fue a Brasil como misionero.

17.2.5.7. T. B. Barratt

Este hombre fue también importante en la diseminación del evangelio pentecostal. Llevó el fuego espiritual a Noruega y a Dinamarca.

17.2.5.8. Lewi Pethrus

Era un predicador bautista sueco que asistió a los cultos de Barratt y volvió a Suecia, donde comenzó, organizó y guió el movimiento pentecostal.

17.2.5.9. C. W. Hoover

Este misionero metodista en Chile, se enteró del avivamiento en Chicago y buscó con su congregación el poder de lo alto. Chile fue visitado poderosamente por el Espíritu en el año 1909.

17.3. EL PENTECOSTALISMO ACTUAL

A pesar de que las denominaciones protestantes establecidas rechazaron en general el mensaje pentecostal, tildando a los pentecostales de "santos revolcadores", "endemoniados" y "fanáticos religiosos", el movimiento creció.

17.3.1. Algo de historia

Muchas de las denominaciones de santidad recibieron la influencia de la nueva doctrina, dividiéndose algunas y haciéndose pentecostales otras. Los miembros de las denominaciones tradicionales que recibían el bautismo en el Espíritu Santo, a menudo eran expulsados por sus pastores y formaban congregaciones pentecostales.

Con el transcurso del tiempo, se vio la necesidad de darle estructura al movimiento. En 1914 se organizaron las Asambleas de Dios estadounidenses. Después, grandes organizaciones han surgido en todos los continentes.

17.3.2. Europa

En Europa, los pentecostales son más numerosos en los países escandinavos e Italia. Más de la mitad de los evangélicos de Italia son pentecostales. El pentecostalismo crece en Rusia y otros países socialistas, sobre todo después de la caída del comunismo.

17.3.3. América Latina

Se destaca más el pentecostalismo en América Latina y África que en otros continentes. Alrededor del quince por ciento de la población evangélica de Brasil, un veinte por ciento en Chile, un quince por ciento en Perú, un veinte por ciento en Guatemala y un quince por ciento en El Salvador son pentecostales, lo cual representa el ochenta y cinco por ciento de los evangélicos en dichos países. En nuestro continente iberoamericano, se dice que el ritmo de crecimiento de la Iglesia es tres veces mayor al del crecimiento demográfico.

17.3.4. África

Al igual que en América Latina, hay en África grandes organizaciones pentecostales nacionales, cuya tasa de crecimiento es superior a la de la población de aquel continente. Es probable que dentro de poco, los pentecostales de América Latina y África sean más numerosos que todos los evangélicos no pentecostales en el resto del mundo.[1]

17.3.5. Experiencia interdenominacional

La experiencia pentecostal no está limitada a los grupos que reciben el nombre de pentecostales. Creyentes de muchas denominaciones están recibiendo la plenitud del Espíritu Santo y han experimentado el hablar en otras lenguas, que se manifiestan en la Glosolalia: Lengua desconocida o angélica. En algunas zonas, más de la mitad de los ministros de ciertas denominaciones no pentecostales afirman haber recibido esta experiencia.

17.4. EL SECRETO DEL ÉXITO PENTECOSTAL

¿Por qué ha crecido tanto el movimiento pentecostal? Los historiadores pentecostales nos dan algunas razones;[2] nosotros añadimos otras.

17.4.1. El énfasis en lo sobrenatural

Antes del advenimiento del pentecostalismo moderno, los creyentes evangélicos tenían la predisposición de esperar lo sobrenatural. El ambiente de avivamiento de las últimas décadas del siglo XIX preparó el terreno para eso. Los pentecostales le dan un énfasis vigoroso a esperar lo sobrenatural, y en parte esta experiencia le da solidez a su fe y asegura el crecimiento, ya que lo sobrenatural sigue atrayendo a personas interesadas en esos fenómenos.

17.4.2. Experiencia que trasciende las denominaciones

Los pentecostales le dan énfasis a una experiencia que trasciende barreras doctrinales y denominacionales. Al principio no se consideraba que el pentecostalismo fuera otra denominación, sino un movimiento dentro de la Iglesia. Las personas de varias denominaciones y doctrinas, a menudo se arrodillaban juntas para recibir el bautismo del Espíritu Santo. Hoy día, a pesar de que se considera el pentecostalismo como otra denominación, la experiencia se ha trasladado a denominaciones que por herencia no son pentecostales.

17.4.3. El entusiasmo y la espontaneidad

El entusiasmo de los cultos pentecostales se nota en sus aleluyas, en sus palmas con que acompañan sus canciones y la participación musical es más libre y popular, menos cargada de un espíritu sagrado. La espontaneidad es tal que el culto no es rígido ni organizado; nadie es criticado por la forma en que participa en el culto; hay libertad de expresión y cada cual en forma individual, dirige al Señor sus plegarias y adoración, como lo desee.

17.4.4. Los cultos cargados de participación

La liturgia de los pentecostales es muy participativa. La participación congregacional es muy importante para el ritual pentecostal. Desde el púlpito se ministra a la congregación, pero el púlpito espera una reacción mediante los amenes y aleluyas con que participa la congregación en la exposición del mensaje y en una participación bien activa en los cantos. En la iglesia pentecostal todos tienen una parte importante. El laico tiene su puesto en el culto pentecostal. En esa participación se produce el desahogo espiritual que tanto necesita el hombre de la calle, cargado de problemas.

17.4.5. El gozo

El gozo es una característica fuerte del culto pentecostal. Los creyentes lo manifiestan en adoración, cantando, tocando instrumentos, orando en voz alta, batiendo las manos, testificando y ejerciendo una especie de terapia de grupo y colectiva, pero también individual. Sin gozo no se puede concebir el culto pentecostal.

17.4.6. La manifestación de los dones del Espíritu Santo

Los carismas del Espíritu Santo es una manifestación del culto pentecostal que mantiene a los creyentes a la expectativa. Se sabe que el Espíritu es el Señor del culto, y Él puede y tiene la libertad de intervenir en cualquier momento. Eso le da un carácter de expectativa al culto, por lo cual el creyente va al culto creyendo que algo extraordinario sucederá en él.

17.4.7. Ministración a las necesidades del pueblo

Los pentecostales ministran a las necesidades del pueblo. Aceptan al convertido y lo aman, sin importarles sexo, rango, raza o clase social. Cuando se tienen problemas, se pide a los otros que los tengan presentes en oración. Nadie se va sin recibir consuelo y apoyo de los otros. También se insiste en una experiencia emocional que satisface a gente que de otro modo lleva una vida aburrida. La presencia del poder milagroso en los cultos ministra a las necesidades físicas y produce gran fe.

17.4.8. El espíritu misionero

Los pentecostales se dedican a la evangelización. Saben que es inminente la segunda venida de Cristo y que ellos tienen el mensaje para los "postreros tiempos". Todo creyente debe ganar almas. También las campañas de sanidad divina son otro poderoso agente del crecimiento que atrae a multitudes de inconversos. La literatura, los programas radiales, los de televisión y el constante esfuerzo evangelístico en las iglesias locales han dado grandes resultados.

17.4.9. Cuota de sacrificio pastoral

Se nota el espíritu misionero enérgico y sacrificado de los pastores y las congregaciones pentecostales. Para abrir un nuevo frente de trabajo, en la mayoría de los casos, el pastor pentecostal lo hace a costa y riesgo de su propio bolsillo. A veces sólo por fe se dedica al trabajo de fundar una nueva iglesia, lo cual ha dado un extraordinario crecimiento a la iglesia pentecostal.

17.4.10. El fervor de ser investidos del poder de lo alto

Los pentecostales dicen estar investidos del "poder de lo alto". Su fervor, su solicitud para alcanzar las almas perdidas y su amor intenso hacia Dios provienen de un auténtico bautismo en el Espíritu Santo, de acuerdo con la promesa de Cristo como se interpreta entre ellos (Hechos 1:8).

17.4.11. El recurso divino

Cuando el pentecostal se encuentra en un vacío y no tiene otro recurso, recurre a lo que la Biblia le ha asignado como un auxiliar muy poderoso: el hablar en otras lenguas como una expresión sobrenatural. El pentecostal cree literalmente que el que habla en "lengua extraña a sí mismo se edifica".

17.4.12. El evangelio como praxis

En la iglesia pentecostal, se vive de acuerdo con la Palabra de Dios y se guarda un lugar muy especial por la doctrina, y se experimenta de un modo especial la presencia de Dios. El evangelio es más praxis entre ellos. No quiere decir esto que no hay intelectuales ni pensadores entre ellos, pues en las dos últimas décadas algunos profesionales han tomado lugar en su dirección y liderazgo. En sus medios se experimenta una sentida presencia del Señor, lo cual les hace vivir conforme a lo que se predica.

17.5. LA INFLUENCIA DEL PENTECOSTALISMO

El antiintelectualismo de muchos pentecostales en la primera mitad del siglo XX se debía en parte a su reacción contra la frialdad y esterilidad de una religión casi puramente intelectual. Los bautizados en el fuego divino hacían hincapié en la experiencia personal con Dios, la operación de los dones y la evangelización. No prestaban mucha atención a la teología, porque representaba una experiencia sin el poder de lo alto.

Sin embargo, va cambiando radicalmente ese cuadro sobre todo en las dos últimas décadas.

Por la influencia del pentecostalismo en la década de los años cincuenta, el fervor pentecostal comenzó a pasar a las denominaciones tradicionales, las cuales se habían resistido a ella obstinadamente. Luego se arraigó dentro de la iglesia de Roma. Se le llama a ese fenómeno "neopentecostalismo" o "movimiento carismático". Difiere del pentecostalismo tradicional en el sentido de que los que reciben la experiencia se quedan en sus iglesias. Todo el movimiento pentecostal moderno, se puede resumir como el producto de cuatro fases y a ellos se debe la enorme influencia del pentecostalismo moderno.

17.5.1. Primera fase: El pentecostalismo tradicional

Se conoce de esta manera al movimiento que comenzó a principios de este siglo. No lo describiremos, ya hemos tratado lo suficiente sobre él y su influencia desde sus inicios.

17.5.2. Segunda fase: Las iglesias tradicionales e históricas

Se reconoce esta manifestación en el despertamiento pentecostal en las iglesias tradicionales. Había un hambre espiritual en el corazón de muchos pastores y laicos de las denominaciones evangélicas no pentecostales de los Estados Unidos. Aunque las iglesias tradicionales calificaban a los "habladores en lenguas" como devotos de una manía pasajera, el éxito pentecostal comenzó a vencer los prejuicios. Algunos hambrientos buscaron y recibieron la experiencia pentecostal. La Fraternidad de Hombres de Negocios del Evangelio Completo fue instrumental en la reunión de cristianos de muchas denominaciones no-pentecostales para llevarles el mensaje pentecostal mediante testimonios.

La publicidad que recibió en los medios populares de comunicación Dennis Bennett, un pastor episcopal (anglicano) de California en 1960, hizo impacto a favor del mensaje pentecostal. Él llegó a convencerse de que el bautismo en el Espíritu es una realidad. Buscó y recibió la "promesa". Varios de los miembros de su iglesia se dieron cuenta de que Dios había hecho una gran obra en su pastor. Le preguntaron la causa del cambio, y él les habló acerca de su experiencia pentecostal. Setenta de los miembros también fueron bautizados en el fuego celestial. Cuando él predicó públicamente el mensaje pentecostal, se ofendieron ciertas personas de gran influencia en la congregación, las cuales exigieron que renunciara. Sin resistencia, él presentó su renuncia el mismo día.

Los diarios publicaron la historia al día siguiente. Luego las grandes revistas *Time* y *Newsweek* difundieron la noticia en todas partes: el fenómeno de las lenguas había aparecido en una iglesia "seria". Todo el mundo lo supo. Bennett fue enviado a una pequeña misión agonizante, pero allí Dios bendijo inmensamente, sanando a los enfermos y salvando a centenares de personas. Muchos pastores de iglesias tradicionales fueron a los cultos y también recibieron la misma experiencia pentecostal. Así se quitaron muchas barreras de prejuicios y se divulgó el mensaje pentecostal entre las iglesias tradicionales.

Tanto a católicos como a protestantes de iglesias tradicionales se les conoce como carismáticos. Éstos se reúnen en grupos pequeños de veinte a cincuenta personas, aunque hay múltiples casos de grupos más grandes, para cantar, alabar a Dios al estilo pentecostal, orar y permitir la expresión de los dones espirituales. A menudo estudian la Biblia en grupos más pequeños.

El movimiento ha producido una profunda renovación espiritual en los participantes. Millares de personas han encontrado la salvación y una relación personal con Dios, sobre todo miembros de congregaciones liberales.

17.5.3. Tercera fase: El Concilio Mundial de Iglesias

Al mismo tiempo, los líderes en el Concilio Mundial de Iglesias comenzaron a reconocer que el pentecostalismo es una fuerza genuinamente cristiana. David du Plessis, pastor sudafricano y secretario de la Conferencia Mundial Pentecostal, se sentía comisionado por Dios para hacer contacto con el Concilio Mundial de Iglesias. Estableció diálogo entre los pentecostales y los líderes de las iglesias ecuménicas y así les abrió la puerta al mensaje del "evangelio pleno".

17.5.4. Cuarta fase: Renovación en la iglesia católica

Alrededor del año 1965, el fervor del Espíritu sobre miembros de las iglesias tradicionales comenzó a cruzar los linderos de la iglesia romana. Algunos factores prepararon el terreno. En el Concilio Ecuménico Vaticano II, el Papa Juan XXIII había orado para que Dios les enviara un "nuevo pentecostés". El libro *La cruz y el puñal*, de David Wilkerson, les mostró a muchos católicos que el bautismo del Espíritu y la oración pueden hacer mucho para solucionar el problema de la adicción a las drogas. Los escritos del laico episcopal Juan Sherrill sobre el movimiento carismático y las reuniones de los Hombres de Negocios, conmovieron a muchos católicos.

En 1966, el movimiento carismático católico cobró fuerza cuando los esposos Kevin y Dorothy Ranaghan y otros profesores de la Universidad Duquesne (católica) se pusieron en contacto con el rector episcopal Guillermo Lewis y su grupo carismático. Los esposos Ranaghan recibieron el bautismo en el Espíritu y pronto llegó el fuego celestial a la Universidad de Notre Dame. Con el transcurso del tiempo, se esparció el mensaje carismático a católicos en muchas partes del mundo. Según la revista *Christianity Today*, edición del 23 de junio de 1972, el noventa por ciento de los obispos católicos favorecían ese movimiento.

El Cardenal León José Suenells, primado de Bélgica, fue nombrado en esa época para encargarse de la supervisión internacional de la renovación carismática en la iglesia católica romana. El movimiento tiene sus propias revistas, las cuales parecen ser evangélicas en tono. Se calcula que hay varios centenares de miles de células carismáticas en Norteamérica, Centroamérica, América del Sur y Europa. El movimiento sigue creciendo y expandiéndose en varias partes del mundo.

Un reportero del diario *El Mercurio* visitó reuniones de los católicos carismáticos en el Barrio Alto de Santiago, Chile, y entrevistó al sacerdote Carlos Aldunate, cabeza visible de los carismáticos chilenos, en aquellos tiempos. Éste dijo:

> El bautismo en el Espíritu es, además, una invitación a seguir adelante en constante conversión. Y recuerda las palabras del evangelio cuando Jesús declaró que "para ver el reino de Dios" es necesario "nacer de nuevo, nacer del agua y del Espíritu".[3]

17.5.5. Reacción a la última influencia

Reconocidos líderes evangélicos en los Estados Unidos de América, como Roberto Culpepper, Carlos Hummel y Ricardo Lovelace, describen la renovación carismática en la iglesia romana como un "auténtico movimiento de conversión a Cristo y de experiencia en el Espíritu Santo".[4]

Los pentecostales tradicionales de América Latina observan con reservas el desarrollo del movimiento carismático. Les cuesta aceptarlo con brazos abiertos por las siguientes razones:

1. Los carismáticos se quedan en sus iglesias, una política contraria a la de los pentecostales tradicionales.
2. Muchos carismáticos no dejan de tomar y fumar inmediatamente después de lo que llaman "su renovación".
3. Hay mucho prejuicio contra las iglesias tradicionales.
4. Muchos carismáticos católicos mantienen doctrinas que son diametralmente opuestas a la teología neotestamentaria, sobre todo el culto a los santos.

En América del Norte, sin embargo, ciertas congregaciones pentecostales cultivan comunión con los carismáticos. Como resultado, miles de carismáticos, deseosos de recibir enseñanza bíblica, se han incorporado a sus filas.

En ciertos países de América Latina, los pentecostales han tenido problemas relacionados con el movimiento carismático y tienden a pasarlo por alto. Además, se recela mucho de la iglesia romana, pues fueron víctimas de la persecución católica hace pocas décadas. Parece que por el momento es insuperable la brecha entre los evangélicos pentecostales y los católicos en América Latina, aun cuando éstos sean carismáticos.

17.6. LUGAR DEL PENTECOSTALISMO EN LA TEOLOGÍA

¿Dónde encajan los pentecostales en el cuadro de la teología? ¿Qué lugar les corresponde? Algunos han llamado a los pentecostales "la tercera fuerza" del cristianismo. En cierta forma, eso revela que se encuentran fuera y por encima de las discusiones y movimientos.

17.6.1. Fundamentalistas y conservadores

Los pentecostales son en su mayor parte fundamentalistas y conservadores en sus creencias, pero no siempre son aceptados por los demás fundamentalistas. En las antiguas denominaciones religiosas y grupos independientes hay fundamentalistas que les hacen la guerra a veces. Otros los toleran. Se hallan quienes los aprecian.

Aunque parezca extraño, los liberales son a veces más receptivos a la experiencia pentecostal que los fundamentalistas. Esto se debe, quizá, a que los liberales, por su preparación, son más imparciales cuando se trata de abordar algo nuevo. El existencialismo y la neoortodoxia recalcan la experiencia más que los dogmas. ¿Qué mejor ejemplo tenemos del encuentro "yo-tú" de Brunner, que el descenso del Espíritu Santo al corazón del creyente? Los pentecostales normalmente no han experimentado problema alguno en mantener una doctrina ortodoxa en aspectos en los cuales otros grupos han expresado reservas.

17.6.2. Defensores de manifestaciones sobrenaturales

La iglesia pentecostal cree en los milagros y en las manifestaciones sobrenaturales provenientes de Dios. Son testigos de hechos de sanidad divina con frecuencia. Este es un punto fuerte en la predicación de esta iglesia.

17.6.3. Concepción, nacimiento, resurrección y retorno de Cristo

La concepción sobrenatural, el nacimiento virginal de Cristo es aceptado sin vacilación alguna; también su resurrección corporal y su retorno personal a la tierra en lo que se conoce como su segundo advenimiento.

17.6.4. El Espíritu Santo y la Palabra

El Espíritu Santo ilumina la Palabra de Dios, conduciendo al creyente a discernir la Palabra viviente; el pan de vida en la Palabra escrita. Puesto que el Espíritu Santo inspira la fe mediante la Palabra, la Biblia es algo extraordinariamente valioso para esa gente. A los pentecostales se les conoce como "el pueblo del Libro".

17.6.5. Defensores de la ortodoxia

Dios los ha ayudado a resistir las corrientes liberales de la teología moderna. No cabe duda de que han cumplido un papel importante en el mantenimiento de la ortodoxia. En este libro hemos trazado la historia de la perenne lucha por la teología pura. Hemos visto cómo Dios ha levantado personas y grupos para defender la fe. Los pentecostales han podido servir en esta lucha durante el siglo presente. La teología ha pasado por la pugna de opiniones erradas y la victoria de la ortodoxia sobre esa pugna ha sido real. Así como hubo un peso de parte de las herejías, hubo un contrapeso de la ortodoxia para mantener el canal de la teología abierto al pensamiento del hombre. Dios así lo ha dispuesto.

Lo que aparece en la última página de este capítulo pudiera ser el gráfico de esa pugna y sobre pugna, peso y contrapeso, para formar la teología. A Dios gracias, los pentecostales figuran en él.

17.7. LOS PENTECOSTALES FRENTE AL PORVENIR

¿Y qué diremos del futuro? No podemos menos que sentir que el elemento liberal que rechaza lo sobrenatural y la Palabra de Dios como autoridad máxima caerá en el engaño. Se unirá al esfuerzo destinado a formar una gran iglesia mundial la cual será la iglesia apóstata de los últimos días. Por último, esa iglesia, quizás uniéndose con la católica romana, hará presión sobre todos los que no quieran entrar en su sistema. Quizá provocará la persecución contra los creyentes del verdadero evangelio.

Mientras eso ocurre, habrá creyentes fieles aun en las iglesias liberales que llegarán a reconocer la verdad tal como se revela en Jesús. El Espíritu Santo los conducirá a fin de que se unan con aquellos de "una fe igualmente preciosa". El Espíritu Santo, que es el verdadero agente ecuménico de la Iglesia, los guiará a eso y a toda verdad. Allí donde se le obedece, hay unidad.

Hasta que venga Jesucristo, el avivamiento pentecostal continuará en la tierra. Recogerá el fruto precioso de la tierra, madurado por "la lluvia tardía". Los creyentes recogerán abundante cosecha. Frente a esos retos y a las oportunidades que se presenten, los pentecostales deben hacer frente con la humildad, el valor y la responsabilidad que conlleva su posición y llamamiento.

Al igual que los despreciados y humildes creyentes del siglo primero, ellos son, de una manera especial, los agentes de Dios para hacer cumplir sus propósitos en la tierra. Que nuestra fe y consagración estén a la altura de la vocación nuestra y al desafío del siglo presente y el que ya está por llegar.

DIOS		
SIGLO	**HEREJÍAS**	**ORTODOXIA**
I	LEGALISMO	SAN PABLO: GÁLATAS
II, III	GNOSTICISMO	EPÍSTOLAS DE JUAN Y CREDO APOSTÓLICO
III, IV	ARRIO	CREDO NICENO
IV, V	PELAGIO	SAN AGUSTÍN
V — XVI	JERARQUÍA CATÓLICA	LUTERO, REFORMA, CALVINO, ETC.
XVIII	RACIONALISMO	FUNDAMENTALISTAS
XIX	LIBERALES IDEALISTAS	CONSERVADORES
XX	NEOORTODOXIA Y TEOLOGÍA DE LA LIBERACIÓN RADICALISMO	CONSERVADORES Y PENTECOSTALES NEOEVANGELICALISMO
HOMBRE		

(Central: TEOLOGÍA)

DE LA TEORÍA A LA PRÁCTICA

1. ¿Hasta qué grado manifiesta la congregación suya las características de los pentecostales que son mencionadas en este capítulo?
2. ¿Qué ha hecho usted como dirigente para aprovechar las características de los pentecostales a fin de adelantar el reino de Dios en su región?

3. ¿Qué actitud manifestada por algunos pentecostales puede haber aumentado la antipatía que les tienen algunos fundamentalistas?
4. ¿Qué podrá hacer en su iglesia para sanar en parte el problema de su respuesta a la número 3?
5. ¿Qué disposición debemos tener los pentecostales para seguir luchando por la doctrina pura?
6. ¿Cuál es el porvenir para los pentecostales en la región de usted? ¿En su país?

CITAS

1. James Dunn, "The Pentecostals" en *Eerdman's Handbook to the History of Christianity*, op. cit., pp. 619.
2. William W. Menzies, *Anointed to Serve*, 1971, pp. 77-79 y Nichol, op. cit., pp. 54-69.
3. "Los carismáticos, remezón en la Iglesia" en la Revista del Domingo, *El Mercurio*, 20 de agosto de 1978.
4. Ralph Martin, "A Catholic assesses charismatica renewal in his church", en *Christianity Today*, 7 de marzo de 1980.

SUPLEMENTO

DICCIONARIO DE SIGLAS ECLESIÁSTICAS IMPORTANTES

I. Grupos ecuménicos internacionales

CMI: Consejo Mundial de Iglesias.
Con sede en Ginebra, es la organización materna de todos los grupos ecuménicos. Reúne más de 300 denominaciones, entre ellas protestantes, anglicanas y ortodoxas orientales. La iglesia católica romana oficialmente participa en algunas comisiones de esta organización.

UNELAM: Comisión Provisoria Unidad Evangélica Latinoamericana.
La organización, respaldada por el CMI, se encarga de promover el movimiento ecuménico en América Latina. Fue organizada en Octubre de 1965 y tiene su sede en Puerto Rico.

ISAL: Iglesia y Sociedad en América Latina.
Con sede en Montevideo, es el punto focal de una filosofía de acción social protestante al estilo izquierdista. Su publicación principal es *Cristianismo y sociedad*. Es miembro de UNELAM.

MEC: Movimiento Estudiantil Cristiano.
Una organización para universitarios. Su rumbo es generalmente más social y político que espiritual y evangelístico. Es miembro de UNELAM.

ULAJE: Unión Latinoamericana de Juventudes Evangélicas.
Promueve la cooperación entre la juventud de las iglesias latinoamericanas con tendencias ecuménicas. Es miembro de UNELAM.

CELADEC: Comité evangélico Latinoamericano de Educación Cristiana.
El grupo que se encarga de los asuntos de educación cristiana y

escuelas dominicales para el círculo ecuménico. Es miembro de
UNELAM

ESCEAL: Estudios Sociológicos del Cristianismo Evangélico en América Latina.
Una agencia creada alrededor de la persona del sociólogo protestante suizo Christian Lalive, respaldada por el CMI.

CEC: Centro de Estudios Cristianos.
Una oficina para coordinar investigaciones ecuménicas, con secciones tanto en Montevideo como en Buenos Aires.

CELA: Conferencia Evangélica Latinoamericana.
Buenos Aires, Argentina, 1949; Lima, Perú, 1961; Buenos Aires, 1969.

MIS: Movimiento y Sociedad.
Oficinas en Chile.

CLAI: Concilio Latinoamericano de Iglesias.

MECH: Mujeres Evangélicas de Chile.

II. Grupos internacionales de evangélicos conservadores

CEM: Confederación Evangélica Mundial.
Con raíces históricas que se remontan hasta 1850, tomó forma actual en 1952 para fomentar la cooperación entre cristianos evangélicos a escala mundial, sobre todo en los campos de evangelización, enseñanza bíblica, teología, juventud y acción social.

EVAF: Evangelismo a Fondo.
Campañas evangelísticas nacionales auspiciadas por la Misión Latinoamericana con oficina en Costa Rica.

CONELA: Consulta Evangélica Latinoamericana.

AEBG: Asociación Evangelística de Billy Graham.
Equipo evangelístico que ministra en todas partes de América, publica la revista *Decisión* y produce películas evangelísticas. Su oficina internacional se encuentra en Atlanta, Georgia, Estados Unidos de América.

IFES: International Fellowship of Evangelical Students o Comunidad Internacional de Estudiantes Evangélicos.
Tiene sedes internacionales en Ginebra y Buenos Aires.

CEC: Cruzada Estudiantil para Cristo. (Campus Crusade).
Da primordial importancia a la obra evangelística entre universitarios. Su sede para América Latina se encuentra en México.

DIA: Difusiones Interamericanas.
Coordina la obra radial evangélica y también la televisión, medios audiovisuales, discos, etc.

LEAL: Literatura Evangélica para América Latina.
Coordina los esfuerzos en el campo de la literatura evangélica a escala continental. Publica: *Papel y tinta.*

CIIC: Concilio Internacional de Iglesias Cristianas.
La organización que representa el separatismo extremo del doctor Carl McIntyre, de Collingsvood, Estados Unidos de América.

III. Congresos internacionales

CELA I, II, y III: Conferencias Evangélicas Latinoamericanas.
Reunión de protestantes promovida por UNELAM con fines ecuménicos. La primera se realizó en Buenos Aires en 1949 y la segunda en Lima en 1961. La tercera fue convocada bajo la Confederacão Evangélica do Brazil, presidida por el doctor Coehlo Ferraz. Fue citada en São Paulo primeramente para diciembre de 1968, pero la CEB, por ciertos motivos se desasoció de la III CELA. Luego la Federación Argentina de Iglesias Evangélicas, se hizo cargo de la III CELA y se fijó las fechas 13-19 de julio de 1969 en Buenos Aires, para su celebración.

CLADE: Congreso Latinoamericano de Evangelismo.
Tomando como precedente el gran Congreso Mundial de Evangelización de Berlín, celebrado en 1966, se organizó CLADE, que se reunió en Bogotá del 21 al 30 de noviembre de 1969.

IV. Asociaciones de instrucción teológica

ALISTE: Asociación Latinoamericana de Institutos y Seminarios Teológicos de Extensión.

ASTE: Asociación de Seminarios Teológicos Evangélicos.
Formada en 1961, une más o menos doce seminarios brasileños.

ASIT: Asociación Suramericana de Instituciones Teológicas.
Une algunos de los seminarios protestantes de la región del sur de Sudamérica. Su sede se encuentra en Montevideo.

ALIBT: Asociación Latinoamericana de Escuelas Teológicas.
Organizada en 1964 como una organización que une seminarios e institutos bíblicos desde Ecuador hacia el norte.

AEBET: Asociación Evangélica Boliviana de Educación Teológica.
Une los principales seminarios e institutos bíblicos de Bolivia.

UNICO: Unión de Instituciones Bíblicas de la Gran Colombia.
Organizada en abril de 1968 para unir las principales instituciones de Colombia, Venezuela, Ecuador y Panamá.

AEET: Asociación Evangélica de Educación Teológica.
Organizada en 1965 para unir los seminarios e institutos bíblicos del Perú.

AETTE: Asociacão Evangélica Teológica para Treinamento por Extenso.
Organizada en Brasil para lograr un intertexto en portugués.

V. Servicios de prensa

SENDA: Servicio Evangélico Noticioso de América.
Publicado mensualmente desde San José como un servicio de
LEAL.

SEI: Servicio Evangélico de Información.
Publicado mensualmente desde Montevideo como un servicio de
UNELAM.

SEN: Servicio Evangélico Nacional.
Publicado ocasionalmente desde Santiago de Chile.

DESAFIO: Periódico Cristiano.
Publicado mensualmente en Bogotá, Colombia, al servicio de la
iglesia evangélica.

VI. Confederaciones evangélicas de países

CEDECOL: Confederación Evangélica de Colombia.
Agrupa a las antiguas federaciones CEDEC y ASECOL.

AEC: Alianza Evangélica Costarricense.

ANBED: Asociación Nacional de Evangélicos de Bolivia.

CEB: Confederação Evangélica do Brazil.

CEC: Concilio Evangélico de Chile.

CEE: Confraternidad Evangélica Ecuatoriana.

CEEH: Concile d'Eglises Evangliques d'Haití.

CEEP: Comité Central Evangélico en el Paraguay.

CEV: Consejo Evangélico Venezolano.

CNE: Concilio Nacional Evangélico del Perú.

FAIE: Federación Argentina de Iglesias Evangélicas.

BOSQUEJO

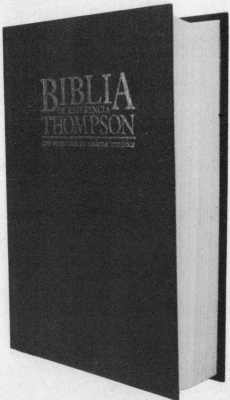

EVALUE SUS RELACIONES FAMILIARES

Más que cuatro paredes por Carlos Jiménez muestra al lector, a través de la Palabra de Dios, cómo hallar las herramientas necesarias para salvar la familia de situaciones difíciles.

Esta publicación examina temas como la función de la familia, la relación entre la familia y la Iglesia, la oración en el hogar, y cómo encontrar felicidad dentro del hogar. Más importante aún, el pastor Jiménez le proporciona al lector la oportunidad de evaluar sus relaciones familiares. De una manera prudente, se destaca la importancia de la buena administración de la economía familiar y el uso del tiempo dentro y fuera de la familia.

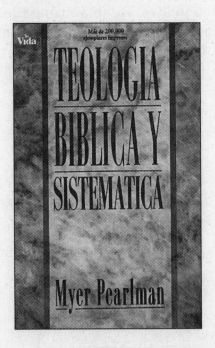

Explore El Don De Profecia

Sin definir la profecía como predicción de futuro, predicación o proclamación de un mensaje del Señor, sino más bien como información de algo que Dios trae de manera espontánea a nuestra mente, *El don de profecia* el doctor Grudem señala el camino hacia una nueva interpretación que preserva la autoridad original de las Escrituras mientras que le permite a la Iglesia disfrutar de uno de los dones más edificantes del Espíritu Santo.

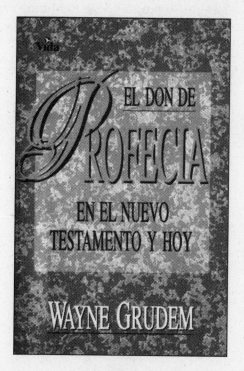

DEDICADOS A LA EXCELENCIA

LA VERDAD SOBRE LA TEOLOGIA DE LIBERACION

¿Evangelización o contextualización? ¿Iglesia o comunidad? ¿Reino de Dios o "paraíso" comunista? Partiendo de una cristología profana y revolucionaria, que identifica a Cristo más como un precursor de Marx que como el Unigénito Hijo de Dios y nuestro bendito Salvador, la teología de la liberación confunde pobre con proletario, rico con burgués, pecado con opresión y el evangelio de la paz con la revolución armada. Este libro, además de ayudar al lector a identificar a los liberacionistas de su propia iglesia local o denominación, lo capacita para conocer, defender y, sobre todo, vivir el genuino evangelio de Jesucristo en la situación de injusticia social y miseria por la que atraviesa una gran parte del mundo.

Un estudio de los comienzos bíblicos

Estudiar el Nuevo Testamento sin haber estudiado el Antiguo es como oír el final de una sinfonía sin haber escuchado el principio. Si no comenzamos al principio, nos perdemos el sentido de los temas que se van desarrollando y variando.

William Dyrness nos ayuda al proveernos de un estudio completo del Antiguo Testamento. En este encontramos notas sobre temas importantes, tales como el hombre y la mujer, el pecado, la ley, la ética y mucho más. Al leer y aprender esta información, se amplía nuestro conocimiento bíblico.

Sepa luchar contra el enemigo

"La lucha espiritual" es una lectura de enseñanzas prácticas sobre un tema importante para todos los cristianos. Estamos en guerra, queramos o no; estamos en guerra contra el enemigo de nuestras almas y sus fuerzas malignas.

A muchos les asusta y perturba el estudio del reino de las tinieblas. Muchos se hallan esclavizados porque el enemigo quiere que permanezcan en la ignorancia. Pablo escribe: "Para que Satanás no gane ventaja alguna sobre nosotros; pues no ignoramos sus maquinaciones" (2 Corintios 2:11). No se puede pelear contra un enemigo al cual no se entiende, y vencerlo. No se puede vencer en una lucha, si no se sabe lo que está sucediendo, ni la forma en que opera el enemigo. Nuestra posición como cristianos no es la de defensores de una fortaleza, puesto que debemos estar en actitud de ofensiva. Un libro que animará a todo soldado del Señor.

ESTUDIO DE PERSONALIDAD BIBLICA

Comenzando con la descripción que Cristo hace de sí mismo, tanto en sus dimensiones divinas como humanas, este entusiasta y personal volumen de meditaciones examina todos los aspectos de su naturaleza y se concentra en hacer que Cristo sea real al corazón de los creyentes.